LA PHRÉNOLOGIE

ET

LE JÉSUITISME.

LA PHRÉNOLOGIE

ET

LE JÉSUITISME,

OU DISCUSSION PHYSIOLOGIQUE ENTRE UN MÉDECIN ET UN
DISCIPLE DE LOYOLA,

PAR

T. LABBEY,

Docteur en Médecine de la Faculté de Paris.

SAINT-LO,

IMPRIMERIE DE C. JEAN DELAMARE.

—1843.—

LA PHRÉNOLOGIE ET LE JÉSUITISME.

𝔄 nos 𝔏ecteurs.

> Les erreurs, les superstitions, les vaines terreurs et tous les maux qu'entraîne l'ignorance, se reproduiraient promptement, si la lumière des sciences venait à s'éteindre.
>
> (DE LA PLACE.)

L'intérêt qui s'attache à la connaissance du mécanisme de la vie morale, nous a déterminés à publier la discussion que nous avons soutenue contre les détracteurs de la doctrine de la pluralité des organes de la pensée. Le désir d'expliquer et de connaître engagea les Philosophes de toutes les nations à étudier leurs facultés, et à rechercher la nature des fonctions qui nous mettent en relation avec les êtres qui nous environnent. Enfermée d'abord dans les temples, la science de l'homme ne fut qu'une branche de la religion. Ses moyens d'expression furent pendant plusieurs siècles des oracles et des mystères, et les dépositaires de ses secrets des Brames ou des Prêtres, qui voulaient concentrer sur leur caste la vénération populaire et se gardaient bien d'instruire et d'éclairer les nations. Aussi la science fut-elle longtemps muette et stérile, et ne perdit son caractère d'immobilité, qu'en sortant du sanctuaire, qui arrêtait le développement de sa puissance. Il est, en effet, de l'essence des notions divines d'être immuables, et puisque la science était unie à la religion, tout perfectionnement devait être impie et sacrilége.

Enfin des Philosophes remplacèrent les Prêtres, et l'affranchissement des intelligences fut proclamé à la face du monde, et la pensée ne fut plus asservie dans les temples, et la raison humaine, dégagée des entraves de la superstition et d'une honteuse dépendance, gravita dans une sphère de progrès et de liberté. Au milieu des systèmes philosophiques qui se succédèrent dans les écoles de la Grèce, des idées fécondes vinrent tout-à-tour dissiper les ténèbres de l'ignorance, mais la science de l'organisme, malgré les efforts d'Alcméon et de Démocrite, ne se développa qu'avec une lenteur désespérante, et il faut arriver au siècle de Vésale pour se débarrasser des langes de l'antiquité, et puiser la connaissance de l'homme dans l'observation des rouages qui entretiennent la vie. On compara notre structure à celle des animaux, et de l'école d'Italie sortirent les plus belles découvertes qui honorent la physiologie. L'anatomie reçut une direction philosophique qui n'avait jamais été imprimée à ses travaux, et l'on rattacha la divergence des fonctions dans les différents êtres à la modification des organes qui les déterminent. La science fit alors en Allemagne, en Angleterre, en France, des progrès rapides ; on rejeta les hypothèses et les abstractions ; on relégua dans le domaine des chimères l'autocratie des archées de Stahl et de Vanhelmont, et les théories mécaniques de Descartes, de Mayow et de Willis. La physiologie ne fut plus l'esclave des exigences théologiques, et vint refléter sa lumière sur l'idéologie qui ne reposait encore que sur des fondements ruineux.

L'étude attentive des phénomènes de la vie morale, fit bientôt voir qu'il y avait dans les êtres vivants plusieurs sortes d'instincts et d'intelligences, et comme la manifestation de la pensée avait été reconnue impossible sans le secours de l'encéphale, on fut contraint d'admettre par analogie que si certaines fonctions affectives ou intellectuelles s'exerçaient ou s'enrayaient indépendamment des autres, c'est qu'elles ne découlaient pas d'une source commune, et n'étaient pas toutes sous l'influence des mêmes parties organiques. Dès ce moment la Phrénologie prit naissance, mais comme elle renversait le vieil échafaudage des rêveries métaphysiques, elle ne manqua pas de gens à lui faire la guerre. Elle eut contre elle tous les amis de l'obscurantisme, tous ceux qui crient à l'impiété quand une vérité nouvelle éclaire le monde, et qui s'indemnisent de la pauvreté de leur logique par le privilége de l'anathème. Elle traçait une route nouvelle à la philosophie ; elle analysait les facultés humaines ; elle simplifiait le mécanisme de la pensée : elle devait déplaire à tous ceux qui bâtissent leur puissance sur l'ignorance du peuple, et qui, pour sauver les débris d'un trône en ruine, agitent les passions du fanatisme, et confondent impudemment leur cause avec celle de l'être suprême. Plus le Jésuitisme eut d'audace, et plus il se déchaîna avec furie contre l'émancipation de l'intelligence, et depuis que cette corporation, tristement célèbre, a reparu parmi nous, voyez la tendance de ses adeptes ; voyez comme cette milice turbulente menace et fatigue la France de ses ténébreuses intrigues et de ses coupables machinations ; voyez comme ils accaparent partout les châteaux et les domaines, le sou du pauvre et les trésors du riche, pour acheter plus vite l'obéissance, et nous forger les fers d'une honteuse servitude : voyez comme ils lancent partout leurs espions et leurs séides, et comment s'organise au milieu de nous une croisade de diffamation et d'asservissement de la pensée. Ils ont reçu de Dieu, disent-ils, la mission d'instruire la jeunesse ; l'enseignement leur appartient de droit divin, (1) et l'université n'est qu'un corps sans âme, qu'une école de pestilence, couverte du sang de plusieurs générations, et maudite par tous les cœurs honnêtes. Placés entre le peuple et la providence, ils osent se dire les dispensateurs des bénédictions que le ciel laisse tomber sur la terre. Et parce que dans les siècles de barbarie, des prêtres se sont arrogé le pouvoir de rendre la santé aux hommes, et se sont fait de la médecine une source d'influence, ils rêvent encore un

___

(1) Voir l'ouvrage intitulé : *Douleurs et Espérances de l'Eglise aux prises avec les tyrans des consciences et les vices du XIXe siècle*, par l'abbé VÉDRINE, curé de Lupersac, et *le Monopole Universitaire* du chanoine DESGARETS !

empire qu'à laissé piteusement crouler leur ignorance.
(1) La théologie ne suffit plus au rôle qu'ils veulent jouer
dans le monde, et leur audace sacrilége usurpe le domaine d'une science, qu'ils veulent embrouiller et
exploiter à leur bénéfice.

Et c'est au XIXe siècle que se trament ces complots
liberticides ; c'est au XIXe siècle que l'on vient, au nom
de Dieu, scruter les consciences et les dénoncer au fanatisme que l'on soudoie avec l'argent des dupes et des
coteries ; c'est au XIXe siècle que l'on voudrait faire de
nous des Ultramontains, des Trembleurs ou des Ilotes !
Oh ! nous ne consentirons pas à traîner la chaîne qui
humilie et abrutit les hommes. Le Jésuitisme peut répandre sur nous ses calomnies ; il peut faire de nous
une victime, mais jamais un complice.

Comme la discussion qui s'est engagée, il y a quelques
mois entre nous et M. Le Dr James a été le principe des
rancunes théologiques qui nous poursuivent, nous
avons cru devoir la reproduire avant nos derniers débats
Phrénologiques. Nos lecteurs comprendront mieux la
cause du courroux de M. Noget, et s'expliqueront
ainsi pourquoi, à propos de rêves, il nous a lancé ses
étranges anathêmes.

M. le Dr James avait fait insérer dans le N^o du 27
avril 1842, de *l'Indicateur de Bayeux*, l'article suivant
sur la Phrénologie, qu'il avait lu à *l'Institut catholique
de Paris*. Nous le ferons suivre de notre réponse et des
répliques qui en ont été la conséquence.

SUR LA PHRÉNOLOGIE.

Il est évident pour tout homme éclairé et impartial
que les phénomènes si admirables dont le système nerveux est le siége et l'instrument sont soumis à des lois

(1) Voir *L'Éclaireur du Midi*, n^{os} de janvier, février et mars 1843.

tout-à-fait différentes de celles qui régissent les corps inertes. Là où est la vie, vous ne devez plus voir que la vie : toute interprétation matérielle doit être sévèrement proscrite. Aussi, lorsque Cabanis a émis cette proposition trop célèbre que *le cerveau secrète la pensée comme le foie secrète la bile*, Cabanis ne parlait pas en médecin, mais en philosophe du dix-huitième siècle.

Interrogez notre organisation et essayez de pénétrer les mystères de son harmonieux ensemble : il arrivera un moment où vous ne rencontrerez plus que des problêmes insolubles. Sachez alors vous arrêter. Il y a quelque courage, quelque noblesse à avouer qu'on ignore. C'est pour avoir voulu tout expliquer, surtout ce qui est inexplicable, que des hommes d'un grand talent d'ailleurs, ont imaginé et propagé des systèmes aussi absurdes en médecine que dangereux en morale.

En tête de ces systèmes se place la Phrénologie. Vous connaissez ses hautes prétentions. Elle ne veut voir dans notre cerveau qu'une réunion d'appareils où se fabriquent nos facultés, de telle sorte que le développement de chaque faculté se mesure par le volume de chaque appareil. Pour obtenir cette mesure, le procédé est des plus simples : on palpe le crâne, et on en scrute minutieusement les bosses. Une bosse loge, dit-on, une circonvolution cérébrale, laquelle circonvolution cérébrale loge, dit-on, une faculté. Vos dimensions prises, comparez les chiffres. L'appréciation de l'intelligence ne sera plus qu'une affaire de calcul.

De pareilles doctrines, si elles étaient acceptées sans contrôle, remettraient en question les principes les plus sacrés de l'ordre social et religieux : aussi, ont-elles déjà reçu de toutes parts une réfutation sévère. Mais peut-être la Phrénologie n'est pas une science sérieuse ? Peut-être n'est-ce qu'un simple roman, et à ce titre mérite-t-elle quelque indulgence ? C'est ce qu'il nous sera facile de vérifier en examinant les bases sur lesquelles elle repose.

La Phrénologie a classé les bosses et les facultés dans

des petits cadres arrondis qu'elle a sculptés sur la voûte du crâne. Cette classification est déjà un acte entièrement arbitraire. On n'avait pas plus de raison, par exemple, pour placer la bosse du meurtre au-dessus de l'oreille qu'au milieu du front ou vers l'occiput. Objectera-t-on que le tigre a cette région du crâne très-développée, et que, par conséquent, ce doit être là que résident ses instincts destructifs? Mais le mouton l'a également développée : or, je ne sache pas que le mouton, du moins dans nos climats, ait jamais été cité comme le type de la férocité.

Un membre très-distingué de l'Académie de médecine a récemment présenté à ce corps savant un mémoire qui tend à prouver que nos principales facultés résident non pas *en avant*, mais *en arrière* du crâne. Ses motifs me paraissent tout aussi plausibles que ceux que font valoir les partisans de la thèse opposée.

Mais ce n'est pas seulement dans sa région supérieure, soit en avant, soit en arrière, que le cerveau présente des circonvolutions ; il en offre de bien plus remarquables encore dans les autres points de sa surface, et jusque dans la profondeur de son tissu. Pourquoi donc n'avoir mis en cause que celles qui répondent à la voûte crânienne? Ainsi l'a voulu la Phrénologie, ou plutôt ainsi l'ont exigé les conditions mêmes de son existence.

La Phrénologie, avec ce tact exquis qui lui indique ses côtés faibles, avec cette ténacité de caractère qui la fait ne jamais reculer, même devant l'absurde, a cru devoir adopter envers les circonvolutions mal placées, c'est-à-dire hors la portée de ses doigts, une mesure bien sévère : c'est de ne point en parler. Vous aurez beau objecter que ces circonvolutions si belles, si amples, si renflées, logeraient à merveille une faculté, la Phrénologie ne vous comprend plus. Toute circonvolution en dehors de la voûte du crâne n'est à ses yeux qu'un simple objet de curiosité ou d'agrément. Eh quoi ! vous voudriez qu'elle reconnût que de pareilles circonvolutions peuvent être bonnes à quelque chose? Mais ce serait se tuer soi-même. Or, la Phrénologie n'a pas la bosse du suicide : elle a, au contraire, à un très-haut degré la protubérance de sa conservation.

Laissons de côté, puisqu'il le faut, les circonvolutions récusées, pour ne nous occuper que de celles dont MM. les Phrénologistes ont reconnu l'existence légale et l'autorité compétente.

La première question qui se présente est celle-ci : Est-il toujours vrai qu'à une bosse de la voûte du crâne corresponde une circonvolution du cerveau ? Non, cela n'est pas toujours vrai. Il arrive quelquefois que l'os offre un renflement en dedans, comme il en offre un en dehors, et que, par conséquent, le cerveau, en cet endroit ait un creux au lieu d'une éminence. Voyez les conséquences Phrénologiques. Guidé par la saillie du crâne, vous annoncez le grand développement d'une faculté, et voilà que la circonvolution où devait se trouver cette faculté est absente !

Mais choisissons une disposition plus favorable. La bosse crânienne est creusée d'une cavité. Cette cavité contiendra-t-elle nécessairement une circonvolution du cerveau ? Pas toujours. Il arrive quelquefois qu'à la place de la circonvolution existe un produit accidentel, ou mieux une collection de liquide. Ce dernier cas est assez fréquent.

Je ne puis m'expliquer, ou plutôt je m'explique à merveille, pourquoi MM. les Phrénologistes ne mentionnent jamais ce liquide dont la présence à l'intérieur du crâne est constante et normale. Il vaut pourtant bien la peine d'être nommé. En effet, ce liquide enveloppe le cerveau de toutes parts, pénètre dans ses cavités, aplanit et égalise sa surface, comble les vides, dissimule les circonvolutions, en un mot, remplit une multitude d'usages antiphrénologiques (1).

(1) Ne pourrait-on pas, en cherchant bien, découvrir sur ces têtes pleines de liquide la bosse de la navigation ? Ce serait un nouveau service rendu par la Phrénologie, service immense, puisqu'il intéresse toute notre marine nationale et que, discrètement exploité, il nous assurerait à jamais la suprématie des mers. (Note de M. James).

Vous rencontrez des personnes dont la tête large, haute, paraît renfermer un vaste cerveau. Palpez ce crâne. Quelles belles protubérances! par conséquent quelles sublimes facultés! Pourquoi faut-il que j'ajoute que ce crâne, si admirable dans son développement, ne contient souvent qu'un cerveau chétif, et en revanche un énorme volume de liquide: *Belle tête, mais de cervelle, point.*

Des enfants naissent avec un crâne en apparence bien conformé; ils sont sans cerveau. D'autres ont un crâne monstrueux capable de loger plusieurs cerveaux ordinaires: vous n'y trouverez que quelques rudiments informes de substance nerveuse. Faites donc ici de la Phrénologie?

Résumons. Les bosses du crâne n'indiquent pas toujours des bosses correspondantes du cerveau. Leur appréciation Phrénologique peut conduire aux résultats les plus inexats, j'ai presque dit les plus ridicules.

Cependant ces bosses se rattachent à quelque état du système nerveux. Pourquoi existent-elles dans certains cas, manquent-elles dans d'autres? L'anatomie et la physiologie vont nous répondre.

Le cerveau présente à sa partie centrale des cavités appelées ventricules, connues de tous les anatomistes, connues probablement aussi de MM. les Phrénologistes, quoiqu'ils n'en parlent jamais (nous avons vu qu'ils sont souvent très-silencieux, et pour cause). Ces cavités ont des dimensions très-variables, suivant les individus. M. Foville, anatomiste aussi consciencieux qu'instruit, vient de démontrer dans ses savantes recherches sur l'encéphale, que le volume de ces cavités influe sur celui du cerveau, et par suite sur la configuration extérieure du crâne. Ont-elles leur diamètre ordinaire, le front n'offre aucune saillie notable: cette disposition paraît être la plus heureuse. Sont-elles au contraire très-amples, il existe au fond de magnifiques protubérances. Mais toutes magnifiques qu'elles sont n'en soyez point trop fiers, car elles prouvent tout simplement que votre cerveau contient de vastes excavations. Or, souvent un cerveau creux loge des idées creuses.

Une simple remarque. Si vous assistez à une séance de l'Académie des sciences, vous noterez que presque tous ses membres ont des fronts ordinaires. Par contre MM. les Phrénologistes (et ce n'est pas à l'Institut que vous les trouverez) ont la plupart des fronts très-proéminents.

Il paraîtrait donc que les bosses frontales, si elles ont quelque relation avec les facultés intellectuelles, indiqueraient précisément tout le contraire de ce qu'avait imaginé la Phrénologie. Pareille conséquence rentre assez dans les habitudes de ce système.

C'est dans les établissements d'aliénés que vous trouverez les démentis les plus éclatants donnés aux applications Phrénologiques. Tel individu a la monomanie de l'orgueil, qui ne vous en offre pas la plus légère bosse. Tel autre est égaré par une exaltation de sentiments religieux, dont le crâne est athée. Ce sont surtout les idiots qui sont remarquables par la configuration de la boîte crânienne. Visitez Charenton, ainsi que je le faisais il y a quelques jours avec M. Foville, médecin en chef de cette maison : vous y verrez des êtres qui n'ont plus d'humain que la forme, qui sont au-dessous de la brute par leur stupidité, vous présenter sur leur crâne l'organisation Phrénologique la plus privilégiée.

Quelles déceptions! Oui, je m'empresse de le reconnaître, il faut plus que du courage pour rester Phrénologiste au milieu de si cruelles épreuves ; il faut aussi un peu..... d'ingénuité.

Mais puisque le crâne, par toutes les impostures de ses bosses, est la cause de tant d'erreurs, ne le consultons plus ; mettons directement à découvert le cerveau du cadavre, et touchons du doigt les circonvolutions elles-mêmes où résidaient les facultés. S'il ne nous est pas donné de reconnaître pendant la vie ce que l'individu est, pourrons nous du moins, par compensation, découvrir après sa mort ce qu'il a été? Écoutons encore les faits.

On sait que la Phrénologie place dans le cervelet l'organe de l'*amativité*. Une jeune fille connue par l'extrême dérèglement de ses mœurs, et qui, comme tant de malheureuses, faisait du libertinage une spéculation, entre à l'hôpital. Elle meurt ; on ouvre son crâne, il n'y avait pas de cervelet. M. Magendie rapporte dans son *Journal de Physiologie* un autre exemple de jeune fille chez laquelle le cervelet manquait. Rien, pendant la vie, n'avait fait soupçonner l'absence de cet organe.

Autre fait dont j'affirme, et dont, au besoin, je puis prouver l'authenticité, car je le tiens d'un des témoins oculaires.

On présente à Spurzheim, collaborateur de Gall, deux cerveaux, dont l'un provient d'une idiote, et l'autre de l'illustre géomètre Laplace. Spurzheim examine ces deux cerveaux, les palpe, les compare, puis il prononce son arrêt Phrénologique. Malheureusement Spurzheim désigne le cerveau de l'idiote comme étant celui du géomètre. Méprise bien excusable et surtout bien naturelle en Phrénologie !

Ainsi, la Phrénologie n'a pas même la triste et dernière ressource du cadavre. Elle se trompe pendant la vie, elle se trompe après la mort, conséquente avec elle-même seulement dans ses erreurs.

Il me serait facile de multiplier les exemples ; mais à quoi bon ? Je cherche le vrai et non l'absurde. On ne pouvait avoir la main plus malheureuse dans le choix d'un sujet.

Vous vous demanderez, Messieurs, comment un pareil système qui ne repose que sur des bases ruineuses a pu jouir et jouit encore aujourd'hui d'une certaine faveur : c'est que derrière la Phrénologie s'abritent de mauvaises passions. Celui-ci trouve dans telle protubérance le démenti du libre arbitre, celui-là la critique d'un dogme de morale, cet autre l'excuse d'une conduite déréglée. En matérialisant nos facultés, on associe les mots de pensée et de matière, puis on les confond. Qui ne voit le but et la portée d'une pareille fusion ?

Une autre cause de succès et de vogue pour la Phrénologie, c'est l'art ingénieux avec lequel la plupart des objets qui servent à ses démonstrations déposent en sa faveur. En voici sous vos yeux un échantillon: c'est un plâtre et un crâne. Diriez-vous jamais, en les comparant, qu'ils se rapportent à la même tête? Le plâtre vous présente des protubérances monstrueuses dans les mêmes points où le crâne n'offre pas le plus léger relief. Quelles sont ses protubérances? celles du meurtre. Tout s'explique alors, car il s'agit du fameux assassin Soufflard. Concevriez-vous un assassin sans bosses de *destructivité?* Qu'importe que le créateur les ait refusées à son crâne? Le plâtre les possède, et cela vaut bien mieux pour la gloire du système, puisque ce plâtre est déposé au musée Phrénologique, dont il fait aujourd'hui l'orgueil et l'ornement. Le crâne, au contraire, reste humblement chez moi, qui en suis devenu, sinon le légitime, du moins le réel propriétaire. Me trouvant en effet de service à l'Hôtel-Dieu, j'avais été appelé pour soigner Soufflard, qui venait de s'empoisonner avec de l'arsenic, après sa condamnation à mort. C'est à la prison de la Conciergerie que je me suis procuré son crâne. Le moulage fut fait en mon absence pour la société Phrénologique.

Dans les séances publiques tenues par les hauts dignitaires de la Phrénologie, j'ai vu plus d'une fois figurer ce véridique plâtre, avec ses protubérances posthumes. On en faisait pompeusement la description, mais jamais l'historique.

Permettez-moi de rappeler ici une petite particularité que j'ai signalée dans le temps, c'est que le crâne de Soufflard (ne confondez pas avec le plâtre) a les bosses du meurtre beaucoup moins développées que la plupart de MM. les Phrénologistes eux-mêmes. La différence à l'avantage de Soufflard est énorme: ce qui ne laisserait pas que d'être un peu inquiétant, si les protubérances étaient infaillibles. (1)

(1) Le *Mémorial des Sciences* du mois de décembre 1842 contient un ar-

La Phrénologie aurait-elle quelquefois été favorisée dans le moulage des crânes qu'elle conserve pour l'édification de ses adeptes? Bien loin de moi un pareil soupçon; le dirai-je cependant? Je ne puis me défendre de la pensée que beaucoup de têtes originales éprouveraient de grandes difficultés à reconnaître leur plâtre à la ressemblance.

Une très-bonne fortune pour la Phrénologie, c'est l'accueil si favorable qu'elle a reçu des personnes du monde. Elle est passée du domaine aride de la science dans le riant séjour des salons : vous entendrez des personnes qui ne connaissent pas le premier mot d'anatomie ni de physiologie, disserter fort agréablement sur les protubérances, palper les crânes, découvrir les facultés, indiquer les caractères. Comment ne pas être cru quand on reconnaît chez une dame la bosse de la grâce et de l'amabilité? Aussi, jamais il n'entrera dans ma pensée de critiquer d'aussi innocentes récréations. Autrefois on disait la bonne aventure en examinant les lignes de la main; aujourd'hui on la dira en palpant les protubérances du crâne : c'est même plus piquant.

Nous devons donc, pour être équitables, faire deux parts bien distinctes dans la Phrénologie. Comme roman ou petit jeu de société, c'est une charmante invention; comme science, ce n'est absolument rien.

Dʳ Constantin JAMES,

Professeur de Médecine à l'Athénée royal.

ticle sur la Phrénologie, dans lequel nous remarquons le passage suivant :

« Après avoir publié dans presque tous les journaux ses attaques sur la Phrénologie, M. le docteur James répéta dans une de ses leçons tous les arguments contenus dans sa diatribe, et s'efforça de démontrer que le crâne de Soufflard était un démenti formel donné aux idées Phrénologiques. M. le docteur Belhomme, présent à sa leçon, put examiner le crâne de cet assassin, et fut au contraire frappé du renflement des parties latérales de la boîte osseuse. La leçon terminée, il demanda au professeur de vouloir bien lui confier cette pièce, objet de contestation, afin qu'il pût l'examiner à la quinzaine suivante, en présence de son auditoire. M. James le lui promit formellement, mais il se garda bien de tenir sa promesse. »

RÉPONSE A M. LE DOCTEUR JAMES

SUR LA PHRÉNOLOGIE.

A Monsieur le Rédacteur de L'INDICATEUR DE BAYEUX.

Bayeux, le 2 mai 1842.

MONSIEUR,

Vous avez inséré dans votre journal du 27 avril un article publié par M. James, sur la Phrénologie. Malgré l'estime que nous professons pour notre honorable compatriote, nous avons cru qu'il importait à la science et à la vérité de protester contre quelques allégations étranges qui sont renfermées dans son mémoire.

M. James commence par nous dire que les phénomènes de la vie sont soumis à des lois tout-à-fait différentes de celles qui régissent les corps inertes. Nous ne discuterons pas sur la justesse de cette observation, et sur la question de savoir s'il y a vraiment des corps inertes dans la nature, bien qu'à notre avis, la vie soit partout et la mort nulle part; car il n'y a pas de repos absolu dans l'univers; tous les corps se meuvent, tourbillonnent et se modifient suivant les lois de leur structure, de leurs rapports et de leur organisation; et l'inertie nous paraît un mot vide de sens, que désavouent tous les phénomènes que nous retrace l'harmonie universelle. Mais nous aimons mieux nous taire sur ce chapitre, que de nous égarer dans des digressions philosophiques; et d'ailleurs, M. James, sans croire à l'inertie absolue des corps matériels, peut fort bien se servir de cette expression pour rendre plus palpables les phénomènes que manifestent les êtres animés.

2

Notre tâche serait plus difficile pour expliquer la pensée de M. James, quand il nous annonce que là où est la vie on ne doit voir que la vie, et que toute interprétation matérielle doit être sévèrement proscrite. Il y a sans doute chez l'homme un principe de vie qui lui imprime sa puissance, et qui résiste aux agents qui tendent à le détruire ; mais ce principe lui-même n'est pas une entité distincte et indépendante, une individualité abstraite et isolée des organes, et il n'est que l'expression d'une force inhérente à chacun d'eux, et la manifestation de l'intimité de rapports qui les unit. La vie n'est point un être : elle ne peut être isolée de l'agrégation moléculaire qui la précède toujours, et les phénomènes qu'elle produit subissent toutes les phases et toutes les modifications de la matière organisée qui la constitue. Ce sont des vérités depuis long-temps rebattues dans la science, et que Démocrite avait reconnues lui-même, quand il expliquait par la différence de structure des animaux la diversité de leurs instincts et de leurs habitudes ; mais il faut les redire encore à ceux qui les méconnaissent, ou qui ne veulent pas voir les liens étroits qui rattachent la vitalité au jeu des viscères, c'est-à-dire, l'effet à sa cause, la faculté à l'organe qui la détermine.

M. James a tort, ce nous semble, de rattacher à l'influence philosophique du XVIIIe siècle l'opinion des physiologistes qui, avec Cabanis, ont attribué au cerveau la manifestation de la pensée. Hérophile, Érasistrate avaient déjà placé dans l'encéphale le siége des facultés morales et intellectuelles, et ils disaient que le cerveau était l'organe de la volonté et des sensations. Galien avait reconnu que la pensée avait son siége dans la tête, et il combattit les erreurs des Stoïciens qui rattachaient au cœur le principe de l'intelligence. Jean Huarte n'avait pas craint d'écrire en 1580, malgré la guerre ténébreuse que l'on faisait alors en Espagne aux apôtres de la science et de la vérité, que le degré de l'intelligence se mesurait par la variété de la structure encéphalique, et que les différences d'organisation expliquaient aussi la diversité des aptitudes. Jean-Baptiste Porta comparait, dans le même temps, la tête des animaux à celle de l'homme, et mettait en rapport leurs mœurs et leurs instincts. Thomas Willis, au milieu du XVIIe siècle, localisait dans le cerveau les facultés de l'homme, et posait la première pierre du monument que le docteur Gall devait bientôt élever à la science. Il n'y a guères de médecins et de physiologistes qui aient professé depuis cette époque une autre doctrine, et Descartes lui-même, malgré son ignorance en physiologie, plaça dans le cerveau la demeure de l'âme, et la grande pinéale devint le trône où se matérialisa la pensée.

C'était donc bien avant le XVIIIe siècle que les médecins et les philosophes avaient reconnu que le cerveau réalisait les sensations et l'intelligence, et nous ne concevons pas qu'après les travaux de Bichat, de Georget, de Broussais, de Charles Bel, de Rostan, de Blainville, de Cuvier, de Muller et tant d'autres savants qui honorent notre siècle, on veuille séparer la vie de l'organisme, et l'isoler du jeu physiologique des viscères Nous faut-il donc rappeler à M. James les expériences que M. Magendie, son illustre maître, a plusieurs fois répétées en sa présence, et qu'il a lui-même recueillies ? Ne se souvient-il plus, qu'en injectant dans l'intérieur du crâne d'un animal quelques gouttes de liquide, on détruit chez lui la sensibilité et le mouvement, et que pour arrêter les désordres qui menacent l'organisme et ranimer une vie qui va bientôt s'éteindre, il suffit d'évacuer le liquide qui comprimait l'encéphale ? A-t-il oublié que des symptômes différents révèlent l'épanchement du cerveau, suivant qu'il se manifeste dans telle ou telle portion de ce viscère, et que si la suspension des actes de la volition ou de l'intelligence indique une lésion des hémisphères, la perversion des mouvements et de la sensibilité dénote une atteinte plus profonde ? Les recherches de M. Magendie sur la localisation de quelques facultés et sur la relation d'un certain ordre de phénomènes avec la disposition et la structure de quelques parties du cerveau, seraient-elles sorties de sa mémoire ? Oh! non, il se rappelle trop bien les vivisections si variées et si ingénieuses de ce professeur célèbre, pour qu'il nous soit utile de lui indiquer le rôle de chacun de nos viscères, et le mécanisme sublime des rouages de la machine vivante. M. James a fait des études trop sérieuses; il est médecin trop instruit et trop habile pour croire que toute interprétation matérielle soit fautive pour éclairer les mystères de notre existence, et s'il est vrai que Cabanis ait admis la sécrétion de la pensée sous l'inspiration du philosophisme du XVIIIe siècle, il nous semble que M. James, dans la rédaction de son mémoire, n'est pas préoccupé d'idées psycologiques d'une moindre exigence, puisqu'il leur fait le sacrifice de tous les enseignements de son maître et des vérités que professe la science.

M. James nous met en garde contre la manie des systèmes, et il pense qu'au lieu de vouloir pénétrer les secrets de la nature, il est sage de ne pas soulever le voile qui les cache à nos yeux, et de faire humblement l'aveu de notre ignorance. Nous ne savons pas s'il y a vraiment courage et noblesse à dire qu'on ignore ; mais il y a franchise au moins, et par le temps qui court c'est un mérite assez rare pour que nous soyons tenté d'être de l'avis de M. James. Cependant cette thèse de modestie et d'humilité, aussi généralement posée, ne nous paraît pas exempte de critique et de dangers. Il y a une infinité de problèmes dans les sciences qui ont paru autrefois insolubles, et que pourtant a dévoilés le génie de quelques grands hommes. On ne doutait pas avant le XVe siècle que la terre ne fût immobile au centre du monde ; on déclarait hérétique et impie l'opinion de Copernic qui plaçait le soleil au milieu de notre système planétaire, et malgré les dénigrements de l'envie et de la sottise, Galilée devait plus tard recevoir l'hommage que l'on rend aujourd'hui à son courage et à son génie.

On se serait fait un scrupule, il y a un siècle, de combattre les tourbillons et la philosophie de Descartes, quand la chute d'une pomme sur le visage de Newton fit éclore l'immortelle pensée de la gravitation universelle. N'eût-on pas aussi autrefois été taxé d'extravagance, si l'on eût prétendu démontrer un jour la véritable fonction des organes pulmonaires et circulatoires, et pourtant l'illustre Harvey n'a-t-il pas eu la gloire de nous révéler un mystère qui semblait défier l'intelligence ?

M. James a donc tort, malgré l'absurdité de quelques systèmes, de blâmer les efforts de la science pour déchirer le voile qui nous dérobe les secrets de notre organisation. Sans doute, les vérités sont lentes à paraître et les plus simples et les plus faciles ne nous arrivent quelquefois qu'après de longs combats et de tristes déchirements : mais ce n'est pas une raison pour éteindre le flambeau du progrès, pour s'arrêter dans les ténèbres, pour étouffer la voix de Dieu qui a mis au-dedans de nous-mêmes ce désir insatiable d'expliquer et de connaître, et qui ne doit laisser de repos que sur les ruines du mensonge et des préjugés de l'ignorance. Les hypothèses ne sont pas elles-mêmes sans utilité, et les plus ridicules sont souvent celles qui remuent le plus profondément les esprits, et qui concourent le mieux au triomphe de la vérité. Sans les rêveries de la magie et du mysticisme, sans les extravagances de l'alchimie et les archées de toutes les formes et de toutes les tailles, les savants eussent été moins portés vers le genre d'études que réclamait la réfutation des erreurs et des superstitions antiques. Ce n'est pas d'ailleurs pour avoir voulu expliquer les secrets de la vie, que des hommes de talent ont propagé des systèmes absurdes, c'est parce que leurs doctrines ne reposaient pas sur l'examen de la nature, et sur la connaissance positive des lois de l'organisme.

Mais, voyons si la Phrénologie est au nombre de ces hypothèses aussi ridicules en médecine que dangereuses en morale, et si elle met en question les principes les plus sacrés de l'ordre social et religieux. Nous avons tâché de comprendre ces assertions, et nous avouons que nous n'avons pas été assez heureux pour en reconnaître la justesse. Eh quoi ! vous admettez qu'aucun acte intellectuel n'est possible si le cerveau que vous considérez comme l'instrument de notre âme n'obéit plus à ses sublimes inspirations, et vous trouvez que cette dépendance, que ces liens qui l'asservissent, n'ont rien qui répugne à sa céleste origine ; et nous, qui nous abandonnons à vos croyances, et qui, pour rendre possible l'explication de quelques phénomènes, vous proposons d'admettre que le cerveau n'est pas un seul instrument de la pensée, mais la réunion de plusieurs, nous devenons immoraux, irréligieux ! Vous concevez que l'on peut, sans cesser d'être honnête homme, rattacher la folie ou le délire à l'altération morbide de l'encéphale, et nous qui prétendons que dans la folie et le délire, il n'y a quelquefois que suspension de rapports et d'harmonie dans les divers appareils qui manifestent la pensée, nous cessons d'avoir le caractère honorable que vous vous attribuez, et nous sommes insociables et dangereux ! Vous avouez sans honte que dans les rêves produits par le sommeil, l'assoupissement de l'encéphale enraye l'intelligence, et nous qui rattachons l'explication toute simple de ce phénomène à l'incohérence d'action des appareils cérébraux, dont les uns veillent déjà quand les autres dorment encore, nous ne pouvons, sans rougeur au front, émettre notre théorie et proclamer nos convictions ! Oh ! nous avions raison de dire que M. James écrivait sous l'inspiration d'impérieuses exigences, puisque c'est avec de telles armes qu'il combat la Phrénologie, et qu'il consent à descendre des régions élevées de la science dans les lieux communs de la pédagogie et du terrorisme.

Examinons avec lui si cette Phrénologie qu'il vient de flétrir du souffle de sa colère n'est qu'un simple roman, qu'un jeu de société, et recherchons aussi les principes sur lesquels elle repose.

On avait reconnu depuis long-temps que l'intelligence avait besoin pour se produire de l'intégrité des organes encéphaliques, mais on s'aperçut plus tard que les facultés morales pouvaient être isolées. On vit que les hommes avaient différentes manières de sentir, et l'on établit plusieurs facultés qui furent long-temps réduites à l'entendement et à la volonté. On acquit plus tard la preuve que nos sensations nous fournissaient les matériaux d'une multitude de connaissances, et que la destruction d'un sens détruisait aussi une série d'idées, et l'on admit qu'elles prenaient leur source dans nos rapports avec les êtres qui nous entourent ; mais comme chaque homme fait un usage différent des images que transmettent les sens, et qu'il y a un certain nombre d'idées dont le point de départ ne peut être dans l'existence des corps qui nous environnent, on fut obligé d'imaginer une autre théorie. On reconnut que le cerveau était autre chose qu'une tablette de cire qui conservait les caractères que les sens impriment à sa surface, et qu'il y avait au-dedans de nous-mêmes des impulsions secrètes qui déterminaient nos penchants, nos goûts, nos affections, nos sentiments, nos passions. On appela ces puissances morales des idées innées. On observa que nos facultés ne se développent pas aux mêmes époques de la vie et ne s'éteignent pas non plus toutes ensemble ; on chercha quels étaient les renflements cérébraux qui subissaient le plus d'influence des âges, et l'on acquit la certitude que les variétés morales se modelaient toujours sur les modifications organiques. On remarqua que pour se reposer d'un travail d'esprit, il suffisait d'occuper son intelligence d'une autre étude ou d'une autre pensée ; on vit que la musique ou la poésie délassaient des recherches arides de l'algèbre ou de la métaphysique, et ce phénomène vint prouver encore que les divers appareils encéphaliques sont affectés à des fonctions différentes et se défatiguent comme les sens qui ne sont point solidaires dans leurs travaux, et se reposent isolément de leurs exercices. On vit que tel discours, que tel système,

descendu de la chaire ou de la tribune sur un vaste
auditoire, était accueilli par les uns avec enthousiasme,
et écouté par les autres avec défiance et quelquefois
même avec mépris ; on remarqua que quelques hommes
naissaient philosophes ou musiciens, compâtissants ou
cruels, et comme on ne pouvait admettre que l'Être
suprême eût donné à chacun des âmes diverses, il fut
impossible de ne pas rattacher la cause de ces différences
à la diversité des dispositions organiques, et la Phrénologie prit naissance, et son flambeau éclaira la chûte
des vieilleries métaphysiques. Ainsi s'écroula et s'abîma
sous ses ruines l'échafaudage vermoulu de facultés in-
dépendantes de l'organisation, et le domaine de l'intelligence devint la conquête de la physiologie et l'apanage
de la vérité.

L'anatomie comparée vint aussi prêter son secours
à l'étude des affections et des passions des hommes.
On rechercha si les animaux qui sont les plus élevés sur
les degrés de l'échelle zoologique, et dont les instincts
ont avec les nôtres le plus d'analogie, nous ressem-
blaient aussi sous le rapport de l'organisation encéphalique, et cette comparaison ne fut pas inutile au progrès
de la science. On avait remarqué depuis long-temps
que plus le trou occipital se rapprochait du voile du
palais, ou, en d'autres termes, que plus l'angle facial
était ouvert et plus se développait l'intelligence. Il fut
facile de comprendre que la dépression du crâne au-
dessus des yeux était due chez les animaux à l'absence
des parties cérébrales qui bombent et élargissent le front
de l'homme, et cette coïncidence de la dégradation des
facultés et de la diminution de la capacité encéphalique
indiqua la source des qualités morales qui nous distinguent. On reconnut que si le cerveau était arrêté dans
son développement, ou altéré par des blessures ou des
maladies, l'exercice des facultés intellectuelles était
aussi perverti ou même suspendu. On observa que certaines espèces d'animaux étaient privées d'instincts qui
sont repartis à d'autres ; on vit que chez les individus

d'une même espèce toutes les facultés n'étaient pas également développées, et que si l'une était prédominante, les autres étaient faibles, et toujours on acquit la preuve que les capacités morales s'agrandissaient en raison de la perfection organique, et que les différences de capacités intellectuelles et affectives correspondaient toujours à des variétés de structure encéphalique.

La pathologie ne refusa pas non plus son appui à la solution du grand problème de la pluralité des organes de l'âme. On remarqua des aliénations qui ne portaient que sur un seul genre d'idées, des manies partielles, qui n'étaient souvent que l'exagération de certains penchants auxquels on s'était livré sans réserve, et qui détruisaient l'harmonie universelle. On vit que le meilleur moyen d'y remédier était de changer les occupations des malades, de provoquer des passions nouvelles, et d'opposer aux idées qui sont le point de départ du délire des idées qui les dominassent et les anéantissent à leur tour.

L'exagération ou l'abolition de quelques facultés par une lésion physique de l'encéphale ou par les accès d'une fièvre brûlante, l'oblitération partielle des sentiments et des affections dans la vieillesse, les rêves et le somnambulisme et tous les phénomènes que nous avons passés en revue, n'auraient pu s'expliquer d'une manière satisfaisante, si l'on n'avait pas admis la pluralité des organes de la pensée.

C'est donc tout à la fois le raisonnement et l'observation qui ont servi de base à la Phrénologie, et qui nous ont appris que nos instincts, nos talents et nos qualités morales ont un principe et un siége déterminés dans l'encéphale.

Gall et Spurzheim, pour déterminer l'origine des forces primitives et radicales de l'intelligence, interrogèrent la nature, examinèrent la tête d'un grand nombre d'hommes de toutes sectes et de toutes nations, de ceux surtout que distinguait leur génie, qu'exaltait la passion ou la manie, ou que ravalaient la stupidité et l'idiotisme ; ils étudièrent les bustes et les portraits de ceux que leurs crimes ou leurs vertus ont rendus célèbres ; ils multiplièrent à l'infini leurs recherches, non-seulement sur l'homme, mais encore sur les animaux ; ils observèrent que telle partie du cerveau qui n'était pas développée dans le premier âge, se prononçait davantage quand la qualité morale qui lui correspond manifestait sa puissance, et par l'enchaînement des faits que révélèrent les vocations et les instincts, les dégoûts et les penchants, ils furent conduits à reconnaître qu'un certain nombre d'appareils cérébraux étaient affectés à la manifestation de quelques facultés fondamentales et originelles.

Mais quel est dans le cerveau le siége précis de ces facultés radicales de l'intelligence, et combien de divisions faut-il admettre pour circonscrire ces puissances de l'esprit et de la pensée ? Quels sont les points de l'encéphale qui secondent l'influence des viscères dans les déterminations instinctives et irréfléchies ? Est-il possible, dans l'état actuel de la science, de reconnaître par des signes et des protubérances visibles ou palpables à la surface du crâne toutes nos dispositions morales ? Là, il faut l'avouer, commencent le doute et l'incertitude, et pour arriver à la solution de ces questions, il faut encore du temps et de sérieuses études. Sans doute, il n'est plus permis aujourd'hui de faire de l'attention, du jugement ou de la volonté, des facultés fondamentales, car nous savons très-bien que ces abstractions n'expriment qu'une manière d'être de nos appareils intra-céphaliques, et que toute capacité qui peut s'appliquer indistinctement à tous les organes cérébraux n'en constitue évidemment qu'une propriété. Nous savons très-bien encore que nos facultés sont affectives ou intellectuelles ; que les premières sont plus ou moins soustraites à l'empire de la volonté et éclatent au-dedans de nous-mêmes sous l'inspiration d'un besoin, transmis par nos viscères, qui concourent alors aux déterminations morales, et qui ont avec l'encéphale des rapports et des connexions nécessaires ; et que les secondes, qui constituent ce qu'on appelle l'entendement, sont les éléments de la civilisation chez les hommes et le noble insigne de la suprématie intellectuelle. Mais faut-il admettre avec Gall vingt-sept facultés primitives, ou bien faut-il en adopter trente-cinq et, souscrire aux croyances de Spurzheim et de Broussais? Les Phrénologistes ont-ils toujours été fidèles à la vérité dans la classification de nos qualités morales et des organes qui leur correspondent? La divergence des opinions, la diversité des résultats que les expériences déterminent, et, il faut le dire, l'obscurité qui couvre encore les mystères de l'organisation et de la pensée, commandent nos réserves et suspendent nos convictions.

Examinons toutefois si les raisons alléguées par M. James sont de nature à renverser nos doctrines. Bien que nous ne nous fassions pas le défenseur officieux des classifications de Gall et de Spurzheim, il nous semble que M. James se méprend singulièrement sur la valeur des preuves qu'il oppose à la Phrénologie.

Tout est en rapport dans les rouages de la vie, et il n'y a aucune modification des viscères qui ne se révèle à l'extérieur par une modification correspondante. Les instruments d'exécution d'un instinct sont nécessairement en harmonie avec la force intérieure qui le détermine, et cette loi d'association et d'équilibre n'est pas moins rigoureuse pour les appareils de la pensée que pour ceux de la digestion et des sensations. Si donc le mouton n'a pas les dents et l'estomac du tigre, il ne doit pas avoir davantage sa férocité et ses besoins, et l'instinct qui pousse à la destruction, et qui s'harmonise avec des griffes ou des dents menaçantes, ne peut appartenir à l'animal que la nature a dénué des instruments de la force et de la résistance. C'est assez dire que la tête du mouton ne peut ressembler à celle du tigre, et qu'en supposant vraies l'égalité de développement et l'identité de structure, chez ces deux animaux, de la portion du cerveau qui préside dans l'opinion des Phrénologistes, aux pensées de meurtre et de carnage, il faudrait en conclure qu'ils n'ont pas encore deviné le siége du penchant à la destruction ; mais cela ne voudrait pas dire qu'il n'existe pas, ou que la Phrénologie n'est qu'une chimère. Un point obscur dans une science ne la détruit point, et parce que les physiciens sont embarrassés de connaître le principe de l'électricité ou de la lumière, on n'est pas autorisé à ne pas croire à la physique.

Et que nous importe à nous qu'un académicien ait soutenu un système en opposition avec nos principes et nos convictions, si ce système est contraire aux dogmes de la science et de la vérité ? Suffit-il d'être membre de l'académie, pour être infaillible dans ses décisions, et le sens commun est-il déversé seulement à l'illustre aréopage ? Vous trouvez que ceux qui placent nos principales facultés en arrière du crâne, raisonnent tout aussi bien que ceux qui soutiennent une thèse opposée ; mais il faut donc effacer d'un trait de plume tous les enseignements de la physiologie et de l'expérience ! Il faut anéantir tous les faits consignés dans les annales de la science, et recueillis depuis plusieurs siècles chez toutes les nations ! Il faut déchirer ou jeter au feu les observations d'Erasistrate, de Galien, de Galet, de Camper, d'Andral, de Rostan, d'Abercrombie, de Rochoux, de Pinel-Grandchamp, et de tous les Physiologistes modernes ! Il faut oublier le progrès ou le développement de la pensée dans la série des êtres ; il faut déclarer que l'aplatissement du front de l'idiot ou de la brute, et la saillie de leurs mâchoires, sont étrangers à la pauvreté de leur intelligence ; il faut fermer les yeux et nier la lumière !.... Pauvre siècle que le nôtre, quand déjà ces connaissances n'étaient pas étrangères aux sculpteurs grecs, qui représentaient le maître des Dieux avec le front saillant et volumineux de l'intelligence, et qui donnaient aux athlètes et aux gladiateurs des fronts fuyants et déprimés !

M. James nous demande pourquoi les circonvolutions si belles et si renflées de la base du crane, qui logeraient à merveille une faculté, sont privées pourtant de ce précieux avantage. Nous pourrions à bon droit être surpris de cet amour subit de bosses et de protu-bérances qui le tourmente, et nous contenter de lui demander à lui-même pourquoi il ne confie à notre âme que le soin de diriger nos pensées, quand la solution de tous les problèmes de l'organisme peut réclamer ailleurs son intervention et sa puissance? mais une incon-séquence n'en détruit pas une autre, et nous allons tâcher de lui expliquer la cause de la concentration des facultés intellectuelles sous la voûte crânienne. On savait depuis long-temps que les hémisphères cérébraux ne sont chez aucun animal aussi volumineux que chez l'homme; chez le singe, ils sont déjà aplatis, et au de-là ils deviennent de plus en plus petits; il était donc naturel de croire que la portion de l'organe qui se rétrécit avec la sphère morale était l'instrument qui réalise la pensée. En effet, dans tout l'organisme, on voit la structure des appareils déterminer le caractère de nos fonctions, et il eût été peu logique de croire que l'encéphale eût été seul en opposition avec ce grand principe de causalité et d'harmonie.

On avait appris par les savantes recherches de M. l'abbé FRÈRE, de cet observateur profond dont l'im-mense talent et la vaste érudition ont été plus d'une fois l'appui de la Phrénologie, que la conformation du crâne se modifiait chez les peuples à mesure qu'ils s'avançaient dans la civilisation, et que le front rétréci du sauvage se développait sous l'impulsion fécondante des sciences et des lettres.

On avait compris que la perfection de l'intelligence de l'homme n'était pas due à la finesse des sens, puisque beaucoup d'animaux ont des sens plus parfaits que les siens, et ont pourtant une capacité morale beaucoup moins considérable. On ne dut donc pas chercher le principe de la pensée dans les systèmes nerveux encé-phaliques, où les nerfs des sens prennent naissance.

Les altérations que la mort révéla dans le cerveau de ceux qui avaient manifesté des troubles ou des désordres moraux, et les lésions que l'on découvrit dans cet organe sans que l'intelligence eût été suspendue, affermirent encore les convictions ; mais ce fut surtout en procédant par voie d'exclusion que l'on arriva à ne plus douter du siége de la pensée. On vit un grand nombre d'altérations du cervelet et des parties profondes de l'encéphale ne pas interrompre l'exercice de l'intelligence ; on reconnut que le délire ne caractérisait pas la lésion des ventricules et du bulbe rachidien, à moins qu'elle n'étendit plus loin ses ravages, et l'on dut en conclure qu'il devait être rapporté à celle de la convexité des circonvolutions cérébrales. Il y eut, il est vrai, quelques observations qui semblèrent démentir ces résultats de l'expérience, mais il fut aisé de trouver la cause de ces différences dans les rapports étroits qui unissent entre eux tous les organes encéphaliques, et qui embarrassent souvent l'appréciation de leurs phénomènes. Les Phrénologistes, à qui M. James a raison de refuser la bosse du suicide, ne pouvaient donc, sans se tuer eux-mêmes, placer à la base ou au centre du crâne la source du moral et de la pensée, et ils devaient y circonscrire les instincts et les impulsions que réclame la vie physique.

Nous accorderons volontiers à M. James que la Phrénologie n'est pas d'une application facile, et que le développement anormal des os du crâne, un produit morbide ou une collection de liquide, exposent à de fréquentes erreurs. Gall en convient lui-même, et nous aurions mauvaise grâce à ne pas reconnaître la justesse de cette observation, mais tout cela prouve la difficulté de la crâniologie et non son impossibilité absolue ; l'embarras de déterminer par le toucher les diverses fonctions cérébrales, et non la fausseté du système de la pluralité des organes intracéphaliques.

Mais, voyez un peu la puissance et l'ascendant de la vérité ! M. James, après nous avoir dit au commen-

cement de son mémoire que toute interprétation matérielle doit être bannie dans l'appréciation des phénomènes de l'existence, fait maintenant amende honorable de son hérésie scientifique : il nous met en garde
contre les cerveaux creux qui logent des idées creuses,
et il s'écrie avec le poète : *Belle tête, mais de cervelle,
point !*

Il y a long-temps que l'on dit dans le monde que
celui qui veut trop prouver ne prouve rien ; eh bien !
M. James nous démontre encore la justesse de ce pro-
verbe ; car s'il est certain, comme il l'assure, que la
proéminence des fronts des pauvres Phrénologistes,
s'allie à la simplicité de leurs croyances, et qu'une
théorie précisément inverse de leur doctrine, constitue
la vérité, il y aura donc encore une Phrénologie, puisqu'il se manifestera toujours une différence entre la
tête de l'homme d'esprit et celle de l'imbécile.

Nous ne pensons pas du reste, que MM. les membres
de l'Institut se contentent des fronts *ordinaires* que
M. James veut bien leur donner. Si l'on en croit l'histoire, les têtes de Socrate, de Locke, de Leibnitz, de
Buffon, de Voltaire, de Cuvier, de Napoléon, etc.,
n'étaient pas tout-à-fait construites sur le type modèle
assigné à l'Académie ; il est vrai qu'à l'Institut il peut
y avoir beaucoup de têtes qui ne ressemblent pas à
celles-là.

Ce que M. James nous raconte des idiots est généralement contraire aux enseignements de l'observation
et de l'expérience. Le plus ordinairement on trouve chez
les imbéciles le cerveau très-petit, très-rétréci, et n'offrant que treize à dix-huit pouces de circonférence au
lieu de dix-neuf à vingt-deux que présente celui d'un
homme adulte, qui jouit des prérogatives de l'intelligence. Il y a sans doute des hydrocéphales dont le crâne
a de vingt-trois à trente-six pouces de circonférence, et
qui sont au-dessous de la brute par leur stupidité, mais
c'est là précisément ce qui prouve jusqu'à l'évidence
que le cerveau est l'organe de la pensée, et qu'il faut

consulter l'organisation pour expliquer la vie et les qualités morales. Etrange abus des mots et du langage ! Vous appelez privilégiée la conformation de la boîte crânienne qui est au-delà des limites où se rencontre l'intelligence, comme si le regard et la stupeur de l'idiotisme ne protestaient pas contre vos assertions ! comme si l'écartement des os du crâne ou leur configuration maladive ne donnaient pas le démenti le plus formel à vos singulières allégations ! Nous aimerions autant prétendre que le boursouflement produit par l'œdématie ou l'emphysème des membres caractérise la perfection de la force, parce que le développement du système musculaire constitue l'énergie des mouvements. « D'ailleurs, dit Georget, on conçoit très-bien l'idiotie avec une organisation du cerveau bonne en apparence. Il suffit en effet du manque total de mémoire pour empêcher toute combinaison intellectuelle ; car si les impressions ne sont pas durables, il devient impossible de conserver des idées, de comparer, de juger, de raisonner ; il en serait de même de la privation de la faculté de retenir les signes du langage. » Ainsi donc, la Phrénologie n'est pas embarrassée de la solution du triste problême de l'idiotisme ; au contraire, elle l'explique.

Que dirons-nous de cette malheureuse victime de la débauche, qui faisait du libertinage une spéculation, et qui pourtant n'avait pas l'organe de *l'amativité ?* Nous dirons ce que M. James répondrait lui-même à celui qui lui soutiendrait que l'estomac n'est pas l'organe qui sollicite les aliments, parce qu'on peut manger sans avoir faim.

Pour tous ceux qui ont vu un cerveau sorti de la boîte du crâne, et qui savent avec quelle facilité et quelle promptitude cet organe s'affaisse et se déforme, il sera démontré que l'erreur que l'on attribue à Spurzheim serait de bien peu d'importance, quand elle aurait eu lieu en plein midi et devant l'Institut.

Est-il nécessaire de justifier encore la Phrénologie du reproche d'encourager les mauvaises passions, et de bouleverser la morale? Est-ce enhardir le crime que de montrer les ressorts cachés qui lui donnent naissance, et de faire connaître le frein qui doit mettre obstacle à ses ravages? Est-ce abriter les mauvaises passions que d'établir en principe que, l'exercice développant nos organes, il est possible d'arrêter par le repos et par une diversion morale sagement dirigée, un penchant qui menace de rompre l'harmonie intellectuelle? Est-ce une espérance coupable que celle de découvrir les penchants que la société redoute et de distinguer le crime de la vertu, la bonne foi de l'intrigue, et l'indépendance de la servilité et de la bassesse? C'est sans doute par distraction que M. James a répété toutes ces déclamations usées d'une psychologie en ruine; mais en vérité, les distractions ou la force des croyances ne devraient pas aller jusque-là, et la Phrénologie, qui n'a pas la bosse de cette ingénuité, dont M. James veut bien la gratifier dans son mémoire, ne peut accepter des assertions aussi positivement fausses et surannées.

Qu'on cesse donc de l'accuser de matérialisme, parce qu'au lieu d'un organe de la pensée, elle en admet plusieurs. Le cerveau, parce qu'il est unique, est-il moins matériel et moins divisible, et, suivant l'expression de Gall, la main est-elle moins noble que les cinq doigts? Il n'est pas plus juste de dire que la Phrénologie prêche le fatalisme, car il faudrait, pour que cette accusation fût fondée, qu'elle enseignât que l'homme est toujours entraîné malgré lui dans ses bonnes ou mauvaises pensées, et que sa liberté morale est enchaînée à ses instincts et à ses passions. Or, jamais cette thèse n'a été soutenue par ses adeptes. Ils reconnaissent bien sans doute qu'il y a des dispositions heureuses et sociables, et des inclinations perverses et dangereuses, mais tous les philosophes, et ceux même dont s'honore le christianisme, n'ont-ils pas annoncé cette vérité? Ne dit-on pas tous les jours dans le monde, et M. James ne dit-il pas lui-même, que tel individu est doué d'un excellent caractère; que tel autre a hérité de la douceur et du

3

courage de ses aïeux? Ne lisons-nous pas dans les livres
saints, que c'est du cœur que partent les malignes pensées, les débauches, les meurtres, les adultères? Et
c'est précisément cette tendance à s'écarter quelquefois
des voies de la justice ou de la morale, qui constitue
la vertu, et légitime la récompense; car sans combat
point de triomphe, et la vertu de l'indolence est un
mérite sans gloire. Supposer la liberté absolue sans
cause et sans mobile, c'est déifier le caprice et avilir
l'intelligence; mieux vaudrait encore soutenir que
l'homme n'est point libre que de le faire monstrueux et
ridicule. Vous dites que la Phrénologie dément le libre
arbitre; mais ne vous apercevez-vous pas, pour emprunter encore la pensée de Gall, que votre théorie
d'une liberté illimitée et indépendante, détruit dans
l'application de la loi toute équité, toute justice, et
dans les relations de la société, toute charité, toute
tolérance? Pour le plaisir de nous prêcher morale, ne
rabaissez donc pas la dignité de l'homme, et sachez lui
ménager, quand il s'oublie, l'indulgence ou la pitié.

Nous passerons sous silence cette bosse de la navigation, si heureusement aperçue, et si ingénieusement
décrite par son auteur, à propos d'aplanissement et
d'égalité de surfaces. Nous ne dirons rien du crâne de
Soufflart, que nous craignons de ne pas bien connaître encore, malgré la complaisance que l'on a mise
à nous parler souvent de cette précieuse relique. Nous
nous tairons aussi sur la tendre sollicitude de M. James
pour les protubérances des Phrénologistes, qui n'ont
sans doute jamais rencontré chez lui celle de la sympathie et de la bienveillance; mais ces plaisanteries et ces
sarcasmes nous paraissent peu dignes des habitudes de
la science, et peu profitables à la doctrine dont M.
James se constitue l'apologiste. Les travaux de Gall et
de Spurzheim valent bien la peine d'être combattus
par les armes du raisonnement, et l'auréole de gloire,
qui ceint leurs fonts, ne s'évanouira pas sous le souffle
impuissant du mépris et des ricaneries.

Nous pourrions à notre tour, sans cesser d'être équitable, faire deux parts bien distinctes du mémoire de M. James. Comme distraction au désœuvrement des gens du monde, comme hommage et consolation aux vieux souvenirs des archées et des abstractions métaphysiques, c'est une charmante invention ; comme science, ce n'est absolument rien.

Th. LABBEY, D.-M.-P.

RÉPONSE A LA RÉPONSE DE M. LE Dʳ LABBEY.

MONSIEUR LE RÉDACTEUR,

M. le Dʳ Labbey a consacré quelques-uns de ses loisirs à la réfutation de mon opinion sur la Phrénologie que vous avez rapportée dans votre numéro du 27 avril dernier. Prenant son point de départ *depuis le moment où l'on vit que les hommes avaient différentes manières de sentir*, ce qui nous reporte un peu loin, il s'élève aux hauteurs les moins accessibles des abstractions métaphysiques ; puis, de cet observatoire, il passe en revue les générations qui se sont succédées, depuis le maître des Dieux *au front saillant et volumineux*, jusqu'au sauvage actuel *dont le front rétréci se développe sous l'impulsion fécondante des sciences et des lettres*. Il fallait un coup-d'œil d'une grande portée pour découvrir dans cette foule immense les crânes favorables à la Phrénologie. Aussi, encore tout ébloui des connaissances *des sculpteurs grecs*, M. Labbey laisse-t-il échapper cette exclamation douloureuse : *Pauvre siècle que le nôtre !*

Mon confrère n'a-t-il tant de faible pour la Phréno-logie que parce que *les hypothèses les plus ridicules*, comme il le dit fort bien, *sont celles qui remuent le plus profondément les esprits ?* ou bien n'a-t-il écrit que pour son propre amusement, en vue de faire goûter à ses lec-teurs ce divertissement inoffensif ? Peu importe. Quoi qu'il en soit, son travail contient des choses qu'il est bon de relever, ce qui ne veut pas dire cependant que je me propose de reprendre une à une les doctrines étranges dont il s'est plu à nous offrir la réunion.

M. Labbey nie l'existence des corps inertes. Je de-manderai ce que c'est qu'un caillou. *La vie*, dit-il, *n'est point un être, mais il la voit partout, et la mort nulle part.* J'ignore s'il veut ici faire une flatteuse allusion à sa pratique médicale, néanmoins je demanderai encore ce que c'est qu'un cadavre. *L'inertie* lui paraît *un mot vide de sens.* Qu'il veuille bien consulter les premiers rudiments de la physique, et il apprendra ce qu'on ap-pelle *force d'inertie*.

J'ai dit que là où est la vie, on ne doit voir que la vie, et que toute interprétation matérielle doit être pros-crite. Grande indignation de M. Labbey qui déclare ne point pouvoir saisir ma pensée. Pour m'exprimer la sienne, il ne lui faut rien moins que les mots d'*entité distincte et indépendante*, *d'individualité abstraite et iso-lée*, *d'expression d'une force inhérente*, *de manifestation*, *d'intimité de rapports*, *d'agrégation moléculaire*, *de phases et modifications de la matière organisée*, tout cela en quelques lignes. Pourquoi mon critique ne suit-il pas l'excellent conseil qu'il prenait la liberté de se donner dans le premier chapitre de son travail ? « Nous aimons » mieux nous taire, disait-il, que de nous *égarer* dans » des digressions philosophiques. » Egarer est bien le mot.

En disant que les phénomènes de la vie ne sont point explicables par les lois qui régissent la matière inorga-nique, ai-je donc émis une opinion tellement ridicule qu'elle eût fait sourire Démocrite lui-même, que M.

Labbey me fait l'honneur de m'opposer ? Voici ce que je lis dans M. Magendie (1) : « Ce qui distingue essen-
» tiellement les phénomènes vitaux des phénomènes
» physiques, c'est que tandis que ceux-ci peuvent être
» expliqués par les lois connues de la matière, les pre-
» mières échappent à ces lois, et se jouent également
» de nos aperçus et de notre curiosité. » La même pensée se trouve reproduite dans vingt passages différents
des ouvrages de l'illustre professeur.

Je cite M. Magendie de préférence à tout autre, parce que M. Labbey m'accuse *d'avoir fait le sacrifice de tous les enseignements de mon maître.* Il s'écrie : « Nous faut-il
» rappeler à M. James les expériences de M. Magendie ?
» Les recherches de son illustre maître sur la *localisa-*
» *tion* de quelques facultés seraient-elles sorties de sa
» mémoire ? » Non, Monsieur, elles n'en sont point sorties. C'est vous qui, en posant M. Magendie comme Phrénologiste, avez indignement travesti les opinions de mon maître. Lisez plutôt :

« La Phrénologie, *pseudo-science* de nos jours, comme
» étaient naguère l'astrologie, la nécromancie, l'alchi-
» mie, prétend *localiser* dans le cerveau les différentes
» sortes de mémoire : mais ses efforts se réduisent à des
» assertions qui ne soutiennent pas un instant l'examen.
» Les *crânologues* à la tête desquels est le Dr Gall vont
» beaucoup plus loin : ils n'aspirent à rien moins qu'à
» déterminer les facultés intellectuelles par la confor-
» mation du crâne, et surtout par les saillies locales qui
» s'y remarquent. Un grand mathématicien offre cer-
» taine élévation non loin de l'orbite : c'est là, n'en
» doutez pas, qu'est l'organe du calcul. Un artiste
» célèbre a telle bosse au front, c'est là que siége son
» talent. Mais, répondra-t-on, avez-vous examiné
» beaucoup de têtes d'hommes qui n'ont pas ces capa-
» cités ? Etes-vous sûr que vous n'en rencontreriez pas

(1) *Leçons sur les phénomènes physiques de la vie.* tome 2. page 43.

» avec les mêmes saillies, les mêmes bosses ? N'importe,
» dit le crânologue, si la bosse s'y trouve, le talent
» existe, *seulement il n'est pas développé*. Mais voilà un
» grand géomètre, un grand musicien qui n'ont pas
» votre bosse ; n'importe, reprend le sectaire, croyez !
» Mais quand il y aurait toujours, reprend le sceptique,
» telle conformation réunie avec telle aptitude, il fau-
» drait aussi prouver que ce n'est pas une simple coïn-
» cidence, et que le talent d'un homme tient réellement
» à la forme de son crâne. Croyez, vous dis-je, répond
» le Phrénologue. Et les esprits qui accueillent avec
» empressement le vague et le merveilleux croient. Ils
» ont raison, car ils s'amusent, et la vérité ne leur ins-
» pirerait que de l'ennui ! »

Qui a écrit ces lignes ? M. Magendie (1).

Fidèle aux enseignements de mon maître, j'ai dit et
je répète encore que la Phrénologie comme roman ou
petit jeu de société peut avoir ses agréments, mais que,
comme science, elle n'est absolument rien. M. Labbey
n'a pas, il est vrai, souscrit littéralement à cette conclusion, mais il s'est chargé avec une louable impartialité d'en démontrer l'exactitude.

Il raconte d'abord *qu'on observa que nos facultés ne
se développent pas aux mêmes époques de la vie, et ne
s'éteignent pas non plus toutes ensemble... Que pour se
reposer d'un travail d'esprit, il suffisait d'occuper son
intelligence d'une autre étude ou d'une autre pensée... Que
la musique et la poésie délassent des recherches arides de
l'algèbre et de la métaphysique... Que tel discours, que
tel système descendu de la chaire ou de la tribune sur un
vaste auditoire était accueilli par les uns avec enthousiasme,
et écouté par les autres avec défiance et quelquefois même
avec mépris... Toute cette série d'observations a un
double but : 1º de prouver que MM. les Phrénologistes

(1) *Précis élémentaire de Physiologie*, tome 1er, page 247.

étaient, dès le principe, doués d'une profonde perspicacité, puisqu'ils ont fait des remarques aussi étonnantes ; 2° d'expliquer pourquoi et comment la Phrénologie prit naissance.

La voilà née. M. Labbey va nous exposer maintenant son utilité, ses applications, ses résultats. Il se demande d'abord *s'il est possible dans l'état actuel de la science, de reconnaître par des signes et des protubérances visibles ou palpables à la surface du crâne toutes nos dispositions morales ?* C'est assurément procéder avec beaucoup de logique ; car là est toute la Phrénologie. Quelle est la réponse de M. Labbey ? *Là, il faut l'avouer, commencent le doute et l'incertitude, et pour arriver à la solution de ces questions, il faut encore du temps et de sérieuses études.* Plus loin, M. Labbey, s'occupant du *nombre des facultés primitives qu'il faut admettre*, répond que la *divergence des opinions, la diversité des résultats que les expériences déterminent, et, il faut le dire, l'obscurité qui couvre encore les mystères de l'organisation de la pensée, commandent nos réserves et suspendent nos convictions.* S'agit-il d'expliquer l'*égalité du développement de la bosse du meurtre sur la tête du mouton et sur celle du tigre*, M. Labbey dit qu'*en supposant vraie cette égalité, il faudrait en conclure que les Phrénologistes n'ont pas encore deviné le siége du penchant à la destruction.* Enfin M. Labbey concède que *la Phrénologie n'est point d'une application facile, et que le développement anormal des os du crâne, un produit morbide ou une collection de liquide, exposent à de fréquentes erreurs.*

Après avoir remercié M. Labbey de toute la peine qu'il s'est donnée pour me venir en aide, je demanderai à tout homme de bonne foi s'il est possible de voir une science là où il n'existe que *doute et incertitude*, dont le *temps et des études sérieuses* peuvent seulement faire quelque chose. Appellera-t-on science l'exploitation sur la boîte crânienne de *facultés dont on n'a encore pu dé-*

terminer le nombre, *ni deviner le siége*, surtout quand on réfléchit que si jamais ce nombre et ce siége doivent être connus, la Phrénologie n'en sera pas moins d'une *application difficile*, et les Phrénologistes *exposés à de fréquentes erreurs*.

M. Labbey espère beaucoup du *temps et des études sérieuses*. — Il est certain que comme la Phrénologie a suivi jusqu'ici une méthode toute opposée, on ne peut savoir au juste de quoi elle est capable. Du courage donc ! Que les Phrénologistes se complaisent dans l'attente d'un avenir meilleur, et se mettent *sérieusement* à l'œuvre : personne n'a le droit d'y trouver à redire ; mais qu'ils ne s'étonnent plus qu'en m'appuyant uniquement sur leurs propres déclarations, je répète que, *de nos jours*, la Phrénologie, comme science n'est absolument rien.

M. Labbey a si bien compris le néant des dogmes Phrénologiques actuels, qu'il renie leurs *glorieux* patrons. *Je ne me fais pas*, dit-il, *le défenseur officieux des classifications de Gall et de Spurzheim*. Mais qui donc et quoi donc défend-il ? Est-il Phrénologiste sans Phrénologie ?

Il serait maintenant surabondant de prouver que la Phrénologie, nulle comme science, est dangereuse en morale. Je n'en voudrais pour exemple que ce passage de la réponse de M. Labbey, où, critiquant le système de la liberté illimitée qui seule peut constituer le bien et le mal, il dit avec Gall *qu'il faut ménager à l'homme, quand il s'oublie, l'indulgence et la pitié*. Ce sont là sans doute des sentiments généreux dont la société doit savoir faire l'intelligente application, mais à quel titre ? Sera-ce parce que le criminel a cédé à des exigences d'organisation auxquelles il n'était pas maître de résister ? Les Phrénologistes ont bien senti tout ce qu'une pareille doctrine qui découle de leur système a d'anti-social, et, pour en atténuer l'effet, ils professent qu'en dirigeant plus spécialement l'exercice de la pensée sur les bosses de la vertu, celles du crime, restant inactives, ne se développent point. Il est très-vrai que l'éducation peut rectifier ce que notre nature a de mauvais, mais cela est connu depuis l'origine du monde. Pourquoi donc ces formules Phrénologiques ? Dans quel but la Phrénologie invente-t-elle des vérités qui lui sont antérieures de plusieurs milliers d'années ?

Je dois dire aussi quelques mots de ce qui me concerne plus spécialement dans le mémoire de M. Labbey.

D'abord, il a voulu me mettre en contradiction avec M. Magendie, à l'opinion duquel il sait que j'attache tant d'importance. Le moyen était facile : c'était de faire dire au célèbre professeur précisément tout le contraire de ce que celui-ci a dit et écrit. J'ajouterai que les leçons de M. Magendie où se trouvent exposées des opinions anti-phrénologiques, ont été rédigées par moi et revues par lui, que dans un mémoire publié en 1839 et intitulé : *la Phrénologie et le crâne de Soufflard*, j'attaquai le système de Gall comme ne reposant que sur des principes erronés et des bases ruineuses. Mes convictions ne datent donc point d'un jour. Comment m'expliquer alors ce que M. Labbey a voulu dire en parlant d'*impérieuses exigences auxquelles j'aurais cédé ?* Je sais qu'on s'accorde quelquefois le malin plaisir d'une épigramme. Je sais aussi qu'il est des hommes qui ont le triste courage de dire une injure ; mais je ne saurais comment classer et qualifier une insinuation.

J'ai pu, en parlant de la Phrénologie, m'égayer sur des doctrines dont le seul mérite est de servir de passe-temps et d'amusement, mais je ne me suis jamais permis d'attaquer les personnes. J'ai suivi en cela les habitudes des hommes d'étude et de science qui se respectent, lors même qu'ils se combattent. Je regrette que M. Labbey ne se soit pas cru obligé de se conformer à ces usages Si je fais allusion à la manière dont il termine son article, ce n'est point que j'attache quelqu'importance à une opinion trop passionnée pour qu'elle puisse m'atteindre. Je veux seulement indiquer le motif qui me fait clore, pour ce qui me concerne, une polémique qui n'a plus le caractère de bienveillance réciproque que j'aurais voulu lui conserver.

Paris, 20 mai 1842.

Dᵣ Const. JAMES,

Professeur de Médecine à l'Athénée royal.

PHRÉNOLOGIE.

UNE RÉPONSE AUSSI A UNE RÉPONSE.

A M. LE DOCTEUR JAMES.

Bayeux, le 28 mai 1842.

Mon cher Confrère,

Je m'empresse de vous remercier de la bienveillance que vous me témoignez au commencement de votre épitre, en me gratifiant d'une portée de vue, qui devrait flatter la vanité la plus difficile et la plus exigeante ; mais je ne puis accepter un hommage qui appartient tout entier aux travaux de nos ancêtres. Je raconte seulement, je n'invente pas ; et si je me suis apitoyé sur les misères du siècle, ce n'était pas pour afficher le luxe d'une érudition de parade, mais pour vous faire voir que la Phrénologie ne désavoue pas sa naissance, et se fait gloire de ses principes.

Vous me demandez si je ne me suis fait l'adepte du système de la pluralité des organes de l'âme que pour le plaisir de remuer les esprits, et de les divertir par la singularité d'une hypothèse ; je ne pense pas avoir donné à personne le droit de suspecter ma bonne foi et la sincérité de mes croyances ; je n'écris pas pour amuser les autres, et je respecte trop ma conscience et la vérité pour afficher des opinions de commande et travestir mes convictions.

Vous vous étonnez que je n'aie vu nulle part l'inertie ; mais ne pourrais-je pas être surpris moi-même de votre insouciance à me la faire connaître ? Vous voulez que je vous dise ce que c'est qu'un caillou ? C'est un assemblage de molécules qui jouit des propriétés générales de la matière, et de la force d'affinité et de cohésion que comporte la disposition de ses particules : c'est un corps qui développe, comme tous ceux de la nature, cette force d'attraction et de mouvement, qui, modifiée sans cesse, détermine aussi bien la végétation d'un brin d'herbe que la gravitation des globes célestes. Ce n'est pas la sensibilité, mais ce n'est pas non plus l'inertie. Vous me demandez si la proscription de la mort n'est point une allusion flatteuse à ma pratique médicale ? Oh ! non, mon cher confrère, ce n'est pas moi qui m'entends en spéculations de commerce ou d'industrie, et je ne suis pas plus habile à faire valoir mes triomphes qu'à tirer parti de mes défaites. Vous désirez savoir encore ce que c'est qu'un cadavre ; c'est le commencement d'une série de vies nouvelles ; ce n'est pas l'annihilation ou l'inertie, c'est une restitution et une conquête. La vie ? c'est une succession de phénomènes qui s'accomplit dans un ordre constant de cause et d'harmonie ; c'est la matière en mouvement, ou animée par les forces qui sont inhérentes à sa nature, et qui constituent ses fonctions et sa puissance ; c'est cette chaîne immense qui lie tous les êtres et les soutient tous ensemble dans la manifestation de leurs propriétés et de leurs mouvements. Plaisante raison de l'homme de se croire seul animé

dans la nature, quand tout ce qui l'entoure s'agite et
se modifie, et que son existence est asservie au mouvement de cette matière, qu'il poursuit du dédain de son
ignorance ! Comme si l'électricité et la lumière ne vivi-
fiaient pas tous les êtres ! Comme si lui-même n'était
pas sous la dépendance des globes étincelants qui rou-
lent dans les cieux ! Comme si sa force et son arrogance n'étaient pas obligées de céder sans cesse aux
exigences de leurs révolutions et de leurs immuables
vicissitudes !.... Vivre c'est jouir de la faculté de naître,
d'absorber, d'éliminer, de croître, de se reproduire
ou d'abandonner son mode d'existence ; or, tous les
êtres de la nature possèdent cet avantage. Seulement,
pour accomplir ces phénomènes, ils obéissent à des
impulsions différentes, et subissent des modifications
en rapport avec le rôle qu'ils doivent jouer dans le
monde.

Nous savons très-bien qu'en comparant les êtres
animés et les corps inorganiques, on ne manque pas
de caractères pour différencier ces deux grandes divisions des corps de la nature ; mais bien que l'organisation s'élève par degrés, et détermine par la perfection
de ses rouages des résultats plus merveilleux et plus
sublimes, il n'en est pas moins vrai que tous les corps
vivent ou existent à leur manière, et qu'il n'y a pas
d'inertie dans l'univers.

Analysez les êtres vivants, et vous verrez que les
éléments qui les composent sont semblables à ceux qui
constituent les corps inorganiques ; vous trouverez que
le carbonne, l'hydrogène ou l'azote, retirés de la matière brute ou de la matière vivante, ne changent pas
pour cela de nature, et que les proportions diverses
de ces principes et la variété des rapports et des arran-
gements moléculaires établissent la différence des êtres
répandus sur la terre. Il n'y a pas de matière essentiellement morte ou essentiellement vivante. Tout n'est
qu'emprunt et que restitution dans le monde. Les animaux et les plantes s'approprient les éléments des êtres

inorganiques pour les façonner au mouvement d'une vie plus active et plus compliquée, et nous voyons d'un autre côté l'animalité modifier son existence et prêter aux corps bruts l'assistance d'une organisation que le temps a brisée ; c'est ainsi que la pierre siliceuse, appelée *tripoli*, est entièrement composée de squelettes ou de carapaces d'animalcules microscopiques , d'une petitesse si prodigieuse que le professeur Ehrenberg , de Berlin , a calculé que cinq centigrammes (un grain) de cette substance renferment environ 187 millions d'individus de la *Gaillonella distans*. C'est encore ainsi qu'après notre trépas nous fournissons à la terre ou à l'atmosphère les éléments que doivent absorber les végétaux , pour reproduire dans l'immensité des siècles le cercle incommensurable de l'existence.

Ne savons-nous pas d'ailleurs , d'après les curieuses expériences de M. Bory de Saint-Vincent, que la matière éprouve d'incessantes transformations, et trouve en elle-même le principe qui élève son organisation et agrandit sa puissance ?

N'avez-vous pas médité comme moi cet admirable travail du Dr Dumas , dans lequel il établit que l'atmosphère est le chaînon mystérieux qui réunit les trois règnes de la nature : que les volcans et les orages sont des laboratoires où se façonnent les matériaux dont la vie a besoin pour révéler sa puissance ? « Que l'homme lui-même n'est qu'un appareil de combustion, et qu'en prenant les faits au point de vue le plus élevé de la physique du globe , il faut dire, qu'en ce qui touche leurs éléments organiques , les plantes et les animaux dérivent de l'air , et ne sont que de l'air condensé (1). » Preuve nouvelle de cette merveilleuse simplicité de la nature , qui, par un très-petit nombre de lois générales , que leur enchaînement simplifie encore , donne naissance à la foule des phénomènes qu'elle produit !

Je suis reconnaissant, mon cher confrère, du soin

(1) *Statistique chimique des êtres organisés*, page 5.

que vous voulez bien prendre de m'engager à consulter les premiers rudiments de la physique pour apprendre ce que l'on appelle *force* d'inertie ; j'ai profité de vos sages conseils , et j'ai vu , ce dont je croyais me rappeler encore , malgré les quelques cheveux gris qui ombragent ma tête , que cette *force* d'inertie était , comme bien d'autres , un être imaginaire et fantastique. Je lis, en effet , dans le ***Traité Élémentaire de physique*** du Dr Pelletan , page 49: « On a donné aussi le nom de *force* d'inertie à la résistance que tous les corps apportent à un changement du repos au mouvement ou du mouvement au repos ; mais il est évident que cette force n'existe pas , et nous verrons que tous les phénomènes qui la simulent s'expliquent par la considération des masses. » Il me semble donc qu'il serait à propos que vous lussiez vous-mêmes ces rudiments de la physique , qui ne sont pas tout-à-fait en harmonie avec vos assertions. Il suffit , en effet, du partage du mouvement pour expliquer la résistance de la matière à l'impulsion qu'on lui imprime. Il est certain que le mouvement ou la vie ne peuvent avoir lieu sans une cause qui les détermine , mais cette cause ne peut-elle pas être inhérente à la matière elle-même ? La nature a-t-elle besoin pour produire le repos ou le déplacement des particules matérielles de recourir à des impulsions étrangères , et de créer autant d'individualités de forces ou de puissances qu'elle veut déterminer de phénomènes ? N'est-il pas plus philosophique d'assigner des attributs ou des qualités à la matière que de personnifier des abstractions et de se perdre dans des créations chimériques et mensongères ? Il y a déjà quelque temps qu'un orateur , aussi remarquable à la tribune politique qu'à celle de la science , nous a dit que les faits sont la puissance en crédit ; tachons de mettre à profit les enseignements de sa vaste intelligence.

J'ignore , mon cher confrère , si vous vous êtes autant égaré que vous le dites dans les expressions dont je me suis servi pour exprimer ma pensée ; je vous avoue que bon nombre de mes amis m'ont assuré que je n'avais pas cessé d'être intelligible, et vous savez que nous avons une tendance à nous persuader ce qui nous flatte. Vous connaissez d'ailleurs trop bien le langage de la science pour ne pas comprendre les locutions qui sont de son domaine. Je vous assure que moi, qui ne suis pas professeur à l'Athénée, et qui ne suis pas même associé de l'Institut catholique, j'ai eu toutes les peines du monde pour deviner que la proscription que vous avez faite de *toute interprétation matérielle* dans l'explication des phénomènes de la vie ne se rattachait pas aux organes qui la déterminent. J'avais cru que vous vouliez voir la vie indépendante des rouages qui la mettent en jeu ; je m'étais imaginé que vous représentiez la pensée sans l'organisation qui rend possible la manifestation de l'intelligence ; mais, Dieu merci, vous m'apprenez que vous n'avez jamais professé cet étrange système, et je me réjouis de pouvoir désormais vous comprendre. C'est à cause de ce soupçon d'hérésie scientifique que je vous avais demandé si vous aviez oublié les expériences de M. Magendie, votre illustre maître, car je savais bien que ce professeur habile ne pensait pas qu'il fut possible, dans l'état actuel de la science, de reconnaître par le toucher les propriétés de l'encéphale. Je suis bien innocent toutefois du reproche que vous m'adressez de dénaturer ses opinions, et de lui prêter un langage que désavouent ses doctrines. Je vous ai dit que M. Magendie avait observé la relation d'un certain ordre de phénomènes avec la disposition ou la structure de quelques parties cérébrales, et je vais vous prouver mes assertions. A la page 11 du second volume de ses leçons sur le système nerveux, après avoir démontré que les différentes parties de l'encéphale ne jouissent pas partout du même degré de sensibilité, cet expérimentateur célèbre s'exprime ainsi : « Puisque chaque partie du système nerveux central préside à un certain ordre de phénomènes qui lui sont propres et qui ne se rencontrent pas ailleurs, on arrivera peut être un jour à localiser les principales fonctions cérébrales. » Puis il ajoute un peu plus loin : « Nous avons cherché autant que possible quels étaient les rapprochements à établir entre la structure et la propriété des diverses parties qui constituent l'encéphale. Sans être arrivé à quelque chose de bien positif, nos recherches cependant n'ont pas été infructueuses. Ainsi nous avons retrouvé dans la direction des fibres de la protubérance la direction des mouvements auxquels elles président; aux fibres transversales ont paru correspondre les mouvements transversaux; aux fibres longitudinales les mouvements antéropostérieurs. C'est déjà un pas dans l'application de l'anatomie aux résultats physiologiques, et nous avons lieu d'espérer que plus la connaissance intime de la structure du cerveau se perfectionnera, plus elle jetera de lumière sur les fonctions de cet important viscère. Il est des fibres nerveuses qui manquent dans certains animaux, et qui au contraire sont très-développées dans d'autres. Vous pourrez en conclure que ceux-ci peuvent exécuter des mouvements qui n'existent pas chez ceux-là. » Vous annoncez que j'ai fait dire à M. Magendie précisément le contraire de ce qu'il a publié dans ses ouvrages : mais au lieu de diriger sur moi une accusation aussi injuste, relisez les leçons que vous avez recueillies, et vous verrez si, à la page 208 du premier volume, il ne dit pas que les symptômes offerts par le malade dans les hémorragies cérébrales, révèlent par la diversité des phénomènes le siége de l'épanchement; voyez aussi aux pages 259, 300, 319 et bien d'autres encore du même volume, ce que M. Magendie raconte des mouvements de recul et de manége, de latéralité ou de rotation, et vous me direz si cela ne s'appelle pas localiser les appareils encéphaliques. Je vous laisse maintenant à décider, mon cher confrère, si j'ai indignement travesti la pensée de votre maître, et si vous étiez fidèle à ses enseignements quand vous vouliez proscrire toute interprétation matérielle dans la solution du problème de l'existence ; car notez bien que je ne vous ai parlé de l'oubli des doctrines de M. Magendie que lorsque vous faisiez de la vie un être isolé et indépendant de nos viscères, et nullement quand il s'est agi de classer les fonctions des divers organes cérébraux.

Vous répétez que la Phrénologie n'est qu'un roman, qu'un jeu de société ; eh bien ! tant pis pour vous, car il y a des expressions malheureuses qui répugnent à la gravité de la science, et qui, au lieu d'afficher le dédain de l'arrogance, devraient pleurer dans la retraite la fatalité de leur origine.

Vous m'étonnez quand vous me dites que sans avoir souscrit à vos conclusions, je me suis chargé d'en démontrer l'exactitude. Est-ce donc en vous montrant que la Phrénologie repose sur des bases tellement solides, que vous vous contentez dans votre réponse de les passer en revue sans leur opposer la plus légère réfutation, que j'ai prouvé que cette science n'existe pas ? Est-ce parce que vous vous retranchez dans le silence, et que vous êtes réduit à vous débattre sur le sol glissant de l'inertie que vous vous imaginez avoir renversé le système de la pluralité des appareils de la pensée ? Vous prétendez que toute notre science consiste à reconnaître par des protubérances visibles ou palpables les dispositions morales de l'homme, mais vous vous trompez ; car l'art de préjuger les facultés par l'examen du crâne constitue la *Crâniologie* et non la Phrénologie tout entière. Nous n'avons pas besoin, pour admettre la pluralité des organes de la pensée, de déterminer par l'inspection de la tête le siége des instincts et des aptitudes, et il nous suffit, pour légitimer leur existence, de l'impossibilité où l'on se trouverait, sans leur appui, d'expliquer le mécanisme de la vie morale, et les phénomènes physiologiques et pathologiques de l'intelligence. Si vous aviez fait cette distinction facile, vous vous seriez évité la peine de me demander *de qui ou de quoi je prenais la défense, et si j'étais Phrénologiste sans Phrénologie*.

4

Vous dites que la Phrénologie ne connaît pas les
études sérieuses, mais alors il devait vous être aisé de
la détruire, et je suis surpris, quand déjà vous m'avez
montré tant de bienveillance, que vous me laissiez
dormir dans mon ignorance profonde, et que vous ne
me fassiez pas voir toute la futilité de l'anatomie comparée et de la pathologie, dont j'ai invoqué l'assistance.
J'admire du reste cette heureuse disposition de votre
caractère, qui vous rend si facile la jouissance du
triomphe; mais, pour ne pas ressembler à ces faux
braves, qui publient chacun dans leur camp le bulletin
d'une victoire, recueillons nos souvenirs et récapitulons
nos gloires et nos défaites. Je vous ai dit qu'il n'y avait
pas d'inertie absolue dans l'univers, et vous m'avez
renvoyé à la physique, qui n'a nullement protégé vos
efforts; je vous ai fait voir que vous n'aviez pas eu raison
d'accuser le XVIIIe siècle de l'opinion de Cabanis, et
vous en êtes convenu vous même, en vous taisant sur
ce chapitre; je vous ai vanté le progrès et la gravitation
de l'intelligence, et votre théorie, d'une immobilité ténébreuse, n'a plus osé se reproduire; j'ai relégué dans la
poussière des vieilleries métaphysiques vos facultés ver-
moulues de la volonté, de l'attention, du jugement, etc.,
et vous les avez laissé flétrir, et vous les avez reniées
sans pleurer leur infortune! j'ai attaqué sans miséricorde l'idée bizarre de ce membre de l'académie, qui
voulait placer à la base du crâne le siége de la pensée,
et, malgré les sympathies qui semblaient vous faire une
religion de sa défense, vous l'avez abandonné! j'ai im-
posé silence à vos déclamations usées de matérialisme;
je vous ai prouvé que votre théorie, d'une liberté illimitée, faisait de l'homme un être ridicule, et dégradait
l'intelligence, et vous avez accepté cette terrible sen-
tence! je vous ai dit que la Phrénologie était une
science toute morale, puisqu'elle pouvait instruire les
hommes, enchaîner le crime et dévoiler l'imposture,
et après une dénégation entortillée, vous avez souscrit
malgré vous à son principe; je vous ai démontré que

le meilleur moyen de paralyser un organe, dont la société pouvait craindre la puissance, était de le condamner au repos, et vous n'opposez à cette grande loi de
la nature vivante qu'une mesquine chicane de mots et
de dates, et que le dépit mal déguisé des désappointe-
ments psychologiques ! je vous ai montré les fondements inébranlables de la Phrénologie, et la prudente
inquiétude de ne pouvoir rattacher à votre système les
explications si faciles qui découlent du mien, vous a
fait abandonner le champ de bataille !.... Vous m'avez
laissé pour trophées *les fronts modèles de l'institut*, l'a-
veu tacite de vos contradictions, vos filles sans cervelet,
vos idiots à *organisation privilégiée*, et le dernier lam-
beau des rodomontades psychologiques. Moi, j'ai perdu
dans la bataille tout ce que je n'ai pas voulu défendre,
mon exubérance d'armes et de bagages inutiles, et vous
vous êtes emparé de ma défroque pour entonner
l'hymne de la victoire ! C'est adroit, mon cher confrère, mais je ne crois pas que nos compatriotes, qui
sont clairvoyants comme des lynx, sanctionnent votre
triomphe.

Je ne veux pas terminer ma lettre sans m'expliquer
sur le petit sermon que vous avez eu la bonté de mettre
à mon adresse. Je vous avoue que votre susceptibilité
et votre colère ont singulièrement flatté mon amour-
propre ; car si vous me boudez, c'est que vous avez compris que la lutte n'était pas à votre avantage, et que vous
avez cru effacer le déplaisir d'une défaite par la jouissance d'une jérémiade et d'une péroraison pathétiques.
Que voulez-vous ? l'infortune se console en offrant à
Dieu ses misères.....

Quand à moi, mon cher confrère, il me semble que
les gens de lettres devraient ressembler aux hommes
de guerre, qui rudoient leurs ennemis dans la mêlée,
mais qui profitent toujours de la suspension des armes
pour acquitter la dette de l'humanité et se tendre la
main, et je ne veux vous rappeler désormais notre bataille scientifique que pour rendre hommage au talent

que vous avez prêté à une mauvaise cause, et vous donner l'assurance que la divergence de nos doctrines n'altère en rien l'estime que j'ai pour vous.

TH. LABBEY, D.-M.-P.

A *Monsieur le Rédacteur de* L'INDICATEUR DE BAYEUX.

Bayeux, le 29 juin 1842.

MONSIEUR,

On me communique à l'instant le feuilleton de l'*Echo Français* du 19 juin. Les réminiscences fort peu courtoises que M. le docteur James y a consignées, m'obligent à lui adresser une réponse. Je réclame votre obligeance pour la lui faire parvenir, et pour insérer dans votre journal la note qu'il a publiée sur le travail de M. le docteur Bourdon.

Agréez, etc.

T. LABBEY.

LA PHYSIOGNOMONIE ET LA PHRÉNOLOGIE,

Par ISIDORE BOURDON, *membre de l'académie royale de médecine.*

« Le livre de M. Isidore Bourdon est l'œuvre d'un homme d'esprit et d'infiniment de tact. Je l'ai lu avec beaucoup d'intérêt, bien que tout d'abord son titre m'eût inspiré un sentiment de défiance, peut-être même d'hostilité. L'homme connu par la Phrénologie ! Mais je venais de faire connaître la Phrénologie elle-même comme n'étant qu'un simple roman ou un joli petit jeu de société. J'étais en hostilités ouvertes avec toute l'école de Gall, et Dieu sait quelles hostilités ! A la société Phrénologique on m'avait, en séance solennelle, jugé, condamné et presqu'exécuté par contumace. A l'Athénée royal, j'avais dû suspendre mon cours pour rompre quelques lances contre des auditeurs Phrénologistes.

» Enfin dans un journal de ma ville natale (Bayeux), il m'avait fallu subir plusieurs articles de la prose la plus lourde et la plus indigeste que j'aie jamais lue. Aussi comptais-je bien prendre une éclatante revanche sur le livre de M. Isidore Bourdon. Pourquoi ai-je changé de sentiments ?

» C'est que fort heureusement ce livre ne donne pas ce que son titre semblait promettre. Il n'y est pas question, autrement que comme critique, de *l'amativité*, de *l'affectionnivité*, de *la concentrativité*, de *la merveillosité*, de *la conscienciosité*, et autres facultés un peu tudesques dont Gall est l'inventeur et le parrain. M. Bourdon n'emprunte à la Phrénologie que le front. Mais le front, par sa coloration, ses contours, son encadrement, c'est encore la face dont il couronne l'ovale. Je le répète donc, la Phrénologie n'a rien à faire sur un pareil terrain ... »

Dʳ Const. JAMES.

A M. LE DOCTEUR JAMES.

Il faut avouer, mon cher confrère, que vous vous montrez bien peu reconnaissant de la peine que je me suis donnée pour vous faire un compliment. Je vous souriais d'un œil tendre et gracieux, et voilà que vous me déchirez à belles dents sans la moindre pitié, sans la plus légère réclame de votre conscience, sans le soin pieux des sacrificateurs d'un autre âge, qui ornaient au moins de bandelettes dorées la victime qu'ils voulaient immoler ! Moi qui avais été tenté de prendre au sérieux vos jolis sermons de moralité et de vertu, et vous venez afficher publiquement l'outrage, l'injustice, l'ingratitude et la mauvaise foi littéraire ! Vous souvient-il du langage sévère que vous teniez *aux hommes qui ont le triste courage de dire une injure* ; vous rappelez-vous combien vous étiez grand d'éloquence et de pensée quand vous disiez qu'une opinion passionnée ne pouvait vous atteindre, et que vous suiviez la coutume des habitués de la science, qui se respectent même dans la bataille ? Oh non ! vous avez oublié promptement vos leçons de sagesse, et vous vous êtes chargé vous-même de donner le démenti le plus sanglant aux simagrées de vos factices convictions. Vous n'avez pas même le courage de jeter à la face de vos adversaires l'injure que vous méditez dans l'ombre, et c'est dans une feuille politique, complètement étrangère à nos débats Phrénologiques, que vous venez traîtreusement publier l'outrage, et excréter le venin du dépit qui vous dévore.

Vous accusez ma prose d'être *la plus lourde et la plus indigeste que vous ayez lue....* mais cela me prouve, mon cher confrère, que vous ne relisez jamais vos lettres ; et je ne dis pas cela pour vous retourner le compliment que vous m'adressez, mais j'ai la conviction que la passion vous pousse et vous égare, et ne vous donne pas même le temps de réfléchir sur l'inconvenance d'expressions, dont votre conscience devrait être alarmée. Et voyez votre injustice ! vous êtes en hostilité avec toute l'école de Gall, qui pourtant ne s'émeut guères de votre courroux ; vous faites la guerre à la société Phrénologique qui, à vous en croire, a la bonté de se réunir *en séance solennelle* pour s'occuper de vos rodomontades atrabilaires ; vous n'avez pas assez de toutes les gloires que votre intéressant mémoire a ramassées ; vous n'êtes pas à l'aise sous les couronnes du triomphe, et *vous voulez prendre une éclatante revanche* des malins propos de la critique *sur le livre de M. Isidore Bourdon,* qui ne s'est nullement mêlé de notre querelle ! Oh, mon cher confrère, c'est une singulière maxime de moralité que vous ajoutez aux hauts enseignements que vous puisez à l'*Institut catholique* ; c'est presqu'aussi mal que de répandre l'injure avec l'espérance de la cacher aux yeux de la victime, et d'échapper ainsi à la honte d'une nouvelle défaite ; c'est sacrifier l'innocence, c'est s'abaisser de jactance et de vanité ; c'est montrer bien peu d'adresse, car pourquoi une revanche quand on n'a pas été battu ?

Il n'est pas question, dites-vous, dans le livre de M. Bourdon de la *concentrativité, de la conscienciosité, de la merveillosité et d'autres facultés un peu tudesques dont Gall est l'inventeur et le parrain* ; eh bien ! je ne crains pas de le dire, bien que vous vous vantiez d'avoir fait connaître la Phrénologie, vous avez besoin de vous en instruire vous-même, car je vous mets au défi de me montrer dans Gall l'histoire de ces facultés. Il n'en dit pas un mot dans son ouvrage, et c'est Spurzheim qui le premier les a nommées et les a décrites.

Je vous demande pardon, mon cher confrère, de vous exposer encore à ne pas digérer mes prosaïques observations ; mais je vous avoue que j'ai un tel amour de franchise et de vérité, que la crainte de vous paraître moitié plus lourd et moitié plus indigeste, ne m'empêchera pas de vous dire que vous me semblez vous abuser singulièrement sur l'importance de vos dissertations Phrénologiques, qui ont bien moins l'avantage de faire connaître la Phrénologie, que de vous faire connaître vous-même.

Th. LABBEY, D.-M.-P.

Bayeux, 29 juin 1842.

Ici, chers lecteurs, se termine notre polémique avec M. le Dr James. Il l'avait sans doute oubliée ; et nous aussi, quand une discussion nouvelle est venue nous

replacer sur le terrain de la Phrénologie. La réponse que
nous adressâmes à M. V.-E. Pilet, sur la dissertation de
la *Philosophie du Rêve*, qu'il avait publiée dans l'*Indicateur* du 8 mars 1843, fut le prétexte dont se servit
M. Noget, professeur de Philosophie au séminaire de
Bayeux, pour mettre au jour une série de récriminations et d'anathèmes, qui nous confirmèrent dans l'opinion de science et de charité que nous avions du Jésuitisme. Nous aurions pu être fier de partager le sort des
hommes que l'ignorance diffame et persécute; nous ne
fûmes qu'affligé des audacieuses prétentions des enfants
d'Ignace, et du sombre avenir de notre patrie, que menacent les éternels ennemis de sa gloire et de sa liberté.

PHILOSOPHIE DU RÊVE.

Si jamais sujet a embarrassé les physiologistes et les
métaphysiciens, c'est le Rêve. Chacun a eu sa théorie,
mais aucune ne paraît bien satisfaisante. Nous venons,
à notre tour, hasarder quelques observations. L'expérience individuelle sera pour nous, nous le croyons du
moins. Une suspension presque toujours complète du
jugement et un état actif de la mémoire et de l'imagination, voilà les conditions essentielles du rêve. Mais il
est ordinairement accompagné d'un engourdissement
des organes des sens et de la locomotion, comme dans
un sommeil complet. Le rêve est donc un état de sommeil partiel, dans lequel certaines parties du cerveau
sont endormies ou privées de leur pouvoir sensitif,
tandis que d'autres continuent d'être éveillées ou échappent à la torpeur. Il prend place, quand le repos est
rompu, et se compose d'une série de pensées ou de
sentiments, appelés à l'existence par certaines facultés
de l'esprit, tandis que les autres facultés mentales, qui
contrôlent ces pensées, ces sentiments, sont inactives.

Quand se produit le rêve, il est évident que toute l'âme ne reste pas long-temps dans l'inaction : l'une ou l'autre de ses fonctions continue et prend son principal cours de pensées. Si, par exemple, la mémoire de quelqu'un est éveillée, elle rappellera avec plus ou moins de vivacité les scènes ou les impressions précédentes. Si son imagination est fortement excitée, les images de splendeur ou d'obscurité peuvent apparaître aux yeux de son intelligence. Mais, en même temps, ces impressions auront un caractère d'exagération auquel elles seraient restées étrangères, si le jugement eût été éveillé pour modérer les écarts de l'imagination ; car l'imagination, à cette période, est plus active que jamais. C'est une loi de la nature que l'activité que perd un de nos organes va fortifier celle des autres. Ainsi les aveugles acquièrent une plus grande finesse de l'ouïe, et les sourds, de la vue. Dans le rêve, le pouvoir de la volonté est généralement, mais non nécessairement, suspendu. Nous en avons une preuve frappante dans le somnambulisme qui est une modification du rêve. Les rêves ne peuvent venir dans un sommeil complet ; car alors toutes les facultés intellectuelles sont endormies. Mais quand une ou plusieurs facultés brisent les liens qui les retiennent captives, tandis que leurs compagnes continuent d'être enchaînées par le sommeil, alors viennent les visions, et l'imagination règne dans ce vaste empire qui sépare l'état de veille de celui de sommeil parfait. C'est cette inégale distribution de l'énergie des sens qui donne naissance à ces phénomènes. Une faculté se développe plus vivement, n'étant pas sous le contrôle des autres. L'imagination est à l'œuvre, tandis que le jugement sommeille, et se livre à ses fantaisies les plus folles et les plus extravagantes, libre qu'elle est du frein salutaire de cette dernière faculté plus calme et plus judicieuse. L'homme n'a pas seul le privilége du rêve. Beaucoup d'animaux y sont sujets. C'est l'opinion du poète Lucrèce (*De Natura rerum*, lib. IV). Les chevaux hennissent et se cabrent dans leur sommeil ; les chiens aboient et grondent. Probablement le souvenir de la chasse ou du combat leur revient, et ils donnent des signes de plaisir et de joie ou de toute autre passion. Les animaux ruminants, comme la vache et la brebis, rêvent moins et, encore ne rêvent-ils que lorsqu'ils élèvent leurs petits. Si nous descendions encore plus bas l'échelle de la vie, nous verrions sans doute surgir les mêmes phénomènes, et jugeant par analogie, nous pouvons supposer que le rêve est une loi presque aussi universelle que le sommeil lui-même.

Les enfants rêvent presque dès leur naissance. Et, si nous pouvons juger de ce qu'en beaucoup d'occasions ils éprouvent pendant le sommeil, nous devons penser que les visions qui hantent leurs jeunes esprits sont souvent d'une nature très-effrayante. Les enfants, pour plusieurs raisons, sont plus exposés que les adultes aux rêves qui épouvantent. D'abord, ils sont plus particulièrement sujets à diverses maladies, telles que la dentition, les convulsions, les douleurs d'entrailles, source féconde de terreur mentale pendant le sommeil. Puis leurs âmes sont singulièrement susceptibles de toutes les impressions de terreur, quelques formes qu'elles revêtent. Beaucoup de ces rêves éprouvés à cette première période font sur l'esprit une telle impression, que souvent dans la suite on se les rappelle avec une sensation douloureuse. Et se mêlant aux plus délicieux souvenirs de l'enfance, elle nous apprend que cette saison de la vie que nous considérons d'ordinaire comme une scène continuelle de rayons de soleil, de joie et de bonheur, a tout aussi bien que l'âge mûr, ses sombres nuages de mélancolie, ses teintes obscures de douleur et de souci.

Quelques auteurs ont pensé qu'à mesure que nous vieillissons, nos rêves deviennent moins absurdes et moins inconséquents. Nous ne partageons pas cette opinion. Il est probable qu'à mesure que nous avançons en âge, nous sommes moins troublés par ces phénomènes qu'à l'époque de la jeunesse, quand l'imagination est pleine d'activité, et l'esprit ouvert aux impressions de toutes sortes; mais quand les songes se présentent, nous les trouvons aussi absurdes, aussi déraisonnables, aussi inachevés que ceux qui visitaient nos jeunes années. Les vieilles gens cependant rêvent plus que les personnes entre deux âges, parce que sans doute leur sommeil est plus interrompu et plus troublé. Mais les vieillards parlent très-rarement dans leur sommeil, et c'est là ce qu'ils ont de commun avec les enfants.

En général les rêves naissent sans cause assignable, mais parfois nous pouvons très-aisément en découvrir l'origine. Une chose qui nous a beaucoup intéressés pendant le jour se résout ordinairement en rêves, et nous donne du plaisir ou du déplaisir, selon la nature de la cause déterminante. Nos lectures ou notre conversation a-t-elle roulé sur des sujets effrayants, comme les spectres, les meurtres, les incendies? toutes ces images reparaissent devant nous dans nos songes, grossies et exagérées. Avons-nous navigué sur une mer houleuse, nous croyons courir les dangers d'un naufrage. Qu'en de telles circonstances, la chaleur du corps s'accroisse de l'irritation fébrile ou de la température de l'appartement, il est probable alors que notre malheur arrivera sous le soleil brûlant de l'Afrique. Au contraire, souffrons-nous sous une impression de froid, nous naviguons alors, nous sombrons sous les glaces du pôle, et la baleine, les veaux marins, les ours affamés rodent autour de nous, et nous réclament pour leur proie. L'état de l'estomac et du foie a aussi une prodigieuse influence sur la nature des rêves Les personnes qui ont la digestion difficile et spécialement les hypocondriaques sont fatigués des visions les plus effrayantes. Ce fait était bien connu de la célèbre Anne Radcliffe qui, dans le dessein de remplir son sommeil de ces horribles fantômes qu'elle a si puissamment personnifiés dans les *Mystères d'Udolphe* et le roman de *La Forêt*, soupait, dit-on, d'aliments très-indigestes. Les maladies de poitrine, où la respiration est empêchée, donnent aussi naissance à de sinistres visions et sont la cause la plus fréquente de cette épouvantable modification du rêve, le *cauchemar*.

Les songes naissent souvent des impressions faites sur le corps pendant le sommeil. Ainsi les couvertures viennent-elles à nous échapper, il nous semble alors que nous parcourons les rues tout nus ; nous sentons la honte et le désagrément de notre état, comme s'il était réel ; nous voyons la foule nous suivre et se moquer de notre nudité, et, dans notre infortune idéale, nous errons de place en place, cherchant partout un refuge. Sans doute l'imagination exagère chaque circonstance, et nous cause un plus grand tourment que nous n'en éprouverions réellement, s'il nous advenait pareille aventure. Mais aussi, il faut le dire, l'esprit peut être rempli d'images également exagérées, mais plus agréables. Le son d'une flûte dans le voisinage peut éveiller en nous mille émotions délicieuses ; l'air retentit peut-être des mélodieux accords des harpes ; nous croyons même voir les exécutants, tandis que la cause de cette scène étrange n'est souvent qu'un trivial instrument. Aux rêves se lie un fait non moins remarquable. Quand nous sommes soudainement réveillés d'un profond sommeil par un fort coup frappé à une porte, ou quand on l'ouvre rapidement, une série d'actions qui, pour s'accomplir demanderaient des heures, des jours et même des semaines, traverse parfois notre esprit. En un instant nous passons à travers une foule d'aventures ; nous voyons mille spectacles étranges ; nous entendons beaucoup de bruits singuliers. Si c'est un coup violent qui nous éveille, nous avons peut-être l'idée d'un tumulte qui se passe devant nous ; nous connaissons des personnes qui y sont engagées, leur position et jusqu'à leur nom. Si l'on apporte une lumière dans l'appartement, l'idée de la maison en flammes s'empare de nous, et nous sommes témoins de l'incendie depuis son commencement jusqu'au moment où il est tout-à-fait éteint. Les pensées qui naissent alors, sont infinies et prennent une prodigieuse variété de forme, et tout cela constitue un des plus étranges phénomènes de l'esprit humain.

Nos rêves sont le produit des organes qui ont échappé à l'engourdissement du sommeil. Ils rappellent notre caractère naturel et nos habitudes. Rien n'est plus simple : notre caractère et nos habitudes, en fortifiant une faculté, la rendent moins susceptible que celles qui sont plus faibles d'être vaincue par un complet sommeil, ou si elle s'endort, c'est pour se réveiller plus rapidement de son état d'assoupissement, et reprendre ses allures distinctives. Ainsi l'avare rêve de richesses, l'amoureux de sa maîtresse, le musicien de mélodie, le philosophe de science, le marchand de négoce, le débiteur de créanciers et d'huissiers ; de même l'homme irascible s'emporte souvent dans ses songes ; l'esprit de l'homme vicieux est rempli d'idées coupables, et celui de l'homme vertueux, de traits de bienfaisance.

Un des plus remarquables phénomènes qui accompagnent le rêve, c'est la presque totale absence de surprise. Un évènement, quelque incroyable, quelque impossible, quelque absurde qu'il soit, donne rarement naissance à cette impression. Il est des circonstances en complet désaccord avec les lois de la nature, et cependant leur discordance, leur impossibilité, leur étrangeté ne nous frappent pas plus que si elles suivaient le cours ordinaire des choses. Peut-on douter après cela, que les facultés réflectives soient endormies ? Pourrait-on alléguer une plus forte preuve en faveur de leur assoupissement ? En effet, si ces facultés étaient éveillées et en pleine activité, n'auraient-elles pas montré que les visions qui passent devant nos yeux, sont tout simplement les chimères d'une imagination excitée, les vains fantômes d'un sommeil imparfait ?

Il y a dans nos idées une confusion, une espèce de doux délire qui précède immédiatement le sommeil. Et cela arrive surtout quand nous sommes suspendus en quelque sorte entre la veille et le sommeil. Nos idées n'ont aucun lieu de repos : mais elles flottent confuses dans l'esprit, et produisent des images indécises, indéfinies. Elles demeurent ainsi quelque temps : puis elles se résolvent en rêves, ou se fondent en un parfait repos.

Parfois les objets de nos songes sont empreints d'une énergie presque surnaturelle. Ce qu'il y a de certain, c'est qu'ils sont d'ordinaire représentés avec une bien plus grande force, et une plus grande différence que les évènements qui ont eu une existence réelle. Les figures des morts ou des absents qui pour nos facultés éveillées étaient devenues affaiblies, obscures, le rêve les retrace avec la réalité, avec la vérité la plus frappante. Nous les voyons debout devant nous, et même leur voix, qui n'était plus pour nous que l'écho d'un chant oublié, se fait entendre et nous parle comme autrefois. Les songes ont donc le pouvoir d'illuminer les sombres régions du passé, et de les représenter avec une force que les seuls efforts de la mémoire n'auraient jamais pu égaler pendant la veille.

Nous avons encore, en parlant des morts, un exemple frappant de l'absence de surprise. Nous ne nous étonnons presque jamais de voir des personnes que nous savons même dans nos rêves être enterrées depuis longtemps. Nous les voyons parmi nous, nous les entendons causer, nous conversons avec elles. Souvent, toutefois, nous ignorons que les morts qui paraissent devant nous, sont décédés réellement ; ils nous semblent encore vivants comme quand ils marchaient sur la terre, seulement toutes les qualités bonnes ou mauvaises, le sommeil les grossit. Si nous les haïmes pendant leur vie, notre animosité est maintenant exagérée à l'excès ; si nous les aimions, notre affection devient plus vive, plus passionnée que jamais. Alors se reproduisent les scènes les plus délicieuses ; le dormeur croit jouir du commerce de ceux qui lui étaient si chers, et il ressent bien plus de plaisir qu'il n'en eût éprouvé, si ces personnes vivaient encore et étaient à ses côtés.

Presque toujours les rêves sont composés en grande partie des débris de lointains souvenirs, de scènes et de figures d'individus que l'imagination mêle et réunit dans une pièce complète, comme dans une représentation théâtrale. Mais ils peuvent se manifester sous mille aspects divers ; ils peuvent résulter de l'état actuel du corps ou de la situation de l'esprit, avant le sommeil, ou être le résultat d'émotions étrangères à une cause extérieure. Les formes qu'ils prennent sont aussi variées que les causes qui leur donnent naissance. Les rêves sont des milieux dans lesquels l'imagination déploie les immenses richesses de son splendide empire, et la luxuriance de visions qui passent sous les yeux dans le sommeil est proportionnée à l'énergie de cette faculté dans chaque individu. Les personnes même les plus lourdes, les plus froides, lorsqu'elles sont sous leur influence, jouissent fréquemment d'une inspiration passagère. Leurs facultés engourdies sortent de la torpeur qui les paralysait dans l'état de veille et brûlent du feu sacré du génie ; la prose de leur froids esprits se change en magnifique poésie ; autour d'elles l'atmosphère se peuple d'images neuves et inouïes, et elles se promènent dans une région où n'eût pu jamais autrement parvenir le plus fier essor de leur énergie limitée.

V.-E. PILET.

RÉPONSE A LA PHILOSOPHIE DU RÊVE.

Il faut que la physiologie brille maintenant d'un vif éclat pour que tous ceux qui cultivent les sciences morales et philosophiques veuillent s'éclairer de son flambeau. Il n'y a plus que les aveugles fauteurs de l'ignorance qui ne se croient pas obligés de recourir à l'étude de l'organisme pour expliquer les phénomènes de l'intelligence ; mais leur règne est passé, et les physiologistes sont appelés aujourd'hui à fertiliser l'immense domaine des connaissances morales. L'auteur de l'article sur la **Philosophie du Rêve**, inséré dans l'**Indicateur** du 8 mars, nous paraît convaincu de cette vérité, et si nous croyons utile d'ajouter quelques réflexions à la théorie qu'il a développée avec talent, ce n'est pas pour critiquer une doctrine qui repose sur la pluralité, actuellement bien démontrée, des facultés cérébrales, mais pour combattre l'idée peu physiologique qu'il nous paraît se faire du jugement, de l'imagination et de la mémoire.

Sans doute, les rêves sont un état de sommeil partiel, dans lequel certaines portions du cerveau, certains appareils nerveux intra-céphaliques, se reposent, tandis que d'autres veillent et agissent ; mais ce n'est pas une raison pour dire que le rêve consiste dans la suspension du jugement et dans l'exercice de l'imagination et de la mémoire. Le jugement, cette opération de l'intelligence par laquelle nous apprécions la valeur des motifs qui nous déterminent, et la liaison qui existe entre plusieurs idées et plusieurs sentiments, n'est pas en effet une faculté distincte dans le domaine cérébral ; il n'y a pas dans le cerveau d'organe qui tienne la balance entre tous les autres ; il n'existe pas un point unique sur lequel se concentrent toutes les sensations, et duquel émane notre jugement, et ce point varie sans cesse suivant l'objet qui nous occupe, et suivant la faculté cérébrale qui est le plus en rapport avec la sensation qui nous est transmise. Chaque organe cérébral juge et commande à son tour, suivant qu'il est doué de plus d'aptitude et de plus d'énergie ou dans un état plus grand d'excitation. Pour peu donc que plusieurs centres nerveux intra-céphaliques ne soient pas engourdis par le sommeil, le jugement doit se produire : seulement il pourra n'être pas juste, car il faut pour que le jugement soit rationnel que la partie cérébrale qui le prononce jouisse de la plénitude de son action, et ne cesse d'être en harmonie avec d'autres organes de la pensée, comme il arrive dans une passion violente ou dans la folie, c'est-à-dire quand une faculté cérébrale en action ou sur-excitée a cessé d'être en rapport avec les autres facultés restées inactives. Il n'est personne qui n'associe des idées et ne tire des conclusions en rêvant, et notre souvenir peut souvent nous instruire de cette vérité, malgré la bizarrerie et la singularité des jugements qui sont quelquefois la conséquence de l'action partielle de nos facultés. Le jugement n'est pas une puissance primitive, mais un attribut de nos organes encéphaliques ; pour qu'il fût impossible, il faudrait qu'il y eût torpeur et oblitération de toutes nos fonctions intellectuelles ; mais alors il ne serait pas seul frappé d'impuissance, et il en serait de même de l'imagination et de la mémoire, qui ne sont aussi qu'un attribut, qu'une manière d'être des organes cérébraux et qui ne peuvent plus se produire quand ces organes sommeillent. Il n'est donc pas plus juste d'avancer, comme proposition générale, que la mémoire subsiste dans les rêves, qu'il n'est vrai de dire aussi généralement que le jugement n'existe pas. M. V.-E. Pilet semble reconnaître lui-même la justesse de cette observation, quand il nous dit qu'un des plus remarquables phénomènes qui accompagnent le rêve est l'absence de surprise, car à quoi tient cette absence de surprise, si ce n'est aussi à une suspension du souvenir ?

Si nous ne sommes point étonnés du fantastique tableau que le sommeil fait passer devant nos yeux, n'est-ce pas surtout parce que notre mémoire anéantie ne nous retrace plus les images qui seraient en opposition avec nos sensations actuelles, et qui détruiraient promptement nos étranges illusions ? et la conséquence de cette vérité n'est-elle pas que la mémoire n'est point une faculté unique, fondamentale, mais un attribut de toutes nos facultés, et qu'elle peut être abolie dans un organe sans l'être pour cela dans les autres ? N'est-il pas évident dès lors qu'on ne peut pas établir en thèse générale que nos rêves sont le résultat de l'activité de la mémoire, puisque si cette proposition est vraie relativement aux organes cérébraux qui échappent au sommeil, elle est fausse au contraire relativement à ceux qu'il enchaîne et paralyse ? Il en est absolument de même du jugement: s'il est anéanti par le sommeil, dans quelques organes encéphaliques, il ne l'est point dans les autres, et en raison de cette grande loi de la nature, si bien reconnue par M. Pilet, que toute la force vitale se concentre sur un seul organe quand les autres reposent, il doit au contraire accroître quelquefois son énergie Condillac ne nous apprend-il pas qu'il a plus d'une fois approfondi pendant son sommeil les questions les plus ardues de la métaphysique ? Ne savons-nous pas que Franklin a trouvé dans ses rêves la solution de problèmes qu'il avait vainement cherchée pendant la veille ? Ne savons-nous pas encore qu'Auguste Lafontaine traçait souvent en dormant les scènes passionnées qui lui ont acquis dans toute l'Allemagne une célébrité qui ne doit pas s'éteindre ? Ce n'est donc pas l'absence de jugement qui caractérise les rêves ; l'explication donnée par M. Pilet est donc en cela fautive et en désaccord avec l'expérience et les enseignements de la physiologie.

Nous savons seulement que les songes sont le produit de l'exercice partiel de nos facultés mentales : qu'ils sont d'autant plus confus et compliqués qu'ils prennent leur source dans un plus grand nombre d'organes intra-céphaliques : et que la cause qui les détermine vient tantôt de l'irritabilité de ces organes, tantôt de la stimulation et des réactions sympathiques exercées sur le cerveau par nos sens externes et internes. M. Pilet énumère un grand nombre de circonstances qui font ressentir leur influence sur la production des rêves : et bien que l'on pût étendre beaucoup plus encore l'étude des sensations qui les font naître, nous pensons que celles qu'il a mentionnées suffisent pour indiquer leur mode de production et la nature de leurs phénomènes.

Nous pensons aussi avec M. Pilet que l'homme n'a pas seul le privilége du rêve, mais nous avouons que ce n'est pas dans le poète Lucrèce que nous irons pui-

ser nos convictions physiologiques. Nous croyons que
tous les animaux qui ont un cerveau doivent rêver, car
du moment que leurs surfaces de rapport sont mises
en contact avec les corps de la nature, et que leurs organes agissent, ils doivent percevoir leur influence : et
comme les expansions sensitives ont une origine distincte dans leur encéphale, et qu'il est impossible
qu'une sensation ne soit pas souvent produite pendant
leur sommeil indépendamment des autres, la portion
de leur cerveau qui correspond à l'organe qui en éprouve
l'impression doit nécessairement s'éveiller la première
et donner naissance aux rêves. On conçoit d'après cela
qu'il n'y a pas de raison pour que les vaches et les brebis ne rêvent que lorsqu'elles élèvent leurs petits. Elles
doivent sans doute éprouver une sensation de plus par
l'afflux du lait qui distend leurs mamelles, et cette sensation, réfléchie dans leur cerveau, peut produire des
songes, mais ces animaux puisent au-dedans d'eux-
mêmes assez d'autres stimulations viscérales et instinctives pour ébranler leur système nerveux encéphalique,
et rendre leur sommeil imparfait. Le poète Lucrèce
nous paraît donc avoir mal observé le phénomène des
rêves chez les ruminants, et ne pas devoir être cité à
l'appui d'une induction physiologique.

Bayeux, 15 mars 1843.

Dr T. L.

Si ces réflexions avaient dû mettre en jeu quelque
susceptibilité, nous devions croire que c'eût été celle
de l'auteur dont nous avions attaqué les définitions et
les théories. Mais les foudres du Jésuitisme grondaient
sur notre tête ; il ne fallait qu'une étincelle pour em-
bráser notre atmosphère Phrénologique, et au lieu de
frapper le grand coupable qui, dans sa *Philosophie du*

Rêve, avait émis les principes physiologiques de Gall et de Spurzheim, ils n'écrasèrent qu'un complice. — M. l'abbé Noget adressa, le 29 mars 1843, au Rédacteur de l'*Indicateur*, les articles suivants :

MONSIEUR LE RÉDACTEUR,

Votre numéro du 15 mars dernier contenait un article signé des initiales Dr T. L., dans lequel l'auteur enseigne ouvertement le matérialisme Phrénologique. Permettez-moi de me servir de votre estimable feuille, pour démontrer la fausseté des allégations matérialistes avancées dans l'article du 15 mars.

Le matérialisme, sous quelque forme qu'il se présente, contredit, par ses principes et par ses conséquences, non seulement la science physiologique, mais encore la saine philosophie, la religion et la morale ; c'est comme philosophe, comme chrétien et comme prêtre que je me crois obligé de réclamer contre les principes émis par le Dr T. L. Mais je me hâte de déclarer que mon intention n'est point de faire de cette discussion une affaire personnelle. Si je qualifie sévèrement le matérialisme, il est néanmoins bien loin de ma pensée de vouloir insinuer que tous ses partisans sont d'ignorants physiologistes, de mauvais philosophes, des impies et des hommes sans morale. A Dieu ne plaise que l'on m'impute de semblables intentions ! il est, je le sais, d'heureuses inconséquences. Souvent ceux qui professent des principes désavoués par la vérité, ou rejettent ou n'en aperçoivent pas les suites. S'ensuit-il que leur opinion en soit moins fausse ou moins dangereuse ? Nullement. Mais toutes les erreurs étant enchaînées les unes aux autres, tôt ou tard les principes admis finissent par enfanter les erreurs qu'ils contiennent. C'est pourquoi il importe de réfuter ces principes, de montrer les conséquences fausses et immorales qui en découlent, quand même ces conséquences seraient hautement désavouées par les intentions et la conduite de ceux qui professent de tels systèmes.

Pour traiter le matérialisme Phrénologique d'une manière aussi complète que les bornes étroites d'un journal peuvent permettre de l'entreprendre, je le considérerai sous trois points de vue différents, savoir : sous le triple rapport de la physiologie, de la psychologie et de la morale.

I. — *Examen abrégé du matérialisme Phrénologique, sous le rapport physiologique.*

Le christianisme enseigne que deux substances de nature différente, l'esprit et la matière, l'âme et le corps, unies intimement entr'elles concourent à former l'être humain. Le christianisme est donc essentiellement spiritualiste. Mais tout en admettant la distinction la plus complète entre l'esprit et le corps, la philosophie chrétienne n'a pourtant jamais nié que l'un et l'autre ne fussent liés entr'eux par les rapports les plus intimes. Il résulte de leur union une action réciproque des deux substances l'une sur l'autre. L'âme agit sur le corps, et le corps à son tour réagit sur l'âme. Il est également reconnu que l'action de l'âme sur les organes se manifeste et s'exécute principalement par l'entremise du cerveau. Mais tout en reconnaissant le rôle important de l'encéphale dans l'action réciproque des deux subtances, le christianisme repousse avec force l'opinion de ceux qui ne voudraient pas reconnaître dans l'homme un principe supérieur à la matière. Prétendre que le cerveau c'est l'âme ; nier que toutes les facultés intellectuelles soient le partage exclusif d'une substance spirituelle ; les attribuer en propre au cerveau ; dire enfin avec l'auteur de l'article que je signale : *Le jugement n'est pas une puissance primitive ; mais un attribut de nos organes encéphaliques*, c'est contredire tout ensemble le christianisme et la philosophie.

Voilà donc deux opinions en regard. D'un côté le spiritualisme chrétien et philosophique dit: L'idée, le jugement, la volonté, nos pensées, en un mot, sont produites par l'esprit qui est en nous. D'un autre côté le matérialisme proclame que dans l'homme tout est matière, et que c'est le cerveau qui sent, veut, pense, juge et raisonne.

L'hypothèse matérialiste a subi diverses modifications. Le Dr T. L. appartient à l'école Phrénologique. Le système de cette école consiste précisément à reconnaître dans le cerveau autant d'organes distincts que l'on reconnaît de facultés diverses dans l'homme. Chaque faculté aurait son organe propre. Il est des auteurs spiritualistes qui ont adopté cette hypothèse. Suivant ces derniers, l'esprit demeure toujours distinct de la matière; mais chaque faculté de l'âme met en mouvement, dans son exercice, un des organes cérébraux spécialement destiné pour elle. Cette opinion n'a rien, ce me semble, qui blesse la foi, ou qui puisse faire craindre pour la morale, puisque les partisans de cette doctrine reconnaissent formellement la distinction des deux substances. Toutefois elle a l'inconvénient d'être en opposition avec la science physiologique, et d'être par conséquent fausse, comme nous le démontrerons tout-à-l'heure. Telle n'est pas l'opinion du Dr T. L., si toutefois le langage dont il s'est servi, a fidèlement rendu sa pensée. Il va plus loin : il tombe à la fois dans le défaut général des Phrénologistes et dans celui des matérialistes. Il admet, en effet, la multiplicité et la distinction des organes cérébraux, et de plus c'est à eux et non point à l'esprit, qu'il attribue les facultés intellectuelles. C'est ce qui résulte évidemment des passages suivants de son article:
« Le jugement n'est pas une faculté distincte dans le
» domaine cérébral : il n'y a pas dans le cerveau d'or-
» gane qui tienne la balance entre tous les autres : il
» n'existe pas un point unique sur lequel se concentrent

» toutes les sensations, et duquel émane notre jugement,
» et ce point varie sans cesse suivant l'objet qui nous
» occupe, et suivant la faculté cérébrale qui est le plus
» en rapport avec la sensation qui nous est transmise.
» *Chaque organe cérébral juge et commande à son tour....*
» Il faut pour que le *jugement* soit rationnel, que la *partie*
» *cérébrale* qui le *prononce.....* » Ce sont donc les divers organes du cerveau qui prononcent le jugement: voilà bien le matérialisme Phrénologique que je combats.

Détruire l'hypothèse Phrénologique, c'est détruire par la base le matérialisme appuyé sur elle. Et puisque cette hypothèse consiste essentiellement à reconnaître dans le cerveau des organes spéciaux, distincts, et aussi nombreux que nos facultés, il suffit pour la réfuter de prouver la nullité de la distinction des organes encéphaliques admise par les Phrénologues.

Cette réfutation a déjà plus d'une fois été tentée avec succès. Dès 1808, Cuvier (et ce nom est à lui seul une autorité de premier ordre), Cuvier, dans son rapport à l'institut sur le mémoire de MM. Gall et Spurzheim, déclare qu'aucun de ceux qui ont étudié le cerveau n'est arrivé à établir rationnellement une relation positive entre cet organe et ses fonctions même le plus évidemment physiques. La science est encore sur ce point enveloppée de doutes et de ténèbres. Toutes les fois, ajoute-t-il, que l'on a voulu pénétrer le mystère qui enveloppe les fonctions de cet organe, on n'a fait rien autre chose que d'interposer entre la structure découverte et les effets connus, quelque hypothèses capables à peine de faire un seul instant illusion. Il est constant que, quant à la valeur des inductions physiologiques et philosophiques des inventeurs de la Phrénologie, l'opinion de Cuvier n'est nullement douteuse, et ses négations, bien que générales, sont cependant très-énergiques. Après Cuvier, et à diverses époques, les hommes les plus habiles ont également combattu le système Phrénologique. Cette grave opposition persévère. Les savants, après des examens nouveaux et consciencieux, persistent à le regarder comme une hypothèse insoutenable. Dernièrement encore, M. Flourens, secrétaire perpétuel de l'académie des sciences, a composé exprès pour le réfuter un livre plein de détails neufs et de considérations d'une haute portée scientifique. (Voir l'ouvrage de M. Flourens, intitulé : *Analyse critique des doctrines Phrénologiques*. Voir aussi les recherches expérimentales de ce savant, sur les propriétés et les facultés du système nerveux, 2ᵉ édition, 1842).

Rappelons-nous le bien · l'hypothèse Phrénologique consiste essentiellement à reconnaître que toutes nos facultés, et même celles qui sont purement intellectuelles et morales, ont dans l'encéphale chacune son organe spécial, et, suivant les Phrénologistes matérialistes, ce sont ces organes eux-mêmes qui constituent l'intelligence. Ces organes se trouvent placés les uns à la surface du cerveau proprement dit : et d'autres à la surface des autres viscères encéphaliques. Enfin, ces divers organes peuvent agir séparément. La destruction de l'un entraîne la perte de la faculté qui lui appartient, mais cette faculté seule est détruite. Or, malheureusement pour ce système, des expériences récentes sont venues contredire cette hypothèse dans tous ses points. Voici les faits :

Premier fait. L'enlèvement du cervelet ne fait rien perdre autre chose que la puissance locomotive.

Deuxième fait. L'enlèvement des tubercules quadrijumeaux ne fait perdre que la vue.

Troisième fait. L'enlèvement de la moëlle allongée ne fait perdre que les mouvements nécessaires à la respiration ; mais la mort en est la suite nécessaire.

Concluons, avant d'aller plus loin, que les facultés intellectuelles ne résident dans aucun des organes que nous venons de nommer. Or, les Phrénologistes placent dans ces organes plusieurs de nos facultés intellectuelles et morales.

Quatrième fait. L'enlèvement des hémisphères fait perdre l'intelligence et ne fait perdre qu'elle.

N'allez pas conclure de ce fait que c'est le cerveau qui pense ; vous avez seulement le droit de conclure que le cerveau est, dans notre constitution, un organe indispensable à l'exercice de la pensée, ce qu'aucun spiritualiste n'a jamais contesté.

En concluez-vous du moins que les Phrénologistes ont gain de cause, puisqu'ainsi le cerveau est l'organe au moyen duquel l'intelligence s'exerce ? Cette conclusion n'est pas plus légitime ; car les Phrénologistes ne donnent pas le cerveau proprement dit, pris dans sa masse entière, pour l'organe de la pensée : ils veulent qu'il y ait autant d'organes cérébraux distincts que de facultés intellectuelles. De plus ils disséminent tous ces organes dans toute la surface de la masse encéphalique, et c'est là, avons-nous dit, ce qui constitue l'essence de leur système. Or, voici la suite des faits observés.

Cinquième fait. On peut enlever, soit en avant, soit en arrière, soit en haut, soit par le côté, une certaine étendue des hémisphères cérébraux, sans que pour cela l'intelligence soit perdue.

Sixième fait. A mesure que la diminution du cerveau s'effectue, l'intelligence s'affaiblit et s'éteint graduellement. Par delà certaines limites elle disparaît tout-à-fait.

Septième fait. Enfin lorsqu'une sensation vient à cesser, toutes les autres cessent en même temps ; une faculté se perdant, toutes les autres se perdent.

D'anciennes observations confirment celles que nous venons d'énumérer. Une des plus remarquables est celle qui fut faite il y a peu d'années à l'Hôtel-Dieu de Paris. Un homme avait eu une partie considérable du cerveau enlevée par le choc du timon d'une voiture, et néanmoins il conservait toutes ses facultés.

Il suit évidemment de ces faits : 1º que la localisation des facultés, admise par Gall et ses disciples, est tout-à-fait fautive. Car il résulte nécessairement des faits premier, deuxième et troisième, comme nous l'avons remarqué, qu'aucune des facultés intellectuelles et morales ne peut être localisée, soit dans le cervelet, soit dans les tubercules quadrijumeaux, soit enfin dans la moëlle allongée. En effet, la destruction de ces viscères n'entraîne la perte d'aucune des facultés intellectuelles et morales.

Il suit : 2° qu'en se bornant même au cerveau proprement dit, on ne peut reconnaître dans ce viscère des organes distincts pour chaque faculté. C'est une conséquence du cinquième fait, l'enlèvement d'une portion même considérable du cerveau, de tel côté que l'on voudra, n'enlève aucune faculté distincte. Le sixième fait prouve aussi la même chose, l'affaiblissement de toutes les facultés à la fois s'obtient par l'enlèvement d'une portion de plus en plus considérable des hémisphères. Enfin, d'après le septième fait, quand une sensation vient à cesser, toutes les autres cessent en même temps. Il résulte évidemment de tout ceci, que le cerveau proprement dit remplit les fonctions d'un organe unique. Tous les organes spéciaux inventés par Gall et ses successeurs ne sont donc qu'une supposition gratuite, et de plus en plus contredite par l'observation.

Il suit : 3° que ces organes et les protubérances auxquelles ils donnent lieu, après avoir été gratuitement supposés, ne sont pas moins arbitrairement placés à la surface de l'encéphale. En effet, les faits ci-dessus énumérés prouvent que l'enlèvement des portions superficielles des viscères cérébraux ne détruit nullement les facultés intellectuelles et morales. Cette observation montre évidemment que la crânioscopie ne repose sur aucun fondement.

La crânioscopie a pour but de reconnaître les facultés morales ou intellectuelles d'un individu, à l'inspection des bosses qui se manifestent à l'extérieur du crâne. Or, outre que la face extérieure et même la face intérieure du crâne ne représentent pas exactement la conformation externe de l'encéphale, les protubérances du cerveau lui-même ne peuvent pas servir d'indice aux facultés de l'individu, puisqu'elles n'en sont point l'organe producteur, ni même l'organe intermédiaire.

La multiplicité des organes cérébraux étant fondamentale dans la Phrénologie, nous la combattons encore par quelques observations.

Première remarque. Ni Gall, ni aucun Phrénologue n'ont pu définir nettement ce qu'ils entendent par un organe cérébral. Cet organe est-il un faisceau de fibres, ou bien chaque fibre particulière est-elle un organe ? Si c'est un faisceau de fibres, le nombre des organes sera trop petit, chaque faculté ne pourra avoir le sien propre. Les physiologistes reconnaissent en effet que ces faisceaux de fibres sont peu nombreux, tandis que les facultés énumérées par les Phrénologues sont au nombre de 27, suivant quelques-uns, et suivant d'autres en plus grand nombre encore. Si chaque fibre en particulier constitue un de ces organes, alors il y en aura beaucoup trop, le nombre des fibres étant incomparablement plus grand que celui des facultés.

Deuxième remarque. L'anatomie comparée vient à son tour donner un démenti à la Phrénologie. Il résulte d'observations diverses que les moutons ont la bosse de la *destructivité* ; des assassins avaient celle de la bienveillance, et les hommes les plus honnêtes avaient toutes les protubérances des scélérats.

L'amour de la progéniture est placé par Gall dans les lobes postérieurs du cerveau, et il regarde cette localisation comme une des plus assurées. Cet amour, et surtout l'amour maternel, se retrouve chez tous les animaux supérieurs, chez tous les mammifères, chez tous les oiseaux Les lobes postérieurs devront donc aussi se trouver chez tous ces animaux. Point du tout ! ils manquent chez la plus grande partie des mammifères, ils manquent chez tous les oiseaux.

Nous avons jusqu'ici réfuté les Phrénologistes, en montrant la nullité de leur hypothèse, par rapport à la multiplicité des organes cérébraux. Nous ne nous contenterons point de ces arguments directs, mais nous allons compléter notre preuve, en montrant aussi le vice fondamental de la méthode qu'ils ont suivie pour arriver à établir leur système. En procédant, comme nous le faisons, par la réfutation des bases fondamentales de leur opinion, nous nous dispensons d'examiner en détail tous les faits qu'ils s'efforcent d'entasser en sa faveur.

Il n'est point possible d'établir le système Phrénologique par des preuves directes et *à priori*. C'est par l'anatomie comparée seulement que les Phrénologues pourraient espérer, et ont en effet tenté de démontrer leur doctrine. Gall a comparé ensemble un grand nombre de crânes d'animaux divers dont les instincts différents lui étaient connus. Il a de même comparé entre eux des crânes humains et il a essayé de découvrir quelque rapport entre leur conformation et les facultés intellectuelles et morales des sujets auxquels ils avaient appartenus. Il a fait des observations du même genre, par rapport aux personnes de toutes classes, au milieu desquelles il vivait. C'est d'après ce grand nombre d'observations diverses qu'il s'est cru autorisé à conclure que la conformation du crâne suffisait pour faire connaître les facultés intellectuelles et morales d'une personne. La distinction des divers organes, nécessaire pour que ce résultat fût possible, et que nous avons réfutée précédemment, ne repose sur aucun autre fondement. Elle suppose, comme on le voit, la crânioscopie. Ce sera donc la réfuter de nouveau que de mettre en évidence l'impossibilité radicale des méthodes employées par les crânioscopes pour arriver à leur conclusion.

Trois méthodes ont été inventées par eux, et nulle d'entr'elles ne peut conduire à un résultat tant soit peu satisfaisant. Il ne semble pas possible d'y en ajouter une quatrième. Les uns considèrent les bosses du crâne, c'est la *méthode crânioscopique* proprement dite. Les autres procèdent par l'examen de la conformation du cerveau; c'est la *méthode cérébroscopique* ou *encéphaloscopique*; d'autres enfin, mesurent le volume de la tête, c'est la *méthode céphalométrique*. Nous allons examiner successivement la valeur de chacune d'elles.

Méthode crânioscopique. Pour que cette méthode fût applicable, il faudrait : 1° que chacune de nos facultés eût son organe spécial dans l'encéphale; 2° que cet organe formât un renflement, une protubérance, à la surface des viscères de la tête. La fausseté de ces deux suppositions résulte évidemment de ce que nous avons établi dans la première partie de cet écrit ; mais faisons pour un instant cette concession à nos adversaires, il faudra toujours en outre, pour rendre leur méthode possible, que 3° le crâne soit exactement moulé sur les inégalités des viscères cérébraux, et que sa face extérieure les reproduise ; 4° enfin, cette méthode exige encore que le développement d'un organe soit toujours en proportion avec le développement de sa faculté. Autrement la prédominance de telle bosse à l'extérieur du crâne, ne vous donnerait pas le droit de conclure que la faculté correspondante prédomine également dans le sujet. Les faits constatent encore l'absence de ces deux dernières conditions.

La forme extérieure du crâne représente-t-elle fidèlement les diverses protubérances de l'encéphale ? Le fait contraire est reconnu par tous les anatomistes ; en voici la preuve. — Les sinus frontaux n'ont pas toujours une égale étendue, non-seulement en passant d'une espèce à une autre, mais encore chez les individus de la même espèce. Quelquefois même il en résulte un renflement extérieur des parois antérieures du crâne qui surpasse considérablement le volume du cerveau, et ne peut conséquemment en indiquer la forme. Ainsi la grosseur de la tête des carnassiers, des chouettes, des porcs, des éléphants vient de cette cause, et non du volume de la masse encéphalique. — Les orbites sont quelquefois plus ou moins grands, plus ou moins élevés. — La base du crâne toujours invisible peut être ou applanie ou renflée, soit en dedans, soit en dehors ; il peut en résulter un changement dans le volume des viscères cérébraux, sans que la différence se manifeste par aucun indice extérieur. — Les parois du crâne peuvent

encore être plus ou moins épaisses. — Les protubérances du cerveau peuvent exister sans produire un
renflement à la face extérieure du crâne ; les organes en
effet des facultés, s'ils existent, pourront se développer
aux dépens des organes voisins. — Un grand nombre
de circonvolutions, au lieu d'être épanouies à la surface
du cerveau, sont situées à l'intérieur et ne sont point
susceptibles d'être indiquées d'une manière précise par
la forme du crâne. Si par hasard ces circonvolutions
sont très-développées, elles déplacent toutes les circonvolutions observables, et déconcertent par là toutes les
conjectures. Prenons pour exemple les circonvolutions
placées sur la ligne médiane et dans l'adossement des
hémisphères : leur développement augmentera la hauteur de la tête, depuis la base du nez jusqu'à l'os occipital, et cette augmentation portera sur autant de points
qu'il y a de circonvolutions sur la ligne nazo-occipitale.
Tous les diamètres transversaux de la tête seront aussi
augmentés par le refoulement des parties latérales du
cerveau. Dans le premier cas, on conclura à tort que
tous les organes situés sur la ligne médiane ont un volume très-considérable ; dans le second on tirera également à tort la même conclusion, relativement aux
organes situés sur les parties latérales. — Il y a entre le
cerveau et le crâne des veines et des artères. — Le sang
qui circule dans ces vaisseaux et les gonfle, produit un
soulèvement du crâne dans l'enfant dont les os sont
encore mous et flexibles, en même temps qu'il produit
une dépression sur les viscères intérieurs. De là souvent
une protubérance à la lame extérieure du crâne correspond non point à une bosse du cerveau, mais au contraire
à une dépression. — Quand une faculté se développe,
l'organe cérébral devra de même se développer, et le
crâne se soulever proportionnellement ; si au contraire
une faculté diminue, la bosse du cerveau doit s'affaisser.
L'expérience vient-elle à l'appui de cette remarque ?
A-t-on jamais observé que l'éducation nous fasse pousser
des bosses au front ou à l'occiput ? Je concevrais ce

soulèvement de la boîte osseuse chez l'enfant en bas âge, à cause de la mollesse de ses os : mais chez l'adulte, chez l'homme fait, l'enveloppe osseuse offre une résistance invincible. — Enfin, quand un père juge à propos d'employer des châtiments corporels pour corriger un enfant vicieux et indocile, j'ai en vérité bien de la peine à croire que le fouet ou les verges lui fassent des bosses à la tête.

Peut-être me répondra-t-on qu'il n'est point nécessaire que le crâne se soulève et qu'une nouvelle bosse se forme, parce que l'organe intérieur se développera aux dépens des organes voisins Soit : j'en conclus précisément ce que j'ai entrepris de prouver : savoir que l'inspection du crâne ne peut me donner l'indice de la conformation du cerveau, et que la méthode crânioscopique est vaine.

Me, répondrez vous au contraire que le développement d'un organe n'est pas toujours en rapport avec l'énergie de sa faculté ; qu'un organe moins développé peut avoir une force vitale supérieure à celle d'un organe plus étendu, mais empâté en quelque sorte et vicié par des humeurs surabondantes ? Soit encore, j'en conclurai comme précédemment la nullité, l'impossibilité de la méthode crânioscopique. Si tant de causes concourent à établir le défaut de rapport entre la conformation extérieure de la tête et l'énergie des organes, comment s'obstiner encore à vouloir juger de l'une par l'autre ?

Du reste cette dernière observation relative à la disproportion entre le volume et l'énergie d'un organe, est admise et confirmée par les faits. — On remarque souvent dans des organes exigus une vitalité proportionnellement beaucoup plus active que dans des organes plus volumineux. La vie est souvent plus intense dans les animaux plus petits. — Le développement même excessif d'un organe peut avoir pour cause l'empâtement adipeux ou aqueux de son tissu propre. L'énormité du volume se trouve alors jointe à la faiblesse de l'organe : c'est ce qui a lieu principalement chez les hydrocéphales. —

Les stimulus, les maladies peuvent augmenter la vitalité d'un organe, sans en changer le volume.

Concluons que la méthode crânioscopique est essentiellement vicieuse, par les deux raisons que nous venons d'exposer. D'une part la forme extérieure du crâne ne représente pas celle du cerveau, et d'un autre côté, quand même elle la représenterait, elle pourrait faire connaître tout au plus le développement plus ou moins considérable des organes sans en démontrer l'énergie.

Certains Phrénologues ont cru éviter ces inconvénients, en substituant à la méthode que nous venons de combattre la méthode cérébroscopique ou encéphaloscopique; mais cette nouvelle méthode ne conduit point à des résultats plus heureux. Elle consiste à négliger la conformation extérieure du crâne, pour ne tenir compte que de celle des viscères encéphaliques mis à nu. J'avoue qu'elle échappe à l'inconvénient signalé par nous, provenant de l'infidélité avec laquelle la forme du crâne représente celle de l'encéphale. Mais voici les défauts et les causes de l'impossibilité de son application : — 1º on ne peut considérer à nu l'encéphale qu'après l'avoir extrait de son enveloppe osseuse. Cette méthode n'est donc point applicable sur les sujets vivants, et l'art de palper les bosses du crâne demeure toujours incapable de conduire à aucun résultat rationnel. — 2º Elle laisse toujours subsister la difficulté tirée du défaut de rapport entre le volume d'un organe et l'énergie de sa force vitale. — 3º Elle repose également sur l'hypothèse déjà démontrée fausse, que chaque faculté se trouve localisée dans un organe encéphalique spécial. Cette méthode n'est donc pas plus avantageuse que la précédente.

La méthode céphalométrique ne peut pas non plus conduire les Phrénologues au but qu'ils se proposent. En effet, si l'on se contente de mesurer le volume général de la tête, sans tenir compte des détails minutieux du crâne, le système crânioscopique est abandonné. On renonce au point fondamental de toute la Phréno-

logie, à la multiplicité des organes et à leur représentation au dehors de la tête. De plus cette méthode se
trouve encore sujette à plusieurs des inconvénients que
nous avons signalés précédemment, et quand même on
admettrait qu'un cerveau volumineux, largement développé, concourt avec une intelligence supérieure, on
ne pourrait encore s'en fier à la céphalométrie. En effet
une grosse tête renferme assez souvent peu de cervelle.
Le renflement des sinus frontaux, l'épaisseur des parois
du crâne, la grandeur des orbites, l'élévation du crâne
à sa base, l'abondance des humeurs dans la cavité crânienne, toutes ces causes peuvent distendre l'enveloppe
osseuse, sans attester un encéphale plus volumineux.
Et supposé que la grosseur de la tête attestât le volume
des viscères qu'elle contient, il resterait toujours à s'assurer que leur force vitale répond à l'étendue de leur
volume.

Si au contraire on mesure, outre le volume général
de la tête, l'étendue spéciale de chaque protubérance,
comme le font quelques céphalomètres, on retombe
par là dans la plupart des inconvénients de la méthode
crânioscopique, proprement dite, que nous avons signalés plus haut.

Résumons. Gratuité, fausseté même démontrée par
les faits, des principes fondamentaux de la Phrénologie:
impossibilité d'assigner une méthode rationnelle pour
établir cette prétendue science, tels sont les défauts incontestables de l'opinion que nous combattons. Si la
Phrénologie est dépourvue de vérité, elle ne peut point
servir de base au matérialisme, c'est le premier argument
que nous nous sommes proposé de développer dans
cet article. Nous ajouterons que nous aurions pu omettre
cette preuve. Car la Phrénologie, fût-elle démontrée
vraie, ne pourrait suffire à établir la matérialité du sujet
pensant. Le matérialisme n'en demeurerait pas moins
une erreur insoutenable, en psychologie et en morale :
c'est ce que nous démontrerons dans les articles suivants.

6

II. — *Examen abrégé du matérialisme Phrénologique, sous le rapport psychologique.*

Le matérialisme si commun durant le XVIII⁵ siècle, eut pour causes, outre l'impiété, deux erreurs commises dans l'étude de l'homme. Les médecins et les philosophes étudient l'être humain, mais les points de vue qu'ils considèrent sont différents. Les premiers poursuivent dans leurs investigations laborieuses les phénomènes de l'homme physique. La physiologie est le nom qu'on donne à la science qui résulte de leurs recherches. Les autres s'attachent aux phénomènes de la vie intellectuelle et morale. La partie de la philosophie consacrée à cette étude prend le nom de psychologie. Au XVIII⁵ siècle, physiologistes et psychologues avaient égaré la science dans une fausse route. Parmi les médecins habitués à considérer les phénomènes physiques de la vie humaine, il s'en est rencontré qui n'ont voulu voir dans l'homme que la matière. Tout ce qui ne tombe point sous la loupe et le scalpel n'est pour eux qu'une chimère. Et comme toutes leurs dissections anatomiques ne leur ont jamais laissé apercevoir que des organes, comme le principe spirituel ne s'est jamais révélé à leurs sens, ils n'ont voulu reconnaître dans l'homme aucun principe supérieur à la matière. Pour eux l'organisme est tout ; le cerveau, c'est l'âme ; le corps, voilà tout l'homme ; la physiologie est la science unique, la psychologie n'en est tout au plus qu'un chapitre. Ceci nous explique pourquoi les plus ardents propagateurs du matérialisme à cette époque, sont sortis de la classe honorable des médecins. Mais ils n'ont pas été les seuls soutiens des doctrines matérialistes. Les psychologues leur sont venus en aide. Locke, sans être lui-même matérialiste, fait dériver toutes nos opérations intellectuelles des sensations. Condillac importa chez nous cette fausse théorie de l'intelligence humaine. Avec la disposition qui régnait dans les esprits, elle ne pouvait manquer d'être favorablement accueillie ; aussi eut-elle un succès complet. Quiconque dans le dernier siècle ne suivait pas la bannière du sensualisme, était déclaré philosophe ignorant. On sent quel parti le matérialisme devait tirer de cette opinion psychologique. Si tous les actes de l'homme, même ceux dont l'intelligence est la cause et le théâtre, sont des sensations, l'homme n'est donc qu'un sujet qui sent, et rien de plus. Or, quoiqu'il soit faux que ce qui sent soit matériel, et qu'il suffise de reconnaître dans l'homme la faculté de sentir, pour être autorisé à conclure qu'il existe en lui un principe distinct de la matière, néanmoins la sensation a trop de rapports avec cette impression grossière que les objets extérieurs produisent sur les organes de nos sens, pour que les esprits légers ou prévenus n'en vinssent pas bientôt à assimiler l'âme humaine à un organe corporel. Les médecins d'un côté, les philosophes de l'autre firent donc converger la physiologie et la psychologie vers un but unique. La physiologie conduisit les médecins au matérialisme, et les philosophes arrivèrent au même terme par la voie du sensualisme.

Tel fut le XVIIIe siècle. Mais l'erreur est éphémère. Le matérialisme passa avec l'ère des Voltaire, des d'Holbac, des Helvétius, des La Métrie, etc. La réaction s'opéra d'abord chez les philosophes, et elle devait en effet commencer par eux. L'homme intellectuel et moral qui est l'objet propre de leur étude, possède un trop grand nombre de facultés qui ne sauraient être attribuées à la matière, pour qu'ils aient été les derniers à s'apercevoir de leur méprise. Les médecins au contraire qui n'observent de l'homme que le physique, ont conservé plus long-temps la tendance à ne reconnaître en lui d'autre principe que l'élément matériel. Toutefois les rangs des matérialistes s'éclaircissent, même parmi les physiologistes. Si je voulais faire un argument d'autorité, il me serait facile de citer des noms illustrés par la science. Le matérialisme toutefois est encore soutenu aujourd'hui par un certain nombre de médecins distingués ; mais il ne compte plus d'autres adeptes parmi les philosophes, que des incrédules arriérés de la province. Dans toute l'université, l'enseignement est redevenu spiritualiste, soit dans les chaires de la capitale, soit dans les chaires des départements. Au commencement du XIXe siècle, un professeur éloquent, M. de la Romiguière, soutenait encore une espèce de sensualisme, et réussit pendant quelque temps à prêter à cette opinion un éclat nouveau. Mais c'était le dernier jet de flamme d'une lampe qui meurt, et qui semble se ranimer un moment, avant de s'éteindre pour toujours. Toutefois, ce philosophe plein de sagacité avait déjà été forcé de modifier le sensualisme ancien. Nos pensées n'étaient plus des sensations pures, ou même simplement des sensations transformées ; déjà l'illustre professeur reconnaissait en outre dans l'homme une dualité de principes: c'était un demi spiritualisme. La réaction devait être complète. M. Royer Collard qui professa vers la même époque, combattit avec succès le sensualisme expirant ; il prépara son entière défaite, et M. Cousin qui vint après, compléta la victoire.

Remarquons en passant la perpétuité des dogmes catholiques. Au XVIIIe siècle le christianisme était ce qu'il avait toujours été, ce qu'il est encore aujourd'hui, essentiellement spiritualiste. Les sarcasmes de la philosophie ne purent lui faire abandonner ses dogmes. Il laissa le flot de l'erreur murmurer avec grand bruit en s'écoulant. L'erreur a passé, le dogme demeure, et la philosophie elle-même vient se rallier au drapeau du spiritualisme chrétien qu'elle avait déserté.

Le matérialisme qui a persévéré, n'est pas demeuré parfaitement semblable à lui-même. Parmi ses défenseurs, il en est encore qui admettent, comme au siècle dernier, l'unité de l'organe intellectuel ; mais il en est d'autres aussi qui reconnaissent dans l'homme des organes intellectuels et moraux multiples : ceux-ci, ce sont les Phrénologistes. D'autres matérialistes en assez petit nombre qui appartiendraient plutôt à la classe des psychologues, ont admis un matérialisme atomique, espèce de système où l'on entasse contradictions sur contradictions, au lieu d'admettre simplement le dogme lumineux de la spiritualité de l'âme.

Le but que je me suis proposé, en prenant la plume, étant de répondre à un article empreint du matérialisme Phrénologique, c'est celui-là que je m'attacherai spécialement à réfuter ; j'omettrai ce qui a rapport au matérialisme atomique, et je n'attaquerai le matérialisme du XVIII⁰ siècle que dans les points, assez nombreux du reste, qui lui sont communs avec le matérialisme Phrénologique.

Ces deux derniers systèmes tendent à ne reconnaître qu'une science unique, la physiologie, et par suite à nier la simplicité du sujet pensant. C'est sous ce double point de vue que je les combattrai. Je montrerai la dualité de la science de l'homme, c'est-à-dire la nécessité d'admettre une séparation profonde entre la physiologie et la psychologie. Cette discussion me donnera lieu d'exposer quelques-unes de nos preuves en faveur de la simplicité du sujet qui pense.

Si la science intégrale de l'homme se réduisait à la physiologie, voici quelques-unes des conséquences qu'il nous faudrait admettre. Le corps serait tout l'homme, les organes constitueraient tout son être, la vie intellectuelle et morale se résoudrait dans la vie physique et animale, l'intelligence ne serait plus qu'une fonction de l'organisme, et il faudrait dire avec Cabanis que le cerveau sécrète la pensée, comme le foie sécrète la bile ; ou bien avec Broussais que nos facultés intellectuelles sont l'action de nos organes ; ou bien encore avec Gall que le cerveau contient autant d'intelligences individuelles, que d'organes spéciaux ; enfin, que ce sont ces organes qui sentent, se souviennent, jugent et raisonnent, comme le disait l'auteur de l'article du 15 mars. L'organisme serait donc la cause productrice de nos pensées et de nos volontés, et comme les Phrénologues admettent la multiplicité des organes intellectuels, il suivrait qu'il faut admettre autant de causes intelligentes distinctes en nous, qu'ils y ont placé de facultés. Enfin, un organe n'étant pas un être simple, mais composé, le moi ne serait pas non plus une cause simple, il serait composé de parties et étendu. Nous allons démontrer contradictoirement à cette opinion : 1° que les phénomènes intellectuels et moraux dérivent d'une cause distincte des organes ; 2° que cette cause est unique ; 3° qu'elle est simple.

1° Chacun de nous le sent. Il est dans l'être humain deux sortes de phénomènes, deux vies différentes qui se mêlent sans se confondre, la vie physique et animale, et la vie morale et intellectuelle. Sous un point de vue, l'homme est une machine qui fonctionne, une plante qui végète. Comme la machine, il subit les lois du mouvement et de l'équilibre ; comme la plante, il reçoit des sucs étrangers, il les élabore, il se les assimile, et ces sucs métamorphosés, circulent ensuite dans les nombreux detours de mille vaisseaux sinueux. Dévorer, digérer les aliments, les changer en sang, en humeurs, est-ce donc là tout l'homme ? Les fonctions digestives, la sécrétion des humeurs, la circulation du sang, etc., ne sentons-nous en nous rien autre chose que cela ? L'homme n'est-il pas aussi un être qui réfléchit, juge, raisonne, délibère, choisit, ordonne et exécute une foule d'actes dont il se reconnaît lui-même pour la cause ? Des distinctions trop caractéristiques séparent ces deux classes de phénomènes, pour qu'il soit possible de les confondre, et nécessaire de les indiquer. La première série compose la vie animale, la seconde constitue la vie morale et intellectuelle.

Ces deux séries de phénomènes, nos adversaires ne peuvent refuser de les reconnaître, mais ils les attribuent tous à un même principe, l'élément corporel. Cependant une différence profonde sépare ces deux ordres de faits. Les fonctions de la vie animale s'exécutent en nous, sans que nous nous en reconnaissions pour les auteurs ; elles ont lieu le plus souvent à notre insu, et quelquefois même contre notre gré. Ce sont des phénomènes qui semblent si étrangers à la personne humaine, que la plupart des hommes les ignorent. Le trouble seul qui les interrompt parfois nous avertit de leur existence. Souvent même les plus habiles ne les soupçonnent pas, et Copernic avait découvert les lois qui font mouvoir loin de nous les corps célestes, avant que Harvey n'eût reconnu celles qui font circuler le sang dans nos veines. Le foie sécrète la bile, l'estomac digère les aliments, tous les organes du corps fonctionnent en un mot, sans attendre notre ordre, sans même se révéler à notre intelligence. Tels sont les phénomènes physiologiques. Ils échappent à notre libre arbitre, ils se passent en nous, mais sans nous ; notre volonté n'y est pour rien, nous en ignorons non-seulement le jeu, mais jusqu'à l'existence ; tels sont les caractères qui distinguent les fonctions de nos organes.

L'autre série de phénomènes se produit d'une manière toute différente. Je dis que le sang circule dans mes veines, je ne dis pas que c'est moi qui le fais circuler. Si vous me demandez qui remue mon bras, mes jambes, je réponds : c'est moi. Je me sens moi-même. Je me sens cause dans ce phénomène, et je ne juge pas ici de la cause par les effets, mais je saisis la cause et l'effet tout ensemble par mon sens intime. Je sens les mouvements de mon cœur qui bat, j'en conclus que ces battements ont une cause, puisque rien n'arrive sans cause. Mais quelle est cette cause ? C'est peut-être un autre que moi qui produit ces palpitations, ou si c'est moi qui en suis cause, du moins n'ai-je pas conscience de l'être, et cette cause inconnue ne se montre à moi que par ses effets. Il n'en est pas ainsi des actes psychologiques, j'ai conscience de les produire moi-même, je les rapporte à ma propre personne ; si je veux, c'est moi qui veux, si je juge, c'est moi qui juge ; si je pense, je sens que c'est moi qui pense. Lorsque je n'agis pas, je n'ai pas moins conscience de ma puissance d'agir, je me sens personne et cause lors même que je demeure en repos. Au contraire, si le jeu d'un de mes organes s'arrête, il est si peu en mon pouvoir de lui rendre son action, que j'en ignore les moyens ; j'appelle à mon secours tout l'art de la médecine, et souvent la science et l'habileté demeurent impuissantes pour rétablir l'harmonie suspendue. Mais pour produire les actes de l'intelligence, je n'ai besoin du secours de personne. Si une étude me fatigue, je change d'objet à mon gré. Si je veux, je puis cesser de vouloir, je me sens dans ces actes, sinon indépendant, du moins distinct des organes. La personne humaine existe donc, et les organes ne sont pas tout l'homme. C'était la première chose que j'avais à démontrer.

2° Non-seulement, je me sens cause des phénomènes psychologiques ; mais je me sens cause unique et non collective de ces phénomènes. Puisque j'ai conscience de mon intelligence, de ses facultés, de ses actes, si la cause intelligente était multiple en moi, si chaque faculté était une intelligence individuelle, comme l'a prétendu Gall, et comme les Phrénologues matérialistes le répètent après lui, la même raison qui fait que j'ai conscience d'être cause quand mon intelligence agit, ferait aussi que j'aurais conscience de la multiplicité des causes qui agiraient en moi. Je devrais donc avoir conscience de vingt-sept causes distinctes, et même de trente-cinq, puisque Gall évalue au premier nombre, et Spurzheim au second, les facultés diverses qui constituent dans notre cerveau autant d'intelligences individuelles. Or, il n'en est point du tout ainsi. J'ai conscience, il est vrai, d'être une cause capable de produire un grand nombre d'actes divers, mais je n'ai point conscience d'être autant de causes, autant de personnes que je puis exécuter de séries différentes de phénomènes. Je suis une personne unique et indivisible, et la cause constamment identique de tous les phénomènes qui constituent la vie intellectuelle et morale. Nous ne suivrons point, pour le prouver, la classification des facultés adoptées par les Phrénologues ; nous n'expérimenterons même que sur quelques-unes des facultés admises en Phrénologie ; il sera facile à chacun de s'interroger pareillement lui-même sur celles que nous omettrons.

L'homme est un être doué de sensibilité et d'intelligence et de volonté. A ces trois facultés générales se rapportent tous les phénomènes psychologiques. Mais l'être humain ne se divise pas avec ses facultés ou avec ses actes ; il est tout entier dans chaque. La sensibilité n'est pas un tiers de *moi*, l'intelligence un autre tiers, la volonté enfin un dernier tiers, c'est le même *moi* tout entier qui sent, qui comprend et qui veut.

Lorsque je sens, c'est moi qui sens, et ma personne ne change ni avec le sentiment que j'éprouve, ni avec l'organe par le moyen duquel je l'éprouve. Dans les affections douloureuses, c'est moi qui sens, c'est encore moi, lorsque les sensations sont agréables. Dans les affections morales, c'est moi qui sens, c'est également moi dans les affections physiques Si je souffre dans un membre ou dans un autre, à la tête ou aux pieds, c'est encore moi, toujours moi qui éprouve ces diverses souffrances. Je rapporte toutes ces affections à des parties diverses de mon corps, sans me reconnaître pour cela un *moi* composé de parties ; sous tous ces modes, je demeure une personne unique et toujours identique à elle-même. *L'habitativité, l'affectionnivité, la combativité, la destructivité, l'acquisivité, la constructivité, l'approbativité, la conscienciosité, l'alimentivité*, et toutes ces autres facultés dénommées et classées, sinon inventées par les Phrénologues, n'existent-elles pas aussi, si toutefois elles existent, dans un individu unique, et celui dont le cerveau posséderait les protubérances de toutes ces facultés, ne se sentirait-il pas toujours lui-même dans la puissance et l'exercice de toutes et de chacune d'elles ?

Il en est de l'intelligence comme de la faculté sensible. Dans tous les actes par lesquels s'exerce ma faculté de connaître, j'ai conscience d'être la même personne et la même cause que dans les affections de la sensibilité ci-dessus énumérées. Je médite, j'imagine, je compare, je juge, je raisonne, je me souviens. Il y a en moi un grand nombre d'idées, d'imaginations, de jugements, de raisonnements, de souvenirs divers ; mais il n'y a pas en moi autant de causes, autant de personnes, autant de *moi* que j'ai de facultés intellectuelles. Au milieu de cette multiplicité de puissances et d'actes, je sens toujours un *moi* unique. Malgré leur diversité, je suis toujours la même cause, la même personne ; les modifications se succèdent, se diversifient, le *moi* persévère et demeure toujours identique à lui-même.

Enfin la volonté appartient aussi à cette cause toujours unique. Je veux, je ne veux pas, je veux une chose, j'en veux une autre, j'use ou j'abuse à mon gré de ma liberté, et au milieu de tous ces actes volontaires, c'est moi, c'est toujours moi que je retrouve, c'est un seul et même *moi* qui agit et qui veut.

La conclusion se déduit d'elle-même, je n'ai pas besoin de la rappeler.

3° Cette cause dont je ne puis nier l'existence, n'est pas seulement unique et indivisible, de plus elle est simple, c'est-à-dire, sans étendue et sans parties. Pour faire comprendre nettement cette vérité, je dois exposer d'abord ce que c'est qu'une cause. Dans le langage vulgaire on donne ce nom à un grand nombre de choses qui ne sont pas de vraies causes, mais des effets, ou des instruments qui deviennent à leur tour propres à obtenir d'autres effets. Dans la rigueur du langage philosophique, la cause efficace est seule, à proprement parler, une cause, et la cause efficace est nécessairement active et vivante. Je donne ce nom à celle qui imprime la première impulsion à toutes les causes secondaires. Un malheureux tombe frappé d'un plomb meurtrier : le plomb, la poudre, le fusil ne sont que des instruments, des causes improprement dites de la mort de cet homme. Les doigts de l'assassin ne sont pas même

la véritable cause ; la seule strictement digne de ce nom,
c'est la volonté perverse de l'homicide : c'est elle qui a
mis en jeu toutes les causes instrumentales : c'est elle
qui a tué la victime. Ce que nous dirons de la cause
doit être entendu de la cause efficace.

Nous allons montrer la simplicité de la cause d'où
procèdent les phénomènes psychologiques , par les propriétés même de cette cause, et par la nature de ses
produits.

*Propriétés de la cause d'où procèdent les phénomènes
psychologiques.* — La notion même de cause emporte
avec elle l'idée de simplicité, et l'on peut formuler ce
principe ontologique : *tout ce qui est cause est simple.*
Toute cause efficace étant douée d'activité et de vie, est
une puissance , une force , et nos idées ne découvrent
dans la puissance , dans la force et dans la vie rien de
matériel ou d'étendu. Il y a des forces plus ou moins
énergiques ; mais leur énergie ne se mesure point par
leur étendue ; elle se révèle par les effets Et quant à la
cause particulière qui s'exerce en nous par les organes,
ne la distinguons-nous pas elle-même de ces organes ?
A consulter le simple bon sens , nos mains , nos pieds,
nos organes encéphaliques ne sont-ils pas des instruments au service d'une force qui se déploie par leur
moyen , mais qui n'est point eux ? Les organes, suivant
l'opinion la plus commune parmi les physiologistes ,
se renouvellent totalement dans le court espace de
quelques années , cependant la force qui les fait agir
demeure, et nous sentons qu'elle est toujours identique-
ment la même. Elle augmente ou diminue quelquefois,
suivant l'état des organes : cela n'est pas étonnant ; la
même force ne peut produire les mêmes résultats, en
se servant d'un bon ou d'un mauvais instrument. Enfin
lorsque la force a abandonné la matière , les organes
persévèrent encore quelque temps , puis se décompo-
sent bientôt , montrant par là que s'ils étaient nécessaires à la manifestation de la force, la force dont ils

étaient le siége, ne leur était pas moins nécessaire pour les préserver de la destruction. Cette force qui régit la matière, qui la met en mouvement et la préserve de la décomposition, cette force est-elle donc elle-même matière?

Mettrez vous des parties de vie dans les portions de l'organe animé? Mais des parties de vie, cela se comprend-il? Qu'est-ce qu'une partie de vie? La vie est-elle quelque chose, si elle n'est pas entière? Tel est cependant le défaut dans lequel tombent les Phrénologistes et les physiologistes matérialistes. Ils nous parlent sans cesse de la force vitale qu'ils ne distinguent point des organes, ce sont les organes qui se souviennent, qui jugent, qui raisonnent, qui produisent tous les phénomènes de l'être humain ; et ils ne reconnaissent point en nous d'autre cause active : n'est-ce pas là méconnaître la simple notion de la cause efficace?

Sans me jeter dans des raisonnements qui pourraient paraître trop abstraits, ne puis-je pas répondre aux partisans de la matière animée : vous remarquez, je l'avoue, des mouvements qui s'exécutent dans la profondeur du sujet matériel. Avez-vous le droit d'en conclure que c'est la matière qui se donne le mouvement? Point du tout. Ce serait imiter un sauvage qui, apercevant pour la première fois une montre en mouvement, voudrait s'obstiner à croire que cette montre s'est mise toute seule en mouvement. La matière est en mouvement, voilà ce que nous voyons comme vous ; la matière est cause productrice du mouvement, c'est autre chose, et nous vous en demandons la preuve.

Quand il serait vrai que toutes les forces qui produisent dans l'univers le mouvement et l'harmonie appartiendraient à la matière, suivrait-il de là que le sujet qui pense soit matériel? Au fond c'est le seul point qu'il nous importe maintenant d'examiner. Quoiqu'il en soit du mouvement ou de l'inertie de la matière, ma personne, mon *moi* restera toujours un principe distinct du sujet matériel. Je vois du mouve-

ment dans l'univers, mais tous les mouvements s'exécutent suivant des lois invariables. Les directions, les
quantités du mouvement peuvent être prévues, suppu-
tées mathématiquement, et la dynamique est une
simple affaire de calcul. Si la matière est active, au
moins elle est privée de liberté. Mais l'homme sent en
lui une cause non-seulement active, mais libre de ses
actes. J'imprime à mon bras le mouvement que je
veux, je le continue ou je le suspens à mon gré. Quand
même je suis en repos, je sens en moi la force de
produire le mouvement; je ne suis donc point une
cause semblable à la matière.

S'il n'y a dans l'homme que des organes, l'homme
lui-même n'est qu'un être matériel organisé, c'est-à-
dire une machine. Mais si l'homme n'était qu'une machine, il suivrait les lois qui régissent les machines. Il
serait donc soumis à ce principe d'équilibre : *la puissance doit être proportionnelle à la résistance ;* ou pour
éloigner les termes scientifiques, la force doit être proportionnée à l'effet que l'on veut obtenir ; pour soulever un fardeau d'un poids double, il faut déployer
une force double. L'expérience nous montre qu'il n'en
est pas ainsi dans l'homme. Souvent les résultats sont
inverses. Un mot dit secrètement à l'oreille d'un potentat suffit pour lui faire mettre en mouvement toutes
ses armées, et bouleverser pendant de longues années
peut-être une grande partie du monde, tandis que ses
courageux soldats meurent immobiles à leur poste, au
milieu du bruit épouvantable d'un champ de bataille.
Voilà deux effets bien différents. Le potentat remue
toute la terre, le soldat reste immobile. Si l'un et l'autre
étaient machine, la force mise en jeu pour mouvoir le
monarque guerrier devrait être incomparablement supérieure à celle qui ne peut suffire à ébranler le fantassin.
Le contraire a lieu. Un peu d'air faiblement agité par les
lèvres, telle est la cause matérielle qui a ébranlé le prince,
et avec lui de nombreux états, tandis que le fracas de
cent bouches à feu ne peut émouvoir un grenadier.

Si l'âme humaine est matérielle, donnez-lui donc aussi toutes les propriétés de la matière. Donnez-lui de l'odeur, de la saveur, de la couleur, dites, dites que l'âme humaine est pesante; faites-là visible et palpable, car pourquoi ne serait-elle pas tout cela ? Mais le simple bon sens suffit pour faire justice d'une telle absurdité, et l'intelligence la plus vulgaire reconnaît sans peine deux principes dans l'homme, l'esprit et le corps. C'est trop insister sur une vérité si évidente, passons à un autre ordre d'idées.

Nature des phénomènes psychologiques. — Il doit exister un certain rapport entre la cause et son produit. Les organes sécréteurs produisent des sécrétions analogues. La bile a du rapport avec le foie ; le foie est matériel, la bile l'est aussi. Quand les organes agissent, ils s'exercent sur des sujets convenables à leur nature ; les aliments sont matériels comme l'estomac qui les reçoit et les décompose. Si donc les phénomènes psychologiques (que je désignerai par le mot générique de pensées) sont une sécrétion ou un produit quelconque de nos organes, ils doivent être d'une nature analogue à ces organes. Car pourquoi n'en serait-il pas du cerveau comme du foie et de l'estomac ? Quel motif exceptionnel aux lois qui régissent l'organisme humain pourrait-on faire valoir en faveur de l'encéphale ? Or dans les dissections anatomiques, on retrouve, en faisant l'ouverture des organes, leurs sécrétions et leurs produits déjà entièrement formés, ou approchant plus ou moins de leur transformation dernière. Nous savons que Spallanzani, dans ses curieuses recherches sur le phénomène de la digestion, put en suivre et en graduer tous les résultats : je demande aux Cabanis, aux Broussais, aux Gall, et en général à tous les matérialistes, si jamais ils ont trouvé, dans l'anatomie du cerveau, la pensée à quelque degré que ce soit, par exemple, des notions confuses, des idées distinctes, des jugements, des raisonnements, des volontés, etc. Et lorsque quelque occasion favorable permet de considérer à nu le cerveau, tandis qu'il est encore animé, il serait vraiment curieux de suivre, avec la loupe, les transformations successives de la pensée, et de surprendre l'intelligence dans son mystérieux exercice. Matérialistes, vous nous demandez de rendre le principe spirituel accessible à vos instruments tranchants, et moi à mon tour je vous demande de me montrer des pensées matérielles, si elles sont le produit de nos organes.

Mais la pensée est simple. Le physiologiste qui se mettrait sérieusement à l'œuvre pour découvrir dans les fibres de nos organes quelqu'embryon de pensée, ne serait-il pas convaincu de folie ? Si la pensée est simple, le sujet qui la produit doit être également simple. Comment en effet localiser un acte simple dans un sujet étendu ? On ne peut imaginer que trois hypothèses. Il faut dire que la pensée existe dans une seule partie de l'organe intellectuel ; ou bien qu'une pensée unique est diffuse dans toutes les parties dn sujet étendu, de manière que chaque partie de ce sujet possède une portion de pensée ; ou bien enfin que la même pensée se trouve multipliée autant de fois qu'il y a de parties dans le sujet étendu, et que chacune de ces parties possède une pensée distincte. Si une pensée unique existe dans une seule partie de l'être matériel, donc le sujet qui pense n'est point composé. Si elle existe dans toutes les parties à la fois, admettrez-vous une pensée unique diffuse dans toutes les parties de l'organe ? Vous faites donc la pensée divisible et étendue comme l'organe, et nous avons vu que la pensée est simple et indivisible ; on ne peut imaginer un tiers, un quart, une fraction quelconque de pensée. Admettrez-vous au contraire autant de pensées distinctes que de parties dans l'organe ? Vous avouez encore que pour penser il faut être exempt de composition : mais au lieu de reconnaître franchement la spiritualité de l'âme humaine, songez un peu quelle prodigieuse multiplication vous faites de la même pensée. Que de parties innombrables dans un grain de poussière ! Que sera-ce dans tout le cerveau ? Vous répé-

tez autant de fois la pensée, un million de millions de
fois, et cependant nous avons conscience de son unité.

Ce que nous disons de la pensée en général n'est pas
le seul inconvénient du matérialisme. Dans ce système
les jugements comparatifs sont impossibles. Aucune
comparaison ne peut avoir lieu que dans un sujet unique,
et mon esprit ne l'est pas, s'il est composé de plusieurs
parties. Cet argument a paru péremptoire à Bayle.
« Considérez, dit-il, la figure des quatre parties du
» monde sur un globe ; vous ne verrez dans ce globe
» quoi que ce soit qui contienne toute l'Asie, ni même
» toute une rivière. L'endroit qui représente la Perse,
» n'est point le même que celui qui représente le royaume
» de Siam, et vous distinguez un côté droit et un côté
» gauche dans celui qui représente l'Euphrate. Il s'en
» suit de là que si ce globe était capable de connaître
» les figures dont on l'a orné, il ne contiendrait rien
» qui pût dire : *Je connais toute l'Europe, toute la*
» *France, toute la ville d'Amsterdam, toute la Vistule :*
» chaque partie du globe pourrait seulement connaître
» la portion de figure qui lui écherrait ; et comme cette
» portion serait si petite qu'elle ne représenterait aucun
» lieu en son entier, il serait absolument inutile que
» le globe fût capable de connaître ; il ne résulterait
» de cette capacité aucun acte de connaissance : et
» pour le moins ce seraient des actes de connaissance
» fort différents de ceux que nous expérimentons ; car
» ils nous représentent tout un objet, tout un arbre,
» tout un cheval, etc. ; preuve évidente que le sujet
» affecté de toute l'image de ces objets n'est point di-
» visible en plusieurs parties ; et par conséquent que
» l'homme, en tant qu'il pense, n'est point corporel,
» ou matériel, ou un composé de plusieurs êtres. » Il
est impossible que nos organes cérébaux produisent et
prononcent les jugements que nous formons. Car nos
organes cérébraux sont étendus et ont plusieurs parties. Si le nominatif de la phrase s'imprime sur leur
côté droit, et le régime sur leur côté gauche, où se

fera la confrontation du nominatif et du régime, et comment pourrons-nous affirmer qu'ils se conviennent? Or, quand nous jugeons, quand nous énonçons par exemple cette assertion : *Paris est une ville grande et riche,* non-seulement nous affirmons cette vérité, mais encore nous comprenons que l'idée d'une ville grande et riche s'applique convenablement à la capitale de la France. Le sujet qui juge et prononce a donc pu comparer ensemble les deux idées dont se compose cet énoncé, puisque son jugement est le résultat d'une comparaison. Mais la comparaison des deux idées n'a pu se faire qu'en les réunissant l'une et l'autre dans un centre unique et simple. Les organes sont composés; ils ne jugent donc pas. L'esprit juge; il est donc simple et distinct des organes.

III. — *Examen du matérialisme Phrénologique, sous le rapport religieux et moral.*

Une erreur conduit à une autre erreur. Si toutes les vérités sont enchaînées entre elles, les erreurs le sont aussi. Une des méthodes les plus propres à montrer le vice d'un système, c'est de suivre ce système dans ses développements, pour dérouler aux yeux toutes les conséquences de ces principes. Lorsque la rigueur du raisonnement fait sortir d'une doctrine quelconque des conséquences extravagantes, immorales, anti-sociales et impies, cette doctrine est suffisamment jugée : le fruit fait connaître la qualité de l'arbre; l'erreur ne peut-être produite que par l'erreur; la vérité ne saurait enfanter le mensonge.

Il est déplorable de voir des esprits supérieurs se laisser aveugler par la manie des systèmes, au point de méconnaître les notions les plus simples du bon sens. La Phrénologie a produit ce triste résultat, plus peut-être que toute autre opinion. Je ne veux citer, en passant, qu'un seul exemple étranger au point de vue

7

religieux et moral qui nous occupe, mais propre à confirmer la remarque que je faisais tout-à-l'heure.

M. Vimont, Phrénologiste très-décidé et anatomiste très-habile, s'exprime, sur les localisations de Gall et de Spurzheim, d'une manière très-peu favorable; et néanmoins, après avoir donné à l'ouvrage de Gall l'improbation qu'il mérite, ce même M. Vimont (qui le croirait?) inscrit vingt-neuf facultés distinctes sur le crâne d'une oie! Les facultés sont si pressées, que la place manque pour les inscrire. Le plus merveilleux n'est pas que l'on ait pu découvrir de si petits organes. Mais je ne saurais concevoir qu'un homme sérieux enregistre parmi les bosses de cet animal, celles *de la destruction, du courage, de la ruse, de la perception, de la substance, du sens géométrique, du langage, du talent musical!!!* Passe encore pour la destruction, le courage, la finesse, quoique l'oie n'ait jamais été regardée comme le symbole de ces qualités. Mais l'idée métaphysique de la substance! la science de la géométrie! la connaissance des langues! le talent de la musique! tout cela dans le cerveau d'une oie! En vérité, messieurs les Phrénologues, c'est trop fort!

J'abandonne au reste ces conclusions extravagantes dont les résultats sont peu dangereux, et je veux me restreindre aux conséquences qui intéressent la morale, la société et la religion.

Gall admet un organe qui nous fait connaître, admirer et adorer l'auteur de notre être; c'est la bosse de la *vénération.* « Mais le climat et d'autres circonstan-
» ces peuvent entraver le développement de la partie
» cérébrale au moyen de laquelle le créateur a voulu se
» révéler au genre humain. S'il existait un peuple dont
» l'organisation fût tout-à-fait défectueuse sous ce
» rapport, il serait aussi peu susceptible d'idée et de
» sentiment religieux que tout autre animal. » Il ajoute
enfin: « Il n'y a point de Dieu pour les êtres dont
» l'organisation n'est pas originellement empreinte de
» facultés déterminées. »

Ainsi, d'après Gall, la connaissance de Dieu et la religion dépendent d'une protubérance du crâne. Mais si cette bosse se trouve oblitérée par une cause quelconque, il n'y a plus de religion possible, et Gall ne nie point l'influence d'un grand nombre de causes hostiles au développement de cet organe. Des peuples entiers peuvent en être privés.

Les modifications apportées par Spurzheim à la doctrine de son maître, rendent encore l'existence de la religion plus difficile. En multipliant les conditions nécessaires, il accroît le nombre des chances défavorables. Gall n'exige qu'un organe pour la religion ; Spurzheim en veut trois, l'organe de la *causalité*, celui de la *surnaturalité*, et celui de la *vénération*.

Et, chose digne de pitié, tandis que les Phrénologistes refusent à chacun des hommes l'idée de Dieu et le sentiment religieux, ils ne craignent point de les donner aux bêtes. Broussais accorde la religion aux *moutons* et à plusieurs espèces de vertébrés (1)! Quel renversement d'idées !

Point de morale, sans libre arbitre. Gall, conséquent à ses principes, le refuse à l'homme. Avec la multiplicité d'organes qu'il admet, la volonté ne peut être qu'un mot abstrait et collectif servant à exprimer la somme de nos facultés, Gall accepte cette conséquence. L'âme n'étant que la somme des organes matériels, elle ne peut se déterminer librement ; mais elle doit être déterminée par une cause étrangère. Il n'y a donc point de liberté morale ; Gall en convient : « Tout phéno- » mène tel que celui d'une liberté absolue, serait un » phénomène qui aurait lieu sans cause. »

La liberté étant une fois méconnue, le vice et la vertu sont désormais impossibles. Le crime trouve sa justification dans la constitution des organes. Écoutons Gall : « Imaginons, dit-il, une femme dans laquelle l'amour » de la progéniture (l'amour maternel) soit peu déve-

(1) *Cours de Phrénologie*, p. 350.

» loppé..... Si malheureusement l'organe du meurtre est
» développé en elle, faudra-t-il s'étonner que de sa
» main, etc. » « Ces derniers faits nous montrent,
» continue Gall, que ce penchant détestable (le pen-
» chant au meurtre) à sa source dans un vice de l'orga-
» nisation. » Pourquoi tant de provinces ravagées, tant
de sang humain répandu par l'ambition des conquérants ?
« Que ces hommes si glorieux, répondra Gall, qui
» font égorger les nations par milliers, sachent qu'ils
» n'agissent point de leur chef, que c'est la nature qui
» a placé dans leur cœur la rage de la destruction. »
Que voulez-vous de plus ?

Ainsi Gall, Spurzheim, Broussais ont pris eux-mêmes
la peine de tirer les conclusions de leurs principes : ils
ont du moins le mérite de raisonner juste en ce point.
Tout système matérialiste conduit là ; mettons-en les
conséquences dans un plus grand jour.

Qu'est-ce que l'homme, dans l'opinion des matérialistes ? Nous l'avons déjà dit dans les articles précédents.
C'est une plante qui végète, une machine qui fonctionne,
un peu de matière organisée, un corps sans âme et rien
autre chose. Le principe intellectuel, l'esprit disparaît
dans cette étrange opinion. Tous les avantages de l'être
humain sur la brute se réduisent alors à une simple
conformation d'organes. Cette propriété seule constitue
l'excellence et la dignité de sa nature. La stature droite
du corps et l'agilité des doigts, tel est le fondement de
la supériorité de l'homme sur les animaux. Helvétius a
osé écrire que si notre intelligence surpasse celle du
cheval, c'est que le pied du cheval est emprisonné dans
un sabot, tandis que nos mains sont pourvues de doigts
articulés. Organes et matière comme les bêtes, si l'homme
revendique du côté du corps certains avantages qui leur
manquent, par combien d'autres endroits ne leur céde-
rait-il point, s'il n'avait pas une âme infiniment supérieure à la matière ?

Quels peuvent être les principes de la morale pour
un être ainsi dégradé ? Plante ou machine, l'homme

n'aura point d'autres lois à suivre que les lois nécessaires de l'impulsion et du mouvement ; le devoir est pour lui un mot vide de sens.

La morale suppose deux choses, un but à atteindre, des moyens pour y parvenir. Le bien moral, tel est l'objet que l'homme vertueux poursuit dans ses généreux efforts. Le bien moral, ce sont les devoirs imposés par la nature : c'est le courage, la tempérance, la justice, la bienfaisance, ce sont en un mot toutes les vertus privées et sociales. Le devoir suppose l'existence d'une loi supérieure aux lois physiques qui régissent le développement de la plante ou l'équilibre des machines. Une plante, une machine peuvent-elles être vertueuses ? Est-ce un mérite pour la fleur de s'épanouir au soleil du printemps ? Une machine est-elle digne de récompense, pour avoir produit d'élégants tissus ? L'homme, l'homme aussi, s'il n'est qu'un vil amas de matière dépourvu d'âme et d'intelligence, comme le prétendent les incrédules, l'homme ne peut être un agent moral : il ne peut se rencontrer dans ses fonctions ni mérite ni vertu. Le but moral, le devoir avant d'être poursuivi doit être conçu, et l'esprit seul est capable d'en concevoir la nature. La vertu n'a rien de palpable qui puisse affecter nos sens matériels : l'intelligence la découvre, le corps ne peut la toucher.

Le but moral une fois connu, il faut encore accorder à l'homme la possibilité de l'atteindre. Il faut donc qu'il soit libre. « La ruine de la liberté renverse avec elle tout » ordre et toute police, confond le vice et la vertu, » autorise toute infamie monstrueuse, éteint toute » pudeur et tout remords, dégrade et défigure sans » ressource tout le genre humain. » C'est Diderot qui a prononcé ces mots. Mais la matière peut-elle agir et se déterminer librement ? Une plante végète, parce que le soleil l'échauffe ; la machine fonctionne, parce que la vapeur chassant avec violence les obstacles qu'on lui oppose, soulève et met en mouvement toutes ces pièces habilement combinées par l'industrie : mais la plante ne

peut arrêter dans ses tubes étroits la sève que la chaleur fait monter jusque dans ses rameaux les plus élevés. La machine résisterait en vain à la toute-puissance de la vapeur dilatée elle-même par l'activité de la flamme : la machine se briserait en éclats, sous l'inutile effort de sa résistance. Tel serait l'homme, dans le système des matérialistes : tout dériverait en lui des lois de son organisation, plus de liberté, plus de morale possible pour cet être ; ses vices sont sans crime, ses vertus sans mérite, parce que ni les uns ni les autres ne découlent de sa volonté libre. C'est un automate qui subit les lois de sa nature sans pouvoir maîtriser ses penchants, ni diriger ses actes.

Le matérialisme détruit donc toute notion du juste et de l'injuste, anéantit la distinction du vice et de la vertu, et introduit l'indifférence la plus entière des actions humaines. Tuer son père et lui prodiguer ses soins dans sa vieillesse, ce sont désormais deux actes égaux; l'un n'est ni meilleur ni pire que l'autre; l'homme est une machine qui fonctionne suivant les principes de l'équilibre, le meurtrier n'a fait que céder aux lois invincibles de son organisation ; c'est une machine qui brise une autre machine. Où est la morale, où est la société, où est la religion dans un pareil système ?

S'il n'y a ni vertu ni vice, il n'y a non plus ni récompenses à attendre ni châtiments à craindre dans une autre vie. Doctrine favorable aux brigands, aux scélérats que les lois humaines ne sauraient atteindre, mais en effet pernicieuse à la société. Et que dis-je ? les lois humaines! Vos codes sont des contre-sens dans le système matérialiste. Pourquoi des lois, si l'homme ne peut les observer ? Pourquoi des pactes sociaux, des constitutions, des codes sur toutes les matières, si l'homme est une plante, une machine, un automate ? Ouvrez les prisons de l'état, ouvrez les bagnes, ouvrez toutes ces sombres demeures où la vengeance publique châtie les prétendus coupables qui ont compromis la paix et l'ordre de la société. Ces hommes que vous traitez en criminels n'ont fait qu'obéir aux lois de leur organisation ; ce sont des êtres dignes de compassion, ce ne sont point des méchants. Est-ce leur faute d'avoir été malheureusement conformés par la nature ? Cessez de répandre le sang des assassins : vos châtiments ne frappent que des innocents, sans pouvoir jamais rencontrer des coupables.

La sanction morale qui n'a point de sens dans le système matérialiste, n'a pas non plus de possibilité dans cette opinion. Vous faites de l'homme un aggrégat de matière, vous ne distinguez pas son âme de son cerveau, que reste-t-il donc de lui après sa mort ? Un cadavre, des vers, de la pourriture, de la poussière, tout est dissipé un peu plus tard. Il n'y a donc point dans l'homme de principe immortel. Toutes ses destinées futures sont anéanties. Le crime, il est vrai, n'a plus de châtiments à craindre ; mais la vertu perd en même temps toutes ses espérances. Je conçois alors la morale des Epicuriens et de tous les égoïstes. Je le comprends maintenant, les glorieux efforts de la vertu sont une peine inutile, le dévoûment une folie ! Le plus avisé sera désormais celui qui sait jouir, le plus habile et le plus intéressé sera le plus sage !

La religion tombe pareillement avec la morale et le dogme de l'immortalité. Si je voulais parler de la religion révélée, je dirais : Qu'avons-nous besoin d'un rédempteur, si l'homme ne peut être coupable ? Qu'avons-nous besoin d'un sauveur, si nous n'avons aucun châtiment à craindre ? Mais je ne veux point sortir des limites de la philosophie, et je ne parle ici que de la religion naturelle. Avec vos doctrines matérialistes, vous ne pouvez pas, sans inconséquence, conserver même les derniers principes de la religion que les déistes incrédules avaient respectés. Un déiste reconnaît les dogmes naturels et une morale. Il en est parfois qui accordent à l'âme humaine une destinée future après la vie présente, ils n'ôtent pas tous les châtiments du crime, surtout ils ne privent point l'homme vertueux de sa récompense. Vous, vous détruisez tout cela, et outre-passant toutes les bornes de l'incrédulité, vous ne sauriez vous arrêter dans l'œuvre de destruction que vous avez une fois commencée. Un matérialiste conséquent est nécessairement athée, et Dieu n'existe pas pour lui, s'il sait raisonner juste. Si tout est matière, s'il n'existe point d'esprits, Dieu qui est un esprit n'existe donc pas non plus. Et en effet, si les organes suffisent pour expliquer tous les actes de l'intelligence humaine, l'univers matériel s'expliquera de même, sans l'intervention d'une cause étrangère et sage. Et pourquoi voudriez-vous qu'un être spirituel et intelligent eût présidé à la formation de ce monde? Serait-ce pour donner la première impulsion à la matière et mettre en jeu toute cette grande machine? Mais vous nous répétez sans cesse que la matière est essentiellement active, et qu'elle possède en elle-même le principe de son mouvement. Serait-ce pour nous rendre raison de l'ordre admirable qui lie et unit les parties de ce grand tout? Mais l'homme sans intelligence et sans âme dirige avec ordre toutes les actions de sa vie. Choisissez donc, ou donnez à l'homme un esprit distinct de la matière, ou bien soyez athée et détruisez d'un seul coup toute religion et toute morale. Cessez de nous répéter continuellement que les organes *jugent, pensent, raisonnent,* ou bien levez hardiment le masque, et dites-nous franchement : Je suis athée !

Oui, si tout est matière, l'athéisme est le seul système que vous puissiez admettre, malgré son absurdité. En vain conserverez-vous le nom de Dieu, pour la forme et pour ne point donner l'alarme, je le répète encore ; oui, vous êtes athées. Mais sans la religion que devient la morale ? « Sortez de là, dit Rousseau, je ne vois » plus qu'injustice, hypocrisie et mensonge parmi les » hommes; l'intérêt particulier, qui dans la concur-» rence l'emporte nécessairement sur toutes choses, » apprend à chacun d'eux à parer le vice du masque de » la vertu. Que tous les autres hommes fassent mon

» bien aux dépens du leur , que tout se rapporte à moi
» seul, que tout le genre humain meure , s'il le faut ,
» dans la peine et la misère , pour m'épargner un mo-
» ment de douleur ou de faim ; tel est le langage inté-
» rieur de tout incrédule qui raisonne. Oui , je le sou-
» tiendrai toute ma vie , quiconque a dit dans son cœur,
» il n'y a point de Dieu , et parle autrement , n'est
» qu'un menteur ou un insensé. » Placez sur le trône
quelqu'un de ces hommes dont le crâne malheureusement conformé ne possédera point l'organe de la religion ; athée par nécessité, comment gouvernera-t-il ses
sujets? L'intérêt sera son unique loi, et sa tyrannie
n'aura d'autres bornes que celles de sa puissance. Supposez des sujets également athées, que deviendra la
société? Ecoutez un auteur qui ne peut être suspect,
Voltaire: « Je ne voudrais pas avoir affaire à un prince
» athée qui trouverait son intérêt à me faire piler dans
» un mortier, je suis bien sûr que je serais pilé. Je ne
» voudrais pas, si j'étais souverain , avoir affaire à des
» courtisans athées dont l'intérêt serait de m'empoi-
» sonner; il me faudrait prendre au hasard du contre-
» poison tous les jours. Il est donc absolument néces-
» saire , pour les princes et pour les peuples, que l'idée
» d'un être suprême , créateur, gouverneur, rémuné-
» rateur, vengeur, soit profondément gravée dans les
» esprits. » Mais je le demande , comment les Phrénologistes peuvent-ils , dans leur système , conserver la
pure et spirituelle idée de la divinité? Gall , Spurzheim,
Broussais, vous faites d'inutiles efforts ; vous ne pouvez
pas retenir la religion et la morale , sans donner à vos
principes un éclatant démenti.

Direz-vous que vos ouvrages sont pleins d'aveux favorables aux croyances communes ? Que jamais vous
n'eûtes l'intention de détruire les grandes vérités de la
religion et de la morale : et pour tout dire en un mot,
que vous avez conservé toutes les conséquences de la
philosophie ordinaire ? Eh quoi prétendrez-vous donc
conserver les conséquences, après avoir renversé tous

les principes? Vous supprimez le *moi* ; à son unité vous substituez une multitude d'organes corporels, et vous voulez ensuite qu'il y ait une âme intelligente! Vous supprimez le libre arbitre, et vous voulez qu'il y ait une morale! Vous justifiez tous les forfaits, par l'existence prétendue d'un organe spécial pour chaque crime, et vous voulez que la société soit possible! Vous ne faites de l'idée de Dieu qu'une idée relative et conditionnelle et vous voulez ensuite qu'il y ait une religion! Encore une fois, mettez-vous d'accord avec vous-mêmes, ou rejetez vos principes, ou ne reculez pas devant leurs conséquences.

Propagateurs imprudents des opinions Phrénologiques, vous n'avez donc jamais fait réflexion aux suites fatales de vos pernicieuses doctrines? Vous ne pensez donc pas qu'en rendant cette fausse science familière, sous l'apparence innocente d'un jeu de société, vous répandez dans les âmes le venin du matérialisme, et avec lui, l'irréligion et l'immoralité! Quel fruit pouvez-vous attendre d'une doctrine qui a pour conséquences nécessaires l'athéisme et le renversement de la morale, la justification de tous les forfaits, le bouleversement de toutes les idées, l'anéantissement enfin de toutes les lois fondamentales de la société?

Alléguerez-vous, pour échapper à ces graves accusations, votre conduite personnelle, vos qualités sociales, ou la droiture de vos intentions? Que vous soyez meilleurs que votre système, je le veux. Que votre manière d'agir, au lieu de faire adopter vos opinions avec moins de défiance, démente et corrige vos pernicieux enseignements, c'est un grand point. Mais pensez-vous arrêter par là tous les déplorables effets de vos paroles? On oubliera vos exemples, et on se conduira tôt ou tard d'après vos maximes. Je sais une personne qui, pour étouffer les remords du crime, suivait à Paris un cours où le matérialisme était professé. Pensez-vous que cette même opinion, répandue dans nos provinces sous le nom trompeur de science et de physiologie, ne produira rien de semblable parmi nos compatriotes? Vos qualités sociales contribueront à donner du poids à vos paroles et à vos écrits ; et plus votre conduite est irréprochable, et plus aussi la séduction devient à craindre. Hommes probes et moraux, je vous le demande, sera-ce donc l'entêtement pour un système insoutenable, qui vous fera méconnaître ou mépriser de si funestes résultats? Faites à la morale, à la société, à la religion que vous professez, le sacrifice d'une opinion que vous pûtes autrefois regarder comme probable, mais que les progrès de la science ont définitivement jugée.

A. NOGET-LA-COUDRE,

Chan. honor., *Professeur de philosophie au Grand-Séminaire de Bayeux.*

UNE RÉPONSE A PROPOS DE RÊVES.

TRÈS-CHERS LECTEURS,

Vous nous voyez plongé dans les plus pénibles réflexions. L'homme, malgré la sublimité de ses pensées, nous paraît l'être le plus bizarre et le plus désespérant de la création. Dévoré d'ambition et de vanité, il n'est jamais content du sort que lui assigne la Providence, et il semble qu'une malheureuse fatalité l'oblige à fausser sa destinée. Aussi, voyez quelle anarchie bouleverse les intelligences! L'artisan ne se contente plus de son humble fortune, et des idées qui fécondent son industrie ou son commerce: il veut exploiter le domaine de la morale et de la politique. Le philosophe ne se borne plus à rechercher les vérités que la raison nous enseigne, et ne s'occupe de rien moins que de s'astreindre aux règles de la logique : et le théologien, ennuyé de ses dissertations sur la nature de Dieu et des anges, se fait physiologiste !... Ne vaudrait-il pas mieux pourtant que les rôles ne fussent pas ainsi intervertis dans le monde, et que chacun, fidèle à sa spécialité, restât modestement dans sa sphère, et renonçât au futile plaisir d'intéresser le vulgaire par la variété du savoir et l'universalité des aptitudes ? Ces tristes idées, qui préoccupent aujourd'hui toutes nos pensées, nous sont inspirées par la lecture de trois longs articles de physiologie morale, élaborés à grands frais par un philosophe, qui peut avec succès enseigner la métaphysique, mais qui certainement ignore les lois de la vie, et n'a pas la plus mince notion de la science de l'organisme. Vous en jugerez, très-chers lecteurs, et nous voudrions n'être pas obligé de vous dire que le désir de paraître physiologiste lui fait perdre de vue son rôle de philosophe, et qu'il a presque complètement oublié sa logique. Déplorable résultat de trop confiantes illusions; précieux enseignement de Dieu qui se sert de la faiblesse des hommes pour rectifier nos erreurs, et éclairer notre ignorance !

On aurait pu croire que M. Noget, se donnant la peine de prendre la plume pour répondre à notre théorie des *Rêves,* et démontrer la fausseté de nos allégations, eût combattu notre doctrine, et lui en eût substitué une plus en rapport avec les principes de la science et de la raison : mais nous cherchons en vain dans sa dissertation l'explication du phénomène que nous nous étions efforcé de faire comprendre ; il n'en dit pas un mot, et le point de départ de la discussion est précisément celui qu'il néglige, et passe sous silence. Serait-il donc vrai, pour expliquer cet inconcevable oubli d'un logicien, cette étrange aberration d'un philosophe, que son sermon sur la Phrénologie nous fût destiné depuis long-temps, et que notre explication des Rêves n'eût été qu'un prétexte pour déverser sur nous ses cauteleuses accusations? Nous le plaignons, s'il en est ainsi ; et bien que nous ne soyons pas revêtu du caractère sacré de prêtre et de théologien, ce n'est pas nous qui lancerions ainsi l'anathême, sans crainte de fausser le sentiment le plus sublime du chrétien, celui de la franchise et de la charité. Mais nous ne voulons pas, chers lecteurs, commettre la faute que nous blâmions au commencement de notre épître, et faire de la morale, quand notre sphère est toute médicale et physiologique. Nous allons tâcher de vous démontrer que M. Noget n'est pas apte à discuter les doctrines Phrénologiques, qu'il s'embrouille sans cesse dans un dédale de propositions qui lui sont étrangères, et qu'il ne sait pas être d'accord avec lui-même.

Après avoir accusé les Phrénologistes de matérialisme, il admet que l'on peut adopter le système de la pluralité des organes de la pensée sans blesser les dogmes religieux, et que l'on peut reconnaître que *chaque faculté de l'âme met en mouvement dans son exercice un des centres nerveux spécialement destiné pour elle ;* mais alors pourquoi jeter l'alarme et faire à grand bruit notre procès ? Quand nous avons dit que chaque organe cérébral juge et commande à son tour, avons-nous avancé une hérésie qui doive allumer le courroux de M. Noget ? Et qui donc s'est chargé de lui faire notre profession de foi morale et religieuse ? qui lui a dit que les organes cérébraux qui déterminent le jugement n'agissent pas sous l'influence d'un principe de vie qui se dérobe aux investigations du Physiologiste, et sur lequel nous avons dû, à ce titre, garder le silence ? Il y a toujours bien de la légèreté pour un philosophe à blâmer sans connaître et à condamner sans entendre.

M. Noget accuse nos croyances ; mais ne pourrait-on pas aussi lui demander compte à lui-même de ses opinions, quand, pour expliquer les rapports de l'esprit et du corps, il nous dit qu'il résulte de leur union une action réciproque de l'un sur l'autre, et que l'âme agit sur le corps, et que le corps à son tour réagit sur l'âme ? La matière organisée est donc douée d'une activité intrinsèque vitale , puisqu'elle est impressionnable aux désirs et aux volitions de l'intelligence , et qu'elle réagit sur les stimulations qui lui sont transmises ? D'où vient alors ce principe de réaction que le corps puise en lui-même ? il n'est donc pas besoin d'une âme pour sentir , car qui dit réaction suppose sensation , et M. Noget pourrait bien , sans s'en douter , tomber quelque peu dans le matérialisme.

C'est pour détruire le matérialisme que M. Noget combat la Phrénologie qui , d'après ses aveux , est très-compatible pourtant avec la croyance de la spiritualité. Mais laissons-là cette inconséquence , et voyons sur quels faits il s'appuie pour nier la pluralité des organes cérébraux.

Cuvier et le Dʳ Flourens ne sont pas , dit-il , partisans du système Phrénologique. Nous lui faisons bien volontiers cette concession , mais qu'est-ce que cela prouve ? N'a-t-on pas vu dans tous les temps les savants les plus illustres professer des opinions différentes pour se rendre compte des phénomènes de la vie physique ou morale ? Quand Guillaume Harvey enseigna son immortelle découverte de la circulation du sang , ne lui fit-on pas la guerre à outrance ? Le célèbre Riolan, professeur au collége de France , n'eut-il pas le triste courage de contester la justesse de ses observations ? n'accusa-t-on pas aussi Galilée d'être insensé , impie , irréligieux , et n'eut-il pas à expier dans les cachots de l'inquisition la gloire d'avoir éclairé son siècle du flambeau de son génie ? Cuvier lui-même , dont M. Noget vante aujourd'hui l'immense savoir , n'eut-il pas dans M. de Bonald un censeur sévère de sa théorie des révolutions du globe terrestre ? hélas c'est l'effet ordinaire de l'envie ou plutôt de l'inertie naturelle à l'esprit humain de contester toutes les découvertes qui agrandissent la science et qui nous obligent à modifier nos opinions ou à renouveler nos études. Une science à son berceau et qui compte pourtant au nombre de ses adeptes des Gall, des Spurzheim , des Broussais , des Richerand , des

Bouillaud, des Andral, des Georges Combes, des Blainville, des Rostan, des Frère, des Vimont, et presque tous les Physiologistes modernes, n'a pas besoin du patronage des théologiens pour survivre aux épreuves du temps et de la critique.

M. Noget soumet à notre examen sept propositions qui lui paraissent anéantir tout d'un coup notre existence Phrénologique. Recueillons-nous, chers lecteurs, et mesurons la force de ses arguments Physiologiques et philosophiques. La seconde proposition nous apprend que *l'enlèvement des tubercules quadrijumeaux ne fait perdre que la vue,* et la septième nous fait connaître que *lorsqu'une sensation vient à cesser, toutes les autres cessent en même temps.* Nous ne comprenons pas la merveilleuse relation de ces deux propositions. Il nous eût semblé logique de conclure, puisque la destruction des tubercules quadrijumeaux paralyse *seulement* la vue, qu'une sensation peut disparaître sans les autres ; mais le philosophe du grand séminaire ne raisonne pas ainsi, et nous ne pouvons nous élever à la hauteur de ses pensées. Nous dirons seulement que M. Noget nous paraît n'avoir jamais ouvert un livre de médecine, et être resté étranger aux observations les plus communes de la vie: car il n'est personne qui ne sache fort bien qu'une faculté s'éteint souvent sans une autre, que toutes sont astreintes à un certain ordre de développement et de dégradation établi par la nature, et que les maladies et la vieillesse nous fournissent chaque jour la preuve de cette vérité.

Qui n'a vu, en effet, des vieillards qui ne conservaient que la passion de l'or, que le désir d'accroître et d'entasser leurs richesses, quand déjà chez eux le noble élan de la bienfaisance, l'amour des sciences ou des lettres s'étaient évanouis depuis long-temps? qui n'a rencontré des femmes, autrefois sociables et vertueuses et maintenant perdues de vices et de débauches, et qui n'ont gardé des sentiments délicieux de leur jeunesse que le précieux instinct de la maternité? quel est le médecin qui n'a pas observé cent fois la destruction de facultés isolées à la suite des altérations cérébrales? Nous connaissons une femme qui, depuis une attaque d'apoplexie qu'elle éprouva il y a deux ans, a complètement perdu la faculté des nombres, et ne peut compter jusqu'à dix, bien qu'elle jouisse d'ailleurs des prérogatives de l'intelligence : et nous pourrions citer bien des faits analogues. Il faut vraiment, pour professer ses étranges doctrines et les jeter à la face de ses lecteurs, que M. Noget ait une singulière confiance de lui même ou une bien misérable idée de l'esprit de ceux qui l'écoutent! Mais, que voulez-vous, M. Noget fait de la physiologie *comme Prêtre et comme Chrétien* : il faut, à ce titre, lui ménager un peu d'indulgence.

Sa quatrième proposition, nous annonce que l'enlèvement des hémisphères fait perdre l'intelligence et ne fait perdre qu'elle, et dans son second article, quand il nous parle des phénomènes psychologiques, il nous dit qu'on ne peut localiser un acte simple dans un sujet étendu! Le sixième fait nous indique qu'à mesure que la diminution du cerveau s'effectue, l'intelligence s'affaiblit et s'éteint graduellement, et que par-delà certaines limites, elle disparaît tout-à-fait, et quatre lignes plus loin, M. Noget a la bonté de nous dire qu'un homme avait eu une partie *considérable* du cerveau enlevée par le choc du limon d'une voiture, et qu'il conservait néanmoins toutes ses facultés!... Ah! philosophie, que tu es sublime, et que tu as bien raison de quitter ton domaine pour te placer sur le terrain d'autrui !

C'est d'ailleurs méconnaître les rapports qui unissent entre eux les organes encéphaliques, et la conséquence rigoureuse de la sympathie qui les enchaîne, que de conclure de l'affaiblissement de toutes nos facultés par l'enlèvement d'une portion considérable des hémisphères, *que le cerveau remplit les fonctions d'un organe unique.* Il est impossible en effet que les mutilations pratiquées sur les animaux ne suspendent pas tout d'un coup l'exercice de leurs facultés, et ce n'est pas dans les convulsions de la douleur que l'on peut saisir le jeu des organes de la pensée, et assigner le rôle que chacun doit remplir dans la manifestation de l'intelligence. On ne peut effectuer dans le cerveau l'ablation d'un organe sans intéresser les parties voisines, et comme il doit en résulter des effets multiples, à quelle partie attribuer alors les symptômes que ces mutilations déterminent ? Les altérations partielles du cerveau dans la folie et l'idiotisme nous instruisent bien mieux du mécanisme des opérations morales et intellectuelles, et la nature est plus habile que nous à nous dévoiler ses secrets. « Elle semble, comme le dit Cuvier, nous avoir préparé elle-même des moyens de suppléer à cette impossibilité de faire certaines expériences sur les corps vivants. Elle nous présente dans les différentes classes d'animaux presque toutes les combinaisons possibles d'organes ; elle nous les montre réunis deux à deux, trois à trois et dans toutes les proportions. Il n'en est pour ainsi dire aucun dont elle n'ait privé quelque classe ou quelque genre, et il suffit de bien examiner les effets produits par ces réunions, et ceux qui résultent de ces privations pour en tirer des conclusions très-vraisemblables sur la nature et l'usage de chaque organe et de chaque forme d'organe. » Or chacun sait le parti que la Phrénologie a tiré de ces enseignements de l'anatomie comparée. On sait comment Gall est arrivé à déterminer l'usage des divers centres nerveux en suivant leur développement chez les animaux, et en étudiant le changement qui s'opérait dans leurs aptitudes à mesure que la nature ajoutait un rouage au mécanisme de leur intelligence. La Phrénologie est donc une science de faits et d'observations, et la psychologie n'est pas apte à la juger. Il n'y aurait, comme le fait observer le docteur Londe, qu'une réfutation possible : ce serait de présenter des faits contradictoires à ceux qu'elle avance, et de remplacer son système par une théorie plus facile et plus conforme aux phénomènes physiologiques.

M. Noget, partant de principes faux et de propositions contradictoires, a dû nécessairement tirer de ses *faits* des conclusions erronées; elles ont en effet toute l'obscurité et toutes les inconséquences que nous avons déjà signalées. C'est la répétition des mêmes faussetés physiologiques, la même absence de logique, le même dénûment de mémoire et de réflexion. M. Noget n'est pas plus heureux dans le choix de ses remarques que dans celui de ses propositions. S'il se fût donné la peine d'étudier les ouvrages de Gall, ou plutôt s'il eût jamais étudié la physiologie, il ne demanderait pas si chaque fibre particulière du cerveau est un organe. Gall et Spurzheim ont assez fait connaître leurs idées sur la structure de l'encéphale pour qu'il eût été possible de nous épargner cette question. Sans doute les puissances de l'esprit et de la pensée n'ont pas toutes un siége rigoureusement démontré dans le cerveau, et il est besoin de nouvelles recherches pour classer les facultés fondamentales de l'intelligence : mais il est déjà loin de nous le temps où l'on déniait le rôle du cerveau dans la manifestation de la pensée ; il est passé le temps où l'on prétendait que les hémisphères de l'encéphale avaient été détruits, sans que l'exercice des facultés mentales eût été anéanti, et où l'on soutenait que les philosophes qui plaçaient nos dispositions morales à la base du crâne avaient autant de raison que ceux qui professaient une doctrine contraire. La vérité et la raison marchent lentement dans le monde ; mais il est impossible de les empêcher de se produire. On avoue aujourd'hui que les hémisphères sont l'organe de l'intelligence, on reconnaît qu'elle grandit et s'éteint avec eux ; on localise les mouvements et les sensations; bientôt on fera de nouvelles concessions, et l'on n'osera plus devant le bon sens du siècle afficher son ignorance.

M. Noget nous annonce que les moutons ont la bosse de la *destructivité* Nous lui dirons pour toute réponse que cette assertion nous prouve qu'il n'a jamais examiné une tête de mouton. Qu'il compare le crâne de ces animaux avec celui du tigre, et il nous dira s'il est construit sur des proportions identiques. Des assassins, dit-il, avaient la bosse de la bienveillance ; cela est possible, par la raison que l'on voit quelquefois une mère ôter la vie à ses enfants pour les arracher aux horreurs de la faim et aux souffrances de la misère. Des hommes honnêtes avaient les protubérances des scélérats ; nous le concevons encore, si leurs fâcheuses aptitudes étaient enchaînées par le développement des sentiments moraux et le raisonnement de l'intelligence. Il nous assure que les lobes postérieurs du cerveau manquent chez tous les oiseaux et chez la plus grande partie des mammifères ; nous lui répondons que c'est une opinion qui est loin d'être adoptée par tous les anatomistes, et que plusieurs d'entre eux prétendent que ces lobes existent, mais qu'ils ne recouvrent pas le cervelet qui est isolé derrière eux. Ce ne serait pas non plus une raison, quand les lobes des hémisphères ne seraient pas distincts chez les oiseaux, pour que la Phrénologie fût en défaut. Il y a en effet chez ces animaux comme chez l'homme une région postérieure et inférieure du cerveau, et c'est là que les Phrénologues ont marqué la place de cet instinct puissant, irrésistible, qui force presque tous les êtres les plus élevés dans la série zoologique à entourer de soins et de caresses le produit de la génération. Cette objection se réduit ainsi à une mesquine chicane de mots ; nous ne nous y arrêterons pas davantage.

Ce que nous avons le plus de peine à comprendre, c'est l'obstination de M. Noget à reproduire toutes les objections adressées depuis vingt-cinq ans à la crânioscopie, et que Gall a souvent réfutées dans ses ouvrages. Et d'ailleurs, pourquoi nous parler sans cesse de bosses et de protubérances ? Quand avons-nous prétendu que la science Phrénologique reposait sur les saillies du crâne, et qu'il suffisait de l'inspection de la tête pour deviner tous nos instincts, toutes nos aptitudes ? N'avons-nous pas soutenu au contraire que nous n'avions pas besoin, pour admettre la pluralité des organes de la pensée, de

déterminer par l'examen du crâne le siége de nos penchants, et qu'il nous suffisait pour légitimer leur existence de l'impossibilité où l'on se trouverait, sans leur
appui, d'expliquer le mécanisme de la vie et les phénomènes physiologiques et pathologiques de l'intelligence.
Eh bien ! ce que nous avons dit, nous le soutenons
encore aujourd'hui ; nous prétendons que la diversité de
nos penchants, de nos sentiments, de nos passions
suppose des organes différents, comme tous les phénomènes de la vie supposent la mise en jeu de nouveaux
appareils. Nous disons que l'on ne peut se rendre compte
sans la Phrénologie du développement ou de l'extinction
partielle de nos facultés ; de la prédominance d'un talent,
d'un instinct, et de l'infériorité des autres ; du pouvoir
de suspendre la fatigue de certains organes de la pensée
par le travail d'autres organes, et de reposer l'intelligence
par l'exercice d'une autre aptitude ou d'une autre pensée.
Nous soutenons que sans notre doctrine, l'on ne peut
expliquer les folies partielles qui ne portent que sur un
seul genre d'idées, et le traitement employé aujourd'hui
avec succès dans beaucoup de maisons d'aliénés, et qui
consiste à condamner au repos l'organe dont l'énergie
extrême ou l'état d'exaltation constitue la folie, et à développer d'autres sentiments, d'autres aptitudes qui
puissent contrebalancer l'exagération des penchants qui
ont détruit l'harmonie intellectuelle. Nous disons enfin
que sans la pluralité des organes de la pensée l'on ne peut
concevoir la perte ou l'exagération de quelques facultés
par une lésion physique de l'encéphale, l'oblitération
des sentiments et des affections dans la vieillesse, le
somnambulisme et les rêves, que M. Noget a si pitoya-
blement oubliés, malgré le service qu'ils lui ont rendu
de faciliter l'entrée dans le monde aux rodomontades
qu'il nous gardait depuis tantôt onze mois dans son porte-
feuille.

Vous voyez, chers lecteurs, qu'en nous faisant une
longue tirade sur la crânioscopie et sur les différentes
méthodes employées pour mesurer l'encéphale, M.

Noget s'est placé précisément à côté de la question qu'il devait débattre ; car il ne s'agit pas de savoir s'il est toujours facile de reconnaître toutes nos aptitudes par l'inspection de la tête ; il s'agit seulement d'expliquer des phénomènes physiologiques, et nous défions M. Noget de substituer à la Phrénologie une théorie plus simple, plus rationnelle et plus en harmonie avec les lois de la nature vivante. Nous le laissons donc se perdre dans ses divagations crânioscopiques, et nous ne lui ferons apercevoir que les erreurs les plus grossières qui se sont glissées dans cette partie de son travail. Il prétend que le développement des circonvolutions placées sur la ligne médiane, doit aussi augmenter les diamètres transversaux de la tête par le refoulement des parties latérales du cerveau. Mais cette allégation est en opposition formelle avec l'observation des faits, et chacun sait que la boîte osseuse du crâne se moule exactement sur les circonvolutions cérébrales, et que les résultats imaginés par M. Noget ne pourraient pourtant se produire que si le crâne offrait une résistance insurmontable. M. Noget fait observer que quand nos facultés se développent ou s'affaiblissent, les organes cérébraux doivent aussi se développer ou perdre de leur volume. C'est aussi ce que démontre l'expérience, et si le philosophe du grand séminaire avait pu dérober à ses travaux métaphysiques quelques instants pour mesurer les dimensions du crâne aux différentes époques de la vie humaine, il aurait vu que l'âge adulte, qui est celui où l'intelligence brille de tout son éclat, est aussi celui où le crâne présente des dimensions plus considérables, et que dans la vieillesse la capacité crânienne se rétrécit, et que la table interne des os s'éloigne de la table externe pour se mouler plus exactement sur le cerveau qui se rapetisse et s'atrophie. Il est possible que M. Noget ne comprenne pas toutes ces choses ; mais que nous importe ? Nous ne faisons pas, nous, de la physiologie au bénéfice des psychologues et des théologiens.

Nous ne répondrons pas à cette misérable plaisanterie

du fouet et des verges qui font pousser des bosses à la tête ; ce n'est pas sur ce ton qu'il convient de le prendre quand on est si pauvre de science et de logique.

Nous répétons à M. Noget que toutes les objections vieillies et usées, qu'il essaie de rajeunir, pour démontrer qu'il est quelquefois difficile de s'assurer de nos penchants par l'examen de la tête, ne nous touchent nullement, et que fussent-elles fondées, elles n'établiraient pas la fausseté de la Phrénologie, mais seulement l'erreur que l'on pourrait parfois commettre dans l'appréciation de nos facultés.

Le second article de M. Noget n'est pas moins curieux que le premier. Vous vous rappelez, chers lecteurs, qu'il nous a dit que les auteurs spiritualistes avaient admis la pluralité des organes de la pensée, et que cette opinion n'avait rien qui blessât les croyances du catholicisme. Eh bien! il a complètement oublié cet aveu, échappé à ses distractions physiologiques, et il va maintenant vous prouver qu'on ne peut être Phrénologue et spiritualiste ! Il commence par faire le procès du XVIIIe siècle, celui des philosophes, des médecins et des psychologues eux-mêmes. Locke, Condillac, Voltaire, d'Holbac, Helvétius, Lamétrie, de la Romiguière sont livrés sans pitié à la censure des amis de M. Noget, et il n'y a qu'eux et lui qui aient éclairé leurs convictions du feu sacré de l'intelligence ! tout cela à propos de rêves, car vous savez que c'est pour rectifier nos idées sur ce chapitre que M. Noget accuse tous ces hommes célèbres, et les livre sans miséricorde au courroux des théologiens.

Il nous fait observer que le matérialisme n'est pas toujours semblable à lui-même, et que parmi ses défenseurs, il y a des partisans de l'unité de l'organe intellectuel, des Phrénologistes et des psychologues. Cette déclaration, chers lecteurs, peut, ce nous semble, vous engager à admettre en faveur de la Phrénologie des *circonstances atténuantes* ; car vous voyez qu'elle n'est cause que du tiers des malheurs qu'on lui reproche, et qu'il y aurait injustice à la rendre responsable des maux qu'elle n'a pu faire.

M. Noget prétend que la Phrénologie nie le spiritualisme et l'importance de la psychologie, et il dit qu'il faut admettre une séparation profonde entre la physiologie et la science qui s'occupe des phénomènes de la vie intellectuelle et morale. Mais il se trompe ; les Phrénologues ne s'occupent pas du spiritualisme. Comme physiologistes, ils voient le jeu des organes et rien de plus ; ils étudient les rouages de la vie, et sans s'inquiéter du principe de leurs mouvements, ils analysent leurs phénomènes dans leurs rapports avec l'organisation et avec les êtres qui les environnent. Ils reconnaissent que les fonctions morales réclament, comme toutes celles qui constituent la vie humaine, l'intervention d'un organe, et que le cerveau est l'instrument de l'intelligence. Ils recherchent ses fonctions dans l'exercice de l'entendement et de la vie, distinguent les diverses parties qui le composent et assignent à chacune le rôle qu'elle doit remplir. Ils étudient en un mot le mécanisme de la pensée, sans prétendre soulever le voile qui nous cache les mystères de la nature, et les premiers ressorts de tous les êtres. Tel n'est pas le rôle de la psychologie qui ne s'occupe que des idées comme idées et non pas comme étant le produit d'une fonction de l'organisme, qui trace l'histoire de l'esprit humain, étudie sa marche et le dirige, mais ne s'enquiert jamais des modifications de nos viscères ; qui ne doit parler ni de cerveau, ni de nerfs, ni d'altérations pathologiques, parce que toutes ces choses ne sont pas de son domaine, et qu'elle est dépourvue des connaissances nécessaires à la solution des problêmes physiologiques. Nous voilà donc une fois d'accord avec M. Noget : une séparation profonde doit isoler la psychologie de la science de l'organisme, et nous ne pouvons nous expliquer comment avec une notion si exacte des attributions de la métaphysique, il a consenti à sortir des limites qui lui sont tracées. Ce qu'il nous dit de la simplicité de l'âme est beaucoup plus conforme à son genre d'études, à la spécialité de ses travaux ; nous regrettons seulement que cette dissertation n'ait aucun rapport avec notre explication toute physiologique des rêves ; car nous n'avons jamais, que nous sachions, contesté la puissance du *moi*, et les conditions de la vie physique et intellectuelle. M. Noget se donne grand mal pour nous démontrer qu'il y a au-dedans de nous-mêmes deux sortes de phénomènes : les uns qui échappent à notre libre arbitre, et les autres qui se produisent avec l'aide de notre volonté et de notre conscience. Eh ! bon Dieu ! qui lui conteste tout cela ? Qu'il se donne la peine de lire Bichat, Cabanis, Richerand, Magendie, Adelon, Gall et tous les ouvrages de physiologie moderne, et il verra que les médecins sont parfaitement en mesure de lui expliquer les faits qu'il nous raconte. Il saura que les deux séries de phénomènes qui se passent dans l'homme, étant produits sous l'influence de centres nerveux différents, ne doivent pas être également perçus par la pensée ; il apprendra que le cerveau, et comme il le dit lui même, les hémisphères encéphaliques, étant seuls chargés des fonctions de l'intelligence, pourront seuls aussi nous donner conscience des faits qui s'accomplissent dans la circonscription de leur puissance, tandis que les actes nutritifs et sécrétoires, qui tirent leur principe du système nerveux gauglionaire, s'exécuteront à notre insu.

Mais, dit M. Noget, non-seulement je me sens cause des phénomènes psychologiques, mais je me sens cause unique et non collective de ces phénomènes. Si pourtant la cause intelligente était multiple en moi, la même raison qui ferait que j'ai conscience d'être cause quand mon intelligence agit, ferait aussi que j'aurais conscience de la multiplicité des causes qui agiraient en moi. Gall s'est chargé, il y a plus de vingt ans, de répondre à cette objection. Dans son traité des fonctions du cerveau, il s'exprime ainsi : « Puisque mes adversaires qui étudient l'anatomie et la physiologie dans les cabinets des métaphysiciens ne peuvent pas concevoir avec la pluralité des organes cérébraux l'unité du *moi*; et que, pour cette raison, ils s'obstinent à rejeter cette pluralité, je vais soumettre à leur perspicacité les réflexions suivantes: ayant une attaque de goutte, j'éprouve une sensation douloureuse dans les articulations; au même moment, je puis avoir un grand mal de tête, des tourments d'entrailles, des malaises d'estomac, etc. Ainsi, au même moment, des sensations désagréables très-variées et par leur nature et par leur siége. Au même moment, j'éprouve des sensations fort agréables en mangeant un plat exquis, en buvant une boisson délicieuse, en recevant une bonne nouvelle. Comment arrangerez-vous votre unité du *moi* avec ces sensations si diversifiées, si opposées et pourtant simultanées?

L'unité du *moi* subsiste-t-elle avec ce grand nombre de viscères, avec les cinq sens différents chacun l'un de l'autre, avec cette multitude d'instruments de mouvement volontaire, avec les hémisphères doubles du cerveau, exerçant chacun les mêmes fonctions? les aptitudes industrielles, les instincts, les penchants, les talents et les facultés si divers, si opposés, si différemment gradués dans un même individu, et qui tous ont par conséquent leur perception, leur conscience, leur *moi*; Comment concevez-vous ici l'unité du moi? quand sous certains rapports vous êtes extrêmement borné, et que sous d'autres rapports vous faites l'admiration du monde; quand, dans votre enfance, vous n'aviez pas encore le plus léger soupçon des passions qui vous dominent dans l'âge viril; et cet homme double que vous accusez si souvent en vous, la guerre de vos désirs et de votre raison, la guerre de vos penchants entre eux et de vos facultés intellectuelles entre elles; quand frappé de paralysie ou d'irritation d'un côté du cerveau vos facultés sont dérangées d'un côté, et subsistent dans leur perfection dans l'autre; quand vous êtes fou pour une certaine série d'idées, et que pour tout le reste vous jouissez de votre pleine intelligence; comment concevez-vous dans tous ces cas l'unité du *moi?* Je crains que d'observation en observation vous ne soyez forcé de renoncer à cette unité si chérie du *moi*, ou d'avouer que, quoi qu'il en soit, il est toujours très-commode mais aussi très-inconséquent d'employer un argument d'une valeur purement métaphysique contre les faits les plus positifs.

Nous répondrons aussi à M. Noget que le *moi* ne peut exister là où n'existe pas la faculté cérébrale dont il n'est que la personnification, et que s'il y a en nous une cause constamment identique de tous les phénomènes qui constituent la vie morale, cette cause est la stimulation et l'énergie de l'organe encéphalique au moyen duquel l'intelligence se détermine, et qui révèle sa puissance par le sentiment du *moi*, et la manifestation de la conscience. Nous dirons plus, s'il y avait dans l'encéphale un point unique sur lequel toutes les impressions se rendissent à la fois, il n'en résulterait qu'obscurité et confusion. Nous concevons très-bien en effet que deux portions de notre cerveau desquelles partent deux nerfs soumis à des impressions contraires, celle du froid et de la chaleur, par exemple, distinguent ces deux sensations, et que nous percevions dans chacune de ces parties de l'organe encéphalique la sensation qui leur est transmise : mais nous ne nous expliquons nullement ce phénomène dans l'hypothèse d'un point central où l'âme aurait son siége, car alors ces sensations ne seraient plus distinctes, ni appréciables, et seraient nécessairement confondues dans l'unité du principe de leur perception.

Par une loi bien reconnue de la nature, c'est toujours à l'extrémité des nerfs qui correspondent au renflement cérébral qui perçoit la sensation, que cette sensation est rapportée ; ainsi nous rattachons à l'œil la sensation de la lumière, à l'oreille, celle de l'ouie ; c'est à l'extrémité d'un membre amputé que le malade accuse ses souffrances ; c'est à la paume de la main et aux doigts qui reçoivent des ramifications du nerf cubital, que se fait sentir la douleur qui résulte de la compression de ce nerf en arrière et en dedans du coude. Si pourtant la même portion encéphalique était le rendez-vous de toutes ces sensations, et qu'il y eût unité du *moi*, comment le *moi* s'exercerait-il ainsi loin de la faculté qui devrait le produire et se rattacherait-il précisément à l'épanouissement nerveux, qui est en communication immédiate avec le centre encéphalique qui le détermine?

S'il y avait unité du *moi*, comment se rendre compte du trouble des qualités affectives, quand les facultés intellectuelles ne sont pas dérangées?

Si le *moi* était indépendant de l'organisme, pourquoi ne témoignerait-il pas sa puissance dans l'enfant qui vient de naître, pourquoi tomberait-il en démence, dans la décrépitude, dans le délire, dans l'ivresse, dans la folie? S'il était sous la dépendance de l'organisation, serait-il donc plus facile à comprendre dans toute la masse encéphalique qu'attaché à chacun des appareils qui manifestent nos penchants et nos aptitudes? M. Noget s'étonne de la puissance des organes cérébraux sur la nature de nos pensées, mais puisqu'il avoue lui-même que la manifestation de nos facultés ne peut avoir lieu sans condition matérielle, il ne doit pas être surpris que l'âme, tant qu'elle est unie au corps, reste soumise aux lois des phénomènes organiques. S'il appelle matérialistes ceux qui prétendent que l'exercice de la pensée dépend d'organes matériels, il est donc aussi coupable que nous, et sa théorie ne peut être exempte des conséquences fâcheuses dont il accuse la nôtre.

Maintenant, chers lecteurs, suivrons-nous M. Noget sur le terrain purement métaphysique où il veut nous conduire? Nous amuserons-nous à discuter cette proposition au moins étrange que *tout ce qui est cause est simple?* S'il en était ainsi, nous sortirions à notre tour des limites que nous ne devons pas franchir. Laissons les métaphysiciens consumer leurs efforts dans la solution des problêmes que la science ne peut atteindre, et bien que l'excursion de M. Noget sur le domaine physiologique pût excuser la nôtre sur celui de la psychologie, nous pensons qu'il est temps d'abréger une discussion dont l'esprit positif du siècle rejette les subtilités et les captieuses inductions.

Rien ne nous paraît plus bizarre d'ailleurs que de conclure de la simplicité de la pensée, que l'organe de l'âme est unique. Quand notre cerveau serait indivisible dans ses lobes et ses hémisphères, la solution du problème de la pensée n'en serait pas plus facile. M. Noget pourrait tout aussi bien se demander comment s'exercent la comparaison, le jugement et toutes les volitions de l'intelligence. Le cerveau ne serait pas moins matériel ni plus noble quand il se diviserait un peu moins, et nous soutenons que la difficulté serait beaucoup plus grande pour expliquer les fonctions morales, dont M. Noget lui-même le reconnaît l'*indispensable* instrument. Lorsqu'en effet une sensation est produite, elle ébranle tout l'organe cérébral ; chacune de ses parties ou de ses facultés en reçoit l'impression, mais cette impression frappe plus vivement celle de ses facultés qui est avec elle en relation de rapport, et après que cette puissance de la pensée a fait réfléchir dans les différents appareils intra-céphaliques la stimulation qui lui est parvenue, elle agit sur elle à son tour, la perçoit et la juge. Nous entendons réciter de beaux vers et notre oreille est en même temps flattée d'une musique douce et harmonieuse. On nous demande si la poésie est préférable à la musique. Notre jugement sera porté par celle de ces facultés qui chez nous sera le plus développée, ou qui aura reçu l'impression la plus vive, et nous prononcerons d'après la partie de notre cerveau, ou si M. Noget l'aime mieux, d'après la faculté de l'âme, qui aura été plus fortement frappée de la beauté des vers et de la musique. Et que l'on ne dise pas que cette théorie est contraire à la doctrine du spiritualisme, car l'âme peut tout aussi bien faire sentir l'influence de ses facultés sur chaque organe intellectuel pris isolément que sur toute la masse encéphalique, et vous n'avez pas oublié que

M. Noget nous a fait savoir que le cerveau est le viscère au moyen duquel s'accomplissent les merveilles de la pensée. Abandonnons donc aux métaphysiciens la jouissance pleine et entière de leurs étonnantes conceptions, et si nous n'admirons pas la solidité de leurs jugements, admirons au moins la confiance qu'ils paraissent avoir dans la profondeur de leurs idées. On serait tenté de croire, à les entendre, qu'ils ont dévoilé tous les prodiges de l'intelligence, et que leur vue d'aigle a pénétré les secrets de Dieu: hélas! pourtant, nous ont-ils fait comprendre par quel mécanisme notre âme concentre en elle-même nos sensations, les préfère l'une à l'autre et les juge? Nous ont-ils expliqué cette merveilleuse harmonie de l'âme et du corps dans les opérations de l'intelligence? Nous ont-ils même appris ce que c'est qu'un rêve, une passion, un délire? Ils nous disent que la pensée est indivisible, et qu'on ne peut se figurer un tiers, un quart, ou une fraction d'idée, mais nous ont-ils fait voir que la digestion est cubique ou carrée? Ils ne peuvent mesurer la pensée d'après sa grandeur ou son volume, mais ont-ils mesuré la force de la végétation dans les plantes par litres ou grammes? Qu'ils nous disent seulement pourquoi les philosophes qui raisonnent juste sur certaines questions ont l'esprit très-faux sur d'autres? pourquoi la vanité, la haine, l'hypocrisie prennent la place des sentiments nobles et des douces affections? pourquoi tel instinct, tel penchant prédomine et réduit les autres au silence? pourquoi les oblitérations partielles de l'intelligence? pourquoi la naissance successive et l'extinction graduelle de nos facultés? pourquoi chacun cherche des plaisirs différents, des jouissances qui ne sont que la satisfaction de besoins qui varient comme les individus? pourquoi la foule, suivant la remarque de Victor Hugo, demande au théâtre des sensations, les femmes des émotions, le penseur des méditations? pourquoi les uns veulent le plaisir des yeux, les autres le plaisir du cœur, les derniers le plaisir de l'esprit? Mais vous le savez, chers lecteurs, les moins instruits sont quelquefois en ce monde ceux qui croient en savoir davantage.

Nous arrivons au troisième chapitre de la dissertation de M. Noget, nous avions cru, en lisant son second sermon, peu accoutumé que nous sommes aux rodomontades théologiques, que son courroux avait atteint son apogée, et que, satisfait de ses premières accusations, il se renfermerait, en finissant, dans les limites de la science et de la raison. Notre espérance a été trompée. M. Noget n'apporte plus seulement dans son dernier article la déplorable prévention d'un philosophe; il s'abandonne à la passion qui égare tous ses jugements, et de logicien malheureux il se fait inquisiteur de la pensée et accusateur sans bonne foi. Ce n'était pas assez de taxer les Phrénologues de matérialisme, leur culpabilité s'accroît avec la haine qui fermente dans son âme, et il les appelle athées, immoraux, insociables! comme si les amis de l'humanité qui recherchent les moyens d'enrayer le crime et de fertiliser l'intelligence, devaient bouleverser les principes sociaux et religieux; comme si le mensonge pouvait jamais constituer le bonheur de l'homme, et que l'on pût asseoir sa destinée sur un échafaudage que la science doit bientôt détruire! et que nous importe à nous que M. Vimont ait marqué sur le crâne d'une oie l'aptitude de la ruse et du langage? ne peut-il donc se rencontrer des oies qui aient du courage et de la finesse, comme on voit par exception des philosophes qui n'ont ni logique, ni bienveillance, ni vérité? M. Noget accuse la doctrine de Gall de renverser les principes sociaux, de justifier tous les forfaits et de conduire à l'athéisme; Eh bien! nous le disons avec conviction, ou il ne connaît pas ses ouvrages, ou il est d'une insigne mauvaise foi. Nous n'irons pas en chercher la preuve ailleurs que dans les écrits de cet homme célèbre: « Rien, dit-il (1), n'est isolé dans l'univers; tous les mondes ont été mis dans

(1) Traité des fonctions du cerveau, tome 1er, page 229, édition de 1825.

une corrélation réciproque ; la nature inanimée l'est avec la nature vivante ; tous les êtres vivants le sont les uns avec les autres. Qui peut donc méconnaître une cause de toutes les causes , une loi suprême de toutes les lois , une intelligence de toutes les intelligences, un ordonnateur de tous les ordres , en un mot , un Dieu ? » Et plus loin, page 243 : « Il n'existe , suivant moi , qu'un seul et même principe qui voit , sent , goûte , entend et touche , qui pense et qui veut. Mais pour que ce principe acquière la conscience de la lumière et du son , pour qu'il puisse sentir, goûter et toucher , pour qu'il puisse manifester ses différentes sortes de pensées et de penchants , il a besoin de divers instruments matériels, sans lesquels l'exercice de toutes ses facultés lui serait impossible. » Et ailleurs (1) : « La nature elle-même a gravé l'idée de Dieu dans tous les cœurs , et cette idée est trop sublime pour que l'homme eût pu s'élever jusqu'à elle , si la nature elle-même ne l'y conduisait. Or , le sentiment ou la connaissance de la divinité emporte infailliblement avec soi un culte religieux, c'est-à-dire un assemblage de devoirs , par lesquels l'homme fait à Dieu l'aveu de sa dépendance. » Puis il ajoute, page 372 : « Quelques dévots timorés sont alarmés par l'assertion qu'il y a une disposition innée aux idées religieuses, parce que , disent-ils , chercher dans l'intérieur de l'homme la source de ces idées, c'est rendre la révélation superflue. Mais si Dieu avait résolu de révéler à l'homme une religion particulière, celui-ci avait besoin d'être susceptible de cette révélation, au moyen d'une disposition naturelle. Que l'on essaie tous les moyens imaginables de donner à un idiot des idées de Dieu et de la religion , c'est vouloir faire d'un animal quelconque un architecte et un poète ; les dispositions naturelles , la *réceptivité* manquent à l'un comme à l'autre.... Ainsi donc le penchant naturel de l'homme pour les idées religieuses , non-seulement n'est

(1) Tome 5 , page 359.

point en opposition avec la religion révélée, mais la révélation eût été absolument impossible si l'espèce humaine n'y avait pas été préparée par le moyen de son organisation. » Et voilà pourtant l'homme que M. Noget condamne ; voilà le physiologiste qui prêche l'immoralité, le matérialisme, et dont les sectateurs sont coupables d'impiété, d'athéisme et d'extravagance ! M. Noget s'inquiète de l'oblitération des sentiments religieux, qui rendrait impossible la connaissance de la divinité : pourquoi donc ne redoute-t-il pas également, puisqu'il localise la pensée dans les hémisphères cérébraux, que leur altération ne détermine des résultats aussi funestes? Eh quoi ! nous sommes irréligieux pour placer le sentiment de la divinité dans trois ou quatre centimètres de l'organe encéphalique, et vous, vous êtes le sauveur de la morale et de la religion, parce que vous accordez à cette faculté une espace trois fois plus considérable, et cela quand vous avez reconnu qu'on peut être Phrénologiste sans blesser la foi ! En vérité, si nous n'avions pas acquis la preuve du déplorable empire des passions sur les facultés humaines, M. Noget viendrait à propos pour nous instruire ! Mais ce n'est pas tout, vous eussiez pu croire, chers lecteurs, à son air de candeur, à la peine qu'il se donne de citer la page et le volume des ouvrages qu'il critique, que ses accusations reposaient au moins sur quelque chose, et que la sincérité n'était pas bannie du langage mystique d'un homme qui s'intitule philosophe. Hélas! il n'en est rien ; ce que veut avant tout M. Noget, c'est faire le procès des Phrénologues, et il ne craint pas pour les rendre ridicules, de jeter sur ses antagonistes les accusations les plus fausses et les plus absurdes. Broussais, dit-il, accorde la religion aux moutons et à plusieurs espèces de vertébrés. Nous ouvrons le traité de Phrénologie de Broussais, à la page 350, citée par M. Noget, et nous voyons qu'il est question de l'instinct de la *vénération*, de cette tendance qu'ont les hommes à honorer ce qui leur est supérieur dans l'ordre naturel et

dans l'ordre social. Broussais fait observer que les Phrénologistes ont refusé ce sentiment aux animaux, et il
ajoute : « Moi, messieurs, je ne suis pas de cet avis ;
une certaine nuance de *vénération* existe chez plusieurs
espèces de vertébrés qui se choisissent des chefs, qui
marchent d'après le signal que ces chefs leur donnent
et qui leur obéissent. Ainsi, même parmi les moutons,
vous voyez un chef ; s'il existe une troupe de chevaux
sauvages, c'est le plus habile, le plus expérimenté qui
conduit les autres. Dans les marches de nos armées en
Espagne, j'ai plusieurs fois constaté la déférence du
mulet pour le cheval. » Puis il passe en revue cet instinct, chez les oiseaux, chez le chien, l'éléphant, le
cheval, mais pas une phrase qui exprime l'idée de Dieu
chez les bêtes, par un mot de l'assertion trompeuse de
M. Noget. Jugez, d'après cela, chers lecteurs, de la
franchise de nos adversaires et de la puissance des armes
dont ils se servent pour nous combattre ! Voilà pourtant le
censeur qui nous accuse d'être insociables et irreligieux,
nous qui rougirions de tremper notre plume dans le
venin du mensonge et de la calomnie ; nous qui croyons
que ce qu'il y a de plus dégoûtant au monde est la
fausseté qui se cache sous le masque de la philosophie
et de la vérité !

Nous pourrions ne pas répondre aux reproches de
fatalisme adressés à la Phrénologie, et renvoyer M.
Noget à ce que nous avons dit à cet égard dans une discussion précédente ; mais comme il accuse Gall de refuser à l'homme le libre arbitre et de reconnaître cette
conséquence, nous allons démontrer l'erreur de cette
allégation, en transcrivant ce que le fondateur de la
Phrénologie a écrit sur ce chapitre. Cette citation réfu-
tera les objections de M. Noget, et démontrera en même
temps l'inexactitude de ses assertions.

« Quand on ne peut plus, dit Gall (1), attaquer les
principes d'une doctrine, on tâche au moins de la ren-

(1) Tome 1er, page 220.

dre suspecte par les conséquences dangereuses dont on l'accuse. On reproche à la physiologie du cerveau qu'elle renverse les premiers fondements de la morale et de la religion, qu'elle favorise le fatalisme, et que par conséquent elle nie le libre arbitre. L'histoire nous enseigne que cela est arrivé dans tous les temps pour chaque découverte »; et après avoir cité Pythagore chassé d'Athènes, et Anaxagore jeté dans les prisons à cause de la nouveauté de leurs opinions, il nous rappelle Démocrite traité de fou pour avoir cherché dans les cadavres la cause de la folie, Socrate condamné à boire la ciguë pour avoir prouvé l'unité de Dieu; Galilée, Varole, Harvey, Linné, Bonnet, George Le Roy et jusqu'au vertueux Lavater, accusés d'impiétés qui devaient commencer la ruine de la religion et de la morale. Puis il ajoute: « Partout le fatalisme et le matérialisme, placés devant le sanctuaire de la vérité, faisaient reculer tout le monde. Partout ceux dont le public confiant attend le jugement, non-seulement prêtent à l'auteur d'une découverte les absurdités de leur prévention, mais ressuscitent de vieilles erreurs, pourvu qu'elles puissent servir à perdre l'homme *qui leur pèse*. »

Gall aborde ensuite la grande question du fatalisme et de la liberté morale. Il fait voir (page 246) que « l'homme n'est pas le maître d'être doué des organes propres à son espèce, ni par conséquent de tels penchants ou de telles facultés, et qu'il faut reconnaître l'influence d'une multitude de causes sur son bonheur et sur son malheur, » il fait observer que « personne ne peut s'appeler à la vie, choisir la nation où il verra le jour; que personne ne peut fixer les mœurs, les coutumes, les lois, la religion, les préjugés, les superstitions dont il sera entouré du moment de sa naissance; que personne ne peut dire: Je serai serviteur ou maître, sot, idiot, imbécile, intelligent, homme de génie, d'un naturel doux et acariâtre, modeste ou fier, étourdi ou circonspect, lâche ou enclin à la volupté, soumis ou indépendant. » Il cite à l'appui de ces vérités les philosophes de tous les pays et de tous les siècles, les pères de l'église St-Cyprien, St-Paul, St-Luc, St-Mathieu, St-Grégoire et St-Augustin qui veut que l'on prêche cette doctrine qui démontre notre entière dépendance de Dieu. « Que ce fût d'ailleurs (dit-il page 254), l'éducation et non la nature qui nous donnât des penchants vicieux, la difficulté serait toujours la même, puisque l'éducation n'est pas non plus dans le pouvoir de celui qui la reçoit; et l'éducation ne pourrait jamais développer ni bons ni mauvais penchants si leurs germes ne tenaient pas naturellement et positivement à la nature humaine. En vain, vous vous efforcerez de changer le pigeon en aigle et l'aigle en pigeon. »

« Je viens de dire, ajoute-t-il (page 259), que les mauvaises dispositions, les penchants pervers entrent dans le plan de l'éternelle providence. En effet, que diraient ceux qui affectent tant de s'ériger en apologistes de la vertu et du bonheur à venir, si on leur démontrait que sans penchant au mal, il n'y aurait ni vertu, ni récompense, ni punition ? Car, comme nous avons déjà dit, qu'appellerait-on liberté si l'on ne voulait pas désigner, par cette expression, la faculté de choisir entre le bien et le mal ? Si l'homme n'avait des penchants que pour le bien, où serait la possibilité de faire le mal, et sans cette possibilité, sur quoi pourrait-on établir l'idée de vice et de vertu, le mérite et le démérite des actions? » Mais parce que nous arrivons dans le monde avec nos instincts, nos penchants, notre caractère, s'ensuit-il, comme le prétend M. Noget, que nous soyons entraînés malgré nous à faire le bien ou le mal, et que notre volonté n'ait aucune influence dans nos déterminations ? Une liberté illimitée, et qui n'aurait de bornes que nos caprices, ravalerait la dignité humaine, et suivant la remarque de Gall et que M. Noget n'a peut-être pas très-bien comprise : « Tout phénomène, tel que celui d'une liberté absolue, serait un phénomène qui aurait lieu sans cause. » Il n'y a qu'une liberté qui soit compatible avec la nature de l'homme, c'est celle de se déterminer par des motifs; c'est la faculté de vouloir ou de ne pas vouloir après délibération. « La morale et la religion de toutes les nations, comme Gall le fait encore remarquer, ne supposent elles-mêmes que cette espèce de liberté, puisque leur unique objet est de nous fournir les motifs les plus puissants et les plus nobles pour diriger nos actions. » Or, les penchants ou les aptitudes qui sont le résultat de notre organisation, ne constituent pas l'obligation d'y obéir. Le désir n'entraîne pas toujours la volonté, et s'il ne dépend pas de nous de recevoir l'impulsion de nos viscères ou des corps qui nous environnent, nous pouvons, à l'aide de la pluralité de nos facultés, comparer nos idées et nos sensations; peser leur valeur respective, et ne nous déterminer qu'après examen et délibération.

« L'on conçoit maintenant, continue Gall (page 284), comment l'homme peut avoir des désirs et des penchants tout-à-fait différents de sa volonté, et comment sa raison le met en contradiction avec ses désirs. Les sens sont excités, l'homme se sent provoqué à obéir à ce mouvement; mais s'il s'abandonne au désir de la vengeance, il sait par le moyen de ses facultés intellectuelles, qu'une action basse le déshonorera, et qu'il sera regardé plutôt comme l'esclave de ses passions que comme maître de lui-même; s'il se jette dans les bras de la volupté, l'image effrayante de sa santé détruite et de sa félicité domestique renversée vient s'offrir à ses yeux; les convenances sociales, la honte d'abuser de la confiance, les suites fâcheuses de sa conduite; tous ces motifs agissent sur son esprit, et soit par leur force, soit par leur nombre, ils finissent par l'emporter. C'est par là que l'homme obtient de vouloir une chose absolument contraire à celle à laquelle un penchant très-violent l'avait excité... Or, il est incontestable que tant que l'homme jouit de son bon sens, il peut agir ainsi, et que souvent il veut et fait tout le contraire de ce que ses penchants lui commandent: par conséquent, il est moralement libre. C'est cette liberté qui fait de l'homme un être moral, qui donne à ses actions la moralité, la responsabilité » On peut voir après ces citations, si Gall nous refuse le libre arbitre, la liberté morale, et s'il *convient* de cette absurdité que lui prête bien gratuitement M. Noget. On peut voir si la vertu, le devoir, la religion sont pour lui des mots vides de sens ; si le vice est sans crime, la sagesse sans mérite et sans récompense. On peut voir encore si tuer son père ou lui prodiguer des soins dans sa vieillesse, sont désormais des actes égaux, et si la société est bouleversée par les principes de la Phrénologie. Nous comprendrions bien moins comment l'homme, que de mauvais penchants tourmentent, trouverait en lui-même la force de résister à leur influence, si le principe de ses désirs et de ses sensations résidait dans un seul organe, car c'est précisément la pluralité des facultés encéphaliques qui rend sensible à notre raison la possibilité d'une détermination réfléchie et volontaire ; c'est aussi la pluralité de nos instincts qui nous fait apprécier le bien ou le mal de notre conduite, car sans combat point de gloire, et pas de vertu sans résistance.

Laissons maintenant M. Noget faire tout à son aise le procès des athées et des matérialistes. C'est une distraction que l'aridité de ses travaux ordinaires nous explique, et il doit nous savoir bon gré de lui avoir fourni le prétexte de nous donner un échantillon de ses nobles sentiments et de son éloquence. Les questions métaphysiques sont un peu vieilles aujourd'hui, et c'est vraiment une bonne fortune pour un philosophe qu'une discussion qui ferait croire à l'utilité de sa science et à l'importance de sa logique.

Nous bornons là nos réflexions sur la dissertation de M. Noget. Vous savez maintenant sur quelle base repose la doctrine Phrénologique ; vous avez déjà pénétré le problème de l'intelligence, et la physiologie morale n'est plus pour vous une science étrangère. Nous avons mis sous vos yeux toutes les pièces de la polémique qu'une haine ténébreuse a fait entreprendre ; nous abandonnons sans crainte la sainte cause, dont nous nous sommes fait l'apologiste, à la décision de votre bon sens et de votre sagesse. Vous verrez, nous en sommes certain, où se trouvent la franchise et la raison ; vous saurez ce que valent les protestations de piété chez les hommes qui ne craignent pas d'afficher la mauvaise foi littéraire; vous apprécierez la convenance d'accusations qui compromettent à la fois la saine morale et la charité; vous rechercherez dans notre théorie des Rêves et dans les archives de la Phrénologie la justification de l'immoralité et de l'athéisme, et vous examinerez si ces qualifications perfides peuvent avoir un autre but que celui de discréditer une doctrine qu'on se sent inhabile à renverser. Et nous, très-chers lecteurs, si notre discussion a pu vous inspirer de l'intérêt, et vous révéler toute la grandeur de l'étude de l'organisme, nous ne regretterons pas les coupables insinuations qui ont été dirigées sur nous; nous nous consolerons des rancunes d'un anathème qui n'a mis en jeu que notre pitié, et fort de notre conscience et de vos sympathies, nous saurons toujours défendre la cause de la science et de la vérité.

TH. LABBEY, D.-M.-P.

Bayeux, le 19 avril 1843.

RÉPONSE DE M. NOGET A M. LE Dr LABBEY.

PREMIÈRE PARTIE.

Bayeux, 26 avril 1843.

« Il faut que la physiologie brille maintenant d'un
» vif éclat, pour que tous ceux qui cultivent les sciences
» morales et philosophiques veuillent s'éclairer de son
» flambeau. Il n'y a plus maintenant que les aveugles
» fauteurs de l'ignorance qui ne se croient pas obligés
» de recourir à l'étude de l'organisme, pour expliquer

» les phénomènes de l'intelligence. » Tel était le début solennel de M. le Dr Labbey, au 15 mars dernier. Comme vous le voyez, notre adversaire veut que la philosophie vienne emprunter des lumières à l'éclatant *flambeau* de la physiologie. Le 19 avril, M. Labbey débute par une lamentation non moins solennelle que son premier exorde. Mais, aurait-on pu s'attendre à voir sa douleur causée par le sujet même qui naguère était le motif de son allégresse ? « Vous nous voyez » plongé, dit-il, dans les plus pénibles réflexions. » L'homme nous paraît l'être le plus bizarre et le plus » désespérant de la création, etc. » — Quel est donc le sujet de cette amère affliction ? — Le philosophe, le théologien se fait physiologiste !... — Eh quoi ! monsieur, ne voulez-vous plus maintenant que les sciences morales et philosophiques viennent s'éclairer au *flambeau* resplendissant de la physiologie ? — Non, répond M. Labbey : *la philosophie ne doit parler ni de cerveau, ni de nerfs, ni d'altérations pathologiques. Une séparation profonde doit isoler la psychologie de la science de l'organisme.* — D'où vient cette étrange révolution qui s'est opérée dans les sentiments et le langage de M. Labbey, durant le court intervalle du 15 mars au 19 avril 1843!... — Il reste donc bien entendu présentement que la physiologie est pour toujours interdite aux philosophes et aux théologiens. C'est le dernier mot de notre antagoniste. — Mais quoi ! mon étonnement redouble. A quelques lignes de distance, je vois M. Labbey abriter sa Phrénologie sous la soutane de M. Frère, prêtre et théologien ! Y pensez-vous, monsieur ? Votre opinion serait-elle si pauvre d'autorités, que vous fussiez obligé, pour en grossir un peu le nombre, d'invoquer maintenant ceux que vous repoussiez tout-à-l'heure ? Lecteurs, soyez juges.

Passons au reste, ceci n'est qu'une bagatelle. Ce qui nous plonge, nous, dans les plus pénibles réflexions, ce que nous déplorons profondément, ce que nous n'aurions pu croire, si nous ne l'avions pas lu de nos yeux, c'est qu'un homme dont la position est honorable, l'éducation soignée, l'esprit cultivé, un homme qui se pique de science et de littérature, et qui dans la réalité possède des connaissances et des talents distingués, se soit oublié, comme l'a fait notre adversaire, jusqu'à prendre, dans une discussion toute scientifique, le langage de l'injure! Les titres d'ignorant, d'hypocrite, de menteur, de faussaire, ne sont pas les seuls que sa verve bilieuse nous prodigue. M. Labbey déverse sur nous l'amertume de son fiel, avec une variété et une richesse d'expression qui n'ont point tari, dans toute la longueur de son article du 19 avril.

Nous ne suivrons point notre adversaire sur le terrain où il a voulu descendre. Qu'il fasse appel, s'il le veut, aux sympathies de certains lecteurs pour qui les invectives tiennent lieu de raisons, à je ne sais quels hommes qui ne comprennent dans une discussion que les expressions malhonnêtes dont l'usage se rapproche de leur goût et de leurs habitudes. Nous ne croyons pas qu'il en trouve de ce caractère parmi nos concitoyens, et nous ne lui disputerions point de semblables suffrages.

Nous nous adresserons, nous, aux hommes d'un esprit droit et sans passion, quel que soit d'ailleurs leur drapeau, aux lecteurs judicieux dont les sympathies n'excluent personne à cause de sa robe, à quiconque en un mot aime le bon sens et la vérité, n'importe où il les trouve. Voilà les suffrages honorables à nos yeux, voilà les hommes pour qui seuls nous reprenons la plume. Il nous suffira d'être compris par eux, et notre confiance en leurs lumières ne sera point trompée.

La clarté résulte de l'ordre. Nous n'avons pas intérêt à cacher notre véritable pensée dans un dédale de mots et de citations qui prouvent précisément ce que l'on ne conteste pas. Nous conserverons la méthode que nous avons suivie jusqu'ici; nous formulerons nettement les propositions que nous voulons défendre, et notre réponse à l'article de notre adversaire, se réduira, pour aujourd'hui, précisément aux deux points suivants:

1° *M. le Dr Labbey n'est pas dans la question.*

2° *M. le Dr Labbey nous impute à tort des contradictions nombreuses et une falsification de texte qui n'existent que dans son imagination.* Nous ne l'accuserons point de mauvaise foi ; car il affirme à ses lecteurs qu'il ne ment jamais. Nous acceptons son témoignage.

Nous avons beaucoup d'autres choses à dire. Quand on est obligé de suivre un adversaire pour répondre à tout ce qu'il objecte, on n'est pas libre d'être court. La suite de cette réplique paraîtra, nous l'espérons, dans le numéro prochain Nous ne voulons point abuser de la complaisance de M. le Rédacteur du Journal, dont nous apprécions la noble impartialité ; nous craindrions aussi d'ennuyer nos lecteurs par un article démesurément long.

1° *M. le Dr Labbey n'est pas dans la question.*

La thèse générale que nous avions posée était celle-ci : *Le matérialisme, sous quelque forme qu'il se présente, contredit, par ses principes et par ses conséquences, non-seulement la science physiologique, mais encore la saine philosophie, la religion et la morale.* Et plus bas, je restreignais la question au seul point qu'il nous importait précisément de débattre ; c'est-à-dire au *matérialisme Phrénologique.* Nous avons écarté dès le principe toute application personnelle, admettant large exception en faveur des doctrines pratiques et des sentiments intérieurs, non-seulement de M. Labbey, mais de Gall, de Spurzheim, et des auteurs Phrénologistes en général. Vers la fin de notre dernier article, nous sommes revenu de nouveau sur ce point ; et nous avons hautement déclaré les Phrénologues meilleurs que leurs systèmes. Nous avons été jusqu'à reconnaître en eux d'heureuses inconséquences, plutôt que de les accuser des résultats pernicieux de leurs doctrines ; et nous n'avons pas craint de terminer par un appel éclatant à leur probité, à leurs sentiments moraux et religieux. M. Labbey n'est donc pas dans la question, et il prouve ce qui lui avait été accordé dès notre début, quand il entasse les citations pour montrer que Gall et autres Phrénologues reconnaissent un Dieu, une âme, une religion, une morale. Ce qu'il eût fallu montrer, ce que M. le docteur ne montre pas, ce qu'il ne montrera jamais, c'est *que ces conclusions s'accordent avec la **Phrénologie** matérialiste*.

C'est en effet la Phrénologie matérialiste seule que nous avons mise en cause. Nous avons pris soin d'écarter l'opinion de ceux qui prétendent allier le spiritualisme avec la Phrénologie, bien que nous ne la partagions pas. M. Labbey n'est donc point à la question, quand il se donne la peine de montrer que l'on peut être Phrénologue sans tomber dans le matérialisme, et sans en subir les désastreuses conséquences. C'est tout clair. Si vous êtes Phrénologue spiritualiste, il n'est pas besoin de prouver que vous n'êtes pas matérialiste. Mais si vous voulez prendre la peine de prouver quelque chose, sans sortir de la question, faites-vous donc l'apologiste du *matérialisme **Phrénologique***.

Vous voulez soutenir l'hypothèse Phrénologique, sous le point de vue physiologique. C'est bien jusqu'ici. Ce n'est, il est vrai, qu'une question incidente, mais nous avons attaqué votre opinion sur ce point, c'est votre droit de vous défendre et de nous combattre. Mais vous n'êtes plus à la question, quand vous substituez à la véritable Phrénologie que nous poursuivons vigoureusement, une Phrénologie étique, une Phrénologie qui n'est plus de la Phrénologie. Nous reviendrons plus tard sur ce point.

Vous le comprenez donc, monsieur, c'est *la **Phrénologie matérialiste** seule* dont nous combattons le principe, dont nous proclamons à voix haute les conséquences insensées, immorales, antisociales et impies. Nous l'avons dit, nous le répétons encore, afin que désormais vous ne vous écartiez plus de ce point capital de la dispute.

Nous avons ajouté que votre article du 15 mars

portait l'empreinte du matérialisme Phrénologique. Notre accusation était fondée sur le sens naturel de vos expressions. Vous nous accusez à ce propos de nous ériger en *inquisiteur de la pensée*. Vous sortez de nouveau de la question. Ne l'avons-nous pas respectée, votre pensée intime, lorsque nous avons écrit ces lignes : « Le » Dr T. L. tombe dans le matérialisme Phrénologique, » *si toutefois le langage dont il s'est servi, a fidèlement* » *rendu sa pensée?* » Nous avons motivé notre accusation principalement sur ces paroles de votre article du 15 mars, prises dans leur sens naturel, et interprétées à l'aide du contexte : *Chaque organe cérébral juge et commande à son tour. — Chaque partie cérébrale prononce un jugement.* Et vous venez vous plaindre que nous nous faisons l'inquisiteur de votre pensée ! Singulier reproche ! Comme si M. Labbey n'écrivait que pour écrire, et non point pour être compris ! Vous n'êtes pas à la question. Si j'ai mal interprété le sens de vos paroles, il y avait un moyen bien simple de me répondre. Au lieu d'un interminable article, vous n'aviez qu'un mot à dire, et à rendre votre pensée par des expressions plus fidèles. Ce mot, vous ne l'avez dit nulle part; vous préférez avoir recours à de vagues déclamations.

Il me semble, monsieur, que vous n'avez pas compris votre position. Elle était néanmoins bien tranchée. Voulez-vous vous faire le champion du matérialisme Phrénologique, ou bien ne le voulez-vous pas? Si vous le voulez, déclarez que vous êtes matérialiste, et préparez-vous à soutenir ce système, puisque vous en avez publiquement exprimé la formule. Si vous ne voulez pas défendre le matérialisme, si les expressions que je reprends n'ont point servi fidèlement votre pensée, un mot, un seul mot de rectification, et tout est terminé. Hors de cette alternative, vous n'êtes plus à la question; vous sortez du véritable terrain de la dispute, vous vous jetez sur un sable mouvant où votre pied ne trouve point d'appui, et vous ne faites plus que tergiverser, biaiser, cacher et trahir tour-à-tour vos véritables senti-

ments, et, comme le Protée de la fable, changer continuellement de forme pour échapper, s'il se peut, aux
arguments dont votre adversaire vous presse. Cette
défense est-elle bien noble ? Pourquoi rougir de ses
opinions ? Toute votre tactique ne tend qu'à vous
rendre insaisissable. Ici vous employez de nouveau les
malheureuses expressions qui ont allumé la querelle.
Plus loin votre langage est spiritualiste. Dans un lieu
vous cherchez à établir la multiplicité du moi, avec les
Phrénologues matérialistes. Ailleurs, vous reconnaissez
avec les spiritualistes l'unité de l'âme humaine. Vous
repoussez dans vos derniers alinéa les funestes conséquences du matérialisme, tandis que vous semblez nous
faire un crime d'avoir flétri les opinions matérialistes du
XVIIIe siècle. Vous décochez en fuyant un trait insidieux
contre les spiritualistes, vous ne pouvez entendre leurs
arguments philosophiques sans trahir la peine qu'ils
vous causent, et vous tentez vainement de les affaiblir.
Prenez donc position, monsieur, et osez être enfin
quelque chose.

Au lieu d'embrasser franchement une des deux opinions opposées, ce qui vous eût maintenu dans la question, vous nous harcelez sans cesse par des sorties hors
de propos, et vous voulez, pour ainsi dire, nous as-
sassiner à coups d'épingles. Vous attaquez le dogme
chrétien de la spiritualité; et vous refusez à un prêtre
la liberté de le défendre. Vous usez largement du droit
d'exposer vos idées au public; et vous nous refusez la
liberté d'exposer les nôtres. Vous nous demandez vingt
fois dans votre article de vous expliquer les rêves; et
que nous importe la théorie des rêves ? Nous ne sommes
point de ces écrivains féconds qui prennent la plume à
tout propos, de ces hommes qui semblent nés pour
faire la leçon à tout le monde. Quand il s'agit des dogmes
catholiques, c'est autre chose. Quoi ! On attaquerait les
vérités religieuses, et parce que ma vie s'écoule paisible-
ment dans un séminaire, vous croiriez que je n'oserai
ou que je ne saurai pas répondre à ces provocations ?

Non, monsieur, la réplique est pour nous un droit et un devoir sacré.

2° *M. le Dr Labbey nous impute à tort des contradictions nombreuses, et une falsification de texte qui n'existent que dans son imagination.*

Un seul reproche de contradiction m'a paru exiger quelques mots d'explication. Par un rapprochement qui dénature le sens de mon texte, notre adversaire a réussi a donner quelque apparence de vérité à son accusation. Parcourons néanmoins plusieurs de ces contradictions prétendues.

Voici le triomphe de M. Labbey. *La seconde proposition, dit-il, nous apprend que l'enlèvement des tubercules quadrijumeaux ne fait perdre que la vue, et la septième nous fait connaître que lorsqu'une sensation vient à cesser, toutes les autres cessent en même temps. Il nous eût semblé logique de conclure, puisque la destruction des tubercules quadrijumeaux paralyse seulement la vue, qu'une sensation peut disparaître sans les autres.* Notre adversaire a besoin de rapprocher et de confondre deux ordres de phénomènes dont les circonstances sont différentes, et qui conséquemment ne peuvent être contradictoires.

Il s'agit seulement dans le deuxième fait de l'enlèvement des tubercules quadrijumeaux; *alors l'animal ne perd que la vue.* Dans la septième expérience, au contraire, les hémisphères ont été enlevés, et c'est en ce cas que l'animal cesse en même temps de percevoir toutes les sensations, *l'une alors ne se perd point sans les autres.* Les lecteurs attentifs verront sans peine que le septième fait étant, dans notre article du 29 mars, joint sans distinction au cinquième et au sixième, il s'agit dans le dernier, comme dans les deux qui précèdent, du cas où l'on pratique l'enlèvement graduel des hémisphères. Je le répète donc, *quand les hémisphères n'ont pas été enlevés, oui,* l'opération peut faire disparaître une sensation sans les autres. *Quand les hémisphères ont été enlevés, non,* une sensation ne se perd point sans les autres.

Lorsque l'on crève les yeux d'un homme, *il ne perd que la vue.* Quand il meurt, *toutes les sensations cessent en même temps,* puisque l'âme n'est plus là pour en percevoir aucune. Ces deux propositions sont-elles opposées? Notre deuxième et notre septième fait ne sont pas plus contradictoires; le cas est absolument analogue.

Un homme dit à midi; *il fait jour.* Le même homme dit à minuit: *il ne fait pas jour.* — En suivant la méthode de M. Labbey, je pourrais rapprocher ces deux phrases, supprimer avec soin ce qui peut indiquer la diversité de temps, et reprocher à cet homme le défaut de logique que notre adversaire nous objecte. Quoi! lui dirais-je, lisez donc ces deux phrases sorties de la même bouche: *il est jour, il n'est pas jour!* Flagrant délit de contradiction! De même quand on transporte ce que nous avons dit de l'enlèvement des tubercules quadrijumeaux seulement, à l'enlèvement des hémisphères, il est aisé de nous mettre en contradiction.

Nous l'avions bien dit dans le premier paragraphe de cet article; la position fausse de notre antagoniste le force de s'épuiser en misérables arguties et en petites subtilités. Il furette dans tous les coins, pour découvrir quelque contradiction, et son imagination croit en apercevoir partout. Venez donc enfin nous attaquer en face! Si les expériences que nous alléguons ne sont pas vraies, démentez-les ouvertement. Si vous les croyez vraies, comme elles le sont en effet, ne les dénaturez pas, seulement pour nous donner la peine de les rétablir, pour reculer la difficulté sans la résoudre, pour marchander avec la logique, et triompher pendant huit jours.

Nous nous exprimions ainsi dans notre article du 29 mars: *l'âme agit sur le corps, et le corps à son tour réagit sur l'âme.* Il plaît à M. Labbey de voir du matérialisme dans ce langage éminemment spiritualiste. Bonne fortune, si l'on pouvait nous surprendre enseignant le matérialisme, nous qui le combattons! Expliquons donc à notre adversaire, puisqu'il en a besoin, le sens naturel de nos expressions. Nous ne ferons point comme lui, nous ne cacherons pas ce que nous avons voulu dire, et si notre explication peut écarter une obscurité que nous ne soupçonnons pas, nous lui saurons gré de s'être fait *l'inquisiteur de notre pensée*, nous voulons avant tout écrire pour être compris. Ce court passage exprime une chose que le bon sens vulgaire reconnaît avec nous. Ce que nous avons écrit veut dire, *que l'âme commande à notre corps et le met en mouvement*, c'est la première partie de notre énoncé. La seconde veut dire *que les impressions du dehors sont transmises à l'âme par le moyen du corps*. Comment mon âme ressent-elle le froid, le chaud, les odeurs, les saveurs, les sons, les couleurs, etc.? N'est-ce pas par le moyen de mon corps ? Voilà tout simplement ce que les spiritualistes veulent exprimer, quand ils disent que le *corps à son tour réagit sur l'âme*.

Autre contradiction. Ma quatrième proposition, m'objecte-t-on, annonce *que l'enlèvement des hémisphères fait perdre l'intelligence;* et, dans mon second article, je dis *que l'on ne peut localiser un acte simple dans un sujet étendu.* J'ai, en effet, dit l'une et l'autre chose, mais où est la contradiction? Avant de répondre à une difficulté que je ne sens pas, je demande à M. Labbey qu'il veuille bien me dire en quoi ces deux propositions lui paraissent opposées. Un point d'exclamation ne suffit pas pour me faire apercevoir une difficulté aussi subtile.

Voici encore une contradictisn nouvelle que l'on m'objecte : *Le sixième fait nous indique qu'à mesure que la diminution du cerveau s'effectue, l'intelligence s'affaiblit et s'éteint graduellement, et que par delà certaines limites elle disparaît tout-à-fait; et quatre lignes plus loin, M. Noget a la bonté de nous dire qu'un homme avait eu une partie considérable du cerveau enlevée par le choc du timon d'une voiture, et qu'il conservait néanmoins toutes ses facultés.* Nos lecteurs partageront-ils la méprise de M. Labbey? Lui suffira-t-il de crier sans cesse à la contradiction, et de terminer par cette apostrophe dédaigneuse. *Ah ! philosophie, que tu es sublime!* etc. Mais où l'apercevez-vous donc cette tant désirée contradiction? Est-ce parce que j'ai dit d'un côté que l'intelligence s'affaiblit *graduellement* avec l'enlèvement des hémisphères, et que de l'autre, le blessé dont je parle conservait son intelligence, malgré l'enlèvement d'une partie *considérable* des hémisphères? — C'est que l'enlèvement, tout considérable qu'il était, ne l'était pas toutefois assez pour atteindre les limites où l'intelligence s'éteint entièrement. — Mais peut-être j'interprète mal votre pensée, et vous croyez voir la contradiction, entre l'*affaiblissement graduel* de l'intelligence et la *conservation de toutes les facultés?*—Mais parce que cet homme conservait toutes ses facultés, celles de voir, d'entendre, de goûter, d'odorer, de sentir, de penser, de raisonner, de se souvenir, etc., ce n'est pas à dire que toutes ces facultés persévérassent en lui *au même degré* qu'auparavant.

De grâce, monsieur, finissons-en avec ces puériles objections. Est-ce donc en jouant sur les mots que l'on doit débattre une question scientifique? Je passe, pour abréger, bien d'autres reproches de la même valeur, dont les lecteurs attentifs et judicieux feront promptement justice. Au reste, je ne connais pas le secret de faire éviter les méprises aux hommes irréfléchis ou prévenus. Si quelqu'un nous soupçonne de contradiction, qu'il veuille bien avant de nous condamner, prendre la peine de lire et de comparer avec l'attention convenable les passages incriminés. Il ne serait pas étonnant que des hommes de bon sens, mais étrangers à la partie de la science qui nous occupe, eussent éprouvé des embarras et des doutes; mais ceux de notre adversaire sont ils bien excusables?

Les sept faits que nous avions apportés, dans notre article du 29 mars, paraissent avoir pesé beaucoup à notre adversaire. Et en effet, ils donnent lieu à des inductions décisives contre la Phrénologie. Telle que notre adversaire la défend dans son dernier article, elle est réduite à de si minces proportions, que ce n'est plus de la Phrénologie ; ce n'est plus que l'hypothèse très-vieille de la multiplicité des organes, dont Gall, le père de la Phrénologie, ne fut nullement l'inventeur. Eh bien, réduit à ce simple fait, le système amaigri de notre adversaire doit encore se rétrécir devant les expériences récentes que j'ai citées. S'il y a dans les hémisphères du cerveau une multiplicité d'organes dont chacun soit exclusivement affecté à une faculté distincte, quand la partie des hémisphères qui contient cet organe aura été enlevée, la faculté devra avoir disparu avec son organe. Et puisque chaque faculté a son organe propre, la perte d'un seul organe n'entraînera la perte que d'une seule faculté. Par exemple, que l'on enlève l'organe du sentiment religieux, le sujet ne perdra que les idées religieuses. Que l'on enlève l'organe des sciences mathématiques, le sujet ne perdra que les idées mathématiques. Cependant le blessé que j'ai cité, conservait *toutes ses facultés. On peut enlever, soit en avant, soit en arrière, soit en haut, soit par le côté, une certaine étendue des hémisphères cérébraux, sans que pour cela aucune des facultés intellectuelles soit perdue.* (Cinquième fait, article du 29 *mars.*)

On sent après cela, quel bonheur c'eût été pour notre antagoniste, de mettre nos expériences en contradiction. Il n'a pu réussir à en trouver dans les faits eux-mêmes, il en cherche maintenant dans les conséquences.

Il est impossible, dit-il, *que les mutilations pratiquées sur les animaux ne suspendent pas tout d'un coup l'exercice de leurs facultés, et ce n'est pas dans les convulsions de la douleur que l'on peut saisir le jeu des organes de la pensée, et assigner le rôle que chacun doit remplir dans la manifestation de l'intelligence.* Eh quoi, monsieur, vous paraissez ignorer la marche de l'opération ! Faut-il que ce soit un théologien qui vous l'apprenne ? — Après un temps assez court les plaies du cerveau se cicatrisent et l'animal mutilé recouvre bientôt une santé parfaite.

C'est dans cette conjoncture que se rectifient par des observations nouvelles et répétées, celles qui avaient pu être faussées dans les premiers instants de l'opération.— Ajoutons qu'un opérateur exercé peut effectuer dans le cerveau l'ablation d'un organe, sans intéresser les viscères voisins. Voilà ma réponse à la dernière partie de votre objection.

J'arrive enfin à une falsification de texte que notre adversaire nous objecte avec grand bruit. L'heureuse découverte, si l'on pouvait nous surprendre dans quelque falsification notoire! Voyez déjà de quel bienveillant commentaire M. Labbey entoure le fantôme qui l'a séduit. Voyez comme il oppose à notre grossier mensonge, la sincérité de sa plume discrète *qu'il rougirait de tremper dans le venin du mensonge et de la calomnie!* Faut-il donc que notre tour de parler vienne, pour arracher notre adversaire à cette pensée délicieuse, et lui montrer qu'il s'abuse! Venons au fait.

J'ai dit que Broussais accordait aux moutons le sentiment religieux. Voici le texte que l'on m'accuse d'avoir falsifié: « Les Phrénologistes ont réfusé ce sen- » timent *(le sentiment de la vénération)* aux animaux. » Moi je ne suis pas de cet avis; une certaine *nuance* » *de vénération* existe dans plusieurs espèces, parmi les » vertébrés qui se choisissent des chefs, qui marchent » d'après le signal que ces chefs leur donnent, et qui » leur obéissent. Ainsi même *parmi les moutons*, etc. » Il s'agit présentement de savoir ce qu'il faut entendre par la *vénération* dont Broussais gratifie les *moutons*. Si cette *nuance de vénération* n'est pas une *nuance de religion*, j'ai mal interprété Broussais. Si au contraire ce sentiment de *vénération* peut être traduit par *sentiment religieux*, je ne mérite pas la qualification de faussaire. Entrons donc en examen. Mon Dieu! Pourquoi donc les Phrénologues affectent-ils de ne point parler comme tout le monde? N'auraient-ils point pu exprimer leur pensée, sans créer un jargon qui exige des dissertations pour être compris!

Dites-moi, je vous prie, monsieur, qu'est-ce que Gall entend par la *vénération?* Si vous doutez qu'il entende par là le sentiment religieux, relisez avec une attention nouvelle les ouvrages de votre auteur favori, et vous verrez que les exemples de *vénération* qu'il apporte, restreignent ce sentiment à la *dévotion,* ou *à la vénération envers l'être suprême.* Rapprochons cette observation du texte de Broussais. *Les Phrénologistes, dit-il, ont refusé le sentiment de vénération aux animaux. Moi, je ne suis pas de cet avis.* Gall avait senti le ridicule de donner de la religion aux animaux, et il avait reculé. Mais ne perdons pas de vue que Gall appelle la religion, *vénération.* Si Broussais veut accorder aux animaux la vénération que Gall leur refuse, c'est donc la vénération prise pour le *sentiment religieux,* que Broussais doit donner aux vertébrés et en particulier aux *moutons,* autrement il ne se comprend plus. Car si Broussais n'entend point par vénération le *sentiment religieux,* il ne donne rien aux animaux que les Phrénologistes ne leur accordâssent avant lui. En effet, si on prend la *vénération* dans un sens large, pour le sentiment de timidité qui nous plie à la volonté des chefs, Gall avait dit avant lui que le degré commun de vénération est la timidité. C'est donc la *vénération* prise dans la signification de *sentiment religieux,* que Broussais donne aux *moutons.*

Vous m'objecterez que Broussais ne prononce pas le mot de religion. Cela n'est pas nécessaire pour quiconque n'est pas étranger au langage Phrénologique.

Vous ajouterez qu'il n'apporte en exemple que des animaux qui se choisissent des chefs, je vous répondrai toujours que si par la *vénération* Broussais n'entend point la religion, sa prétention d'aller plus loin que ses devanciers, devient hors de propos et inexplicable. Pour le rendre moins extravagant, vous le rendez inintelligible. *Broussais accorde donc au moins une nuance de religion aux moutons.*

Deux mots par occasion sur *l'instinct carnassier* de ces

mêmes animaux. Gall avait placé *l'instinct du meurtre* dans une partie donnée du cerveau, et il supposait, bien entendu, que cette partie n'existait que dans les animaux carnivores. Voilà qu'on la retrouve dans les animaux herbivores, et vous croyez les Phrénologistes dans l'embarras? Détrompez-vous. *L'instinct du meurtre* est *l'instinct de la destruction*; Spurzheim l'appelle *destructivité*; et les animaux herbivores doivent l'avoir, puisqu'ils mangent les plantes, et par conséquent les *détruisent*. Écoutons Broussais. « Les herbivores, dit » cet auteur, opèrent une véritable destruction sur les » plantes. » Voilà donc les *moutons*, en leur qualité d'herbivores, comptés par Broussais, au nombre des animaux à instinct destructeur. « On a voulu, ajoute-il, » tourner ces idées en ridicule, même dans une acadé- » mie.... On a donc trouvé ridicule dans une société » savante de ce genre, que la destruction des végétaux » fût comparée, par les Phrénologistes, à celle des ani- » maux. » Voilà donc l'instinct destructeur des *moutons* transformé en instinct carnassier. « Pour moi, » continue Broussais, je ne vois pas de motif pour re- » pousser cette idée, si le but fondamental de l'organe » est de procurer des moyens d'alimentation, comme » cela paraît certain. » Demandez-moi après cela, M. Labbey, où j'ai pris que les *moutons* avaient la *bosse de la destructivité?* Je vous réponds: dans Broussais. Je n'ai pas eu besoin pour cela de comparer le *crâne du mouton avec celui du tigre.* Et si Broussais trouve moyen de concilier les habitudes pacifiques du *mouton* avec *l'instinct destructeur* et carnassier, pourquoi le même homme qui traduit l'instinct du meurtre par la destruction des herbes, n'eût-il pas osé désigner la religion par la vénération envers les supérieurs?

Au surplus je ne suis pas seul de mon avis, et des savants très-distingués ont compris, comme je l'ai fait, les textes de Broussais. Dans tous les cas, cette question est tout-à-fait incidente et ne touche pas au fond de la dispute.

Encore une fois, monsieur, ne vous arrêtez pas ainsi à des points secondaires. Prenez une allure plus décidée, marchez droit au but, *soutenez le matérialisme Phénologique,* si vous voulez nous combattre. Mais surtout souvenez-vous que quand on se permet d'employer les qualifications odieuses de calomniateur et de faussaire, il faut être plus sûr de ses accusations que vous ne l'étiez.

DEUXIÈME PARTIE.

Bayeux, le 3 mai 1843.

To be, or not to be, disait Hamlet. Être ou n'être pas pourrions-nous dire aussi, c'est la condition de tout système. Cette pensée toute simple en apparence, me paraît renfermer un sens profond, et il est facile d'en faire l'application à l'objet de la controverse qui nous occupe. Entre le oui et le non, il n'y a pas de milieu possible; il faut nécessairement opter entre le matérialisme et le spiritualisme, dire avec le chrétien : Je crois que l'âme de l'homme est un esprit distinct du corps et impérissable, ou bien avec les incrédules : L'âme ne se distingue pas des organes, tout est corps, tout périt avec le corps. J'en dis autant de la Phrénologie, comme opinion scientifique. Quiconque veut être physiologiste ne doit pas l'être à demi. En rétrécissant ce système jusqu'à le réduire à une opinion qui n'a plus rien d'original, à une opinion émise de longs siècles avant Gall, et dans un temps où la science était encore enveloppée dans ses langes, on ne conserve plus de la Phrénologie qu'un vain nom sans réalité, *nomen sine re.* Je puis ajouter enfin qu'avant de prendre la plume, il faut avoir fixé son opinion. Il ne faut pas laisser errer à l'aventure sa main sur le papier, ni citer, pour justifier Gall, des textes qui sont plutôt une accusation qu'une excuse.

Il nous semble que M. le Dr Labbey a trop facilement perdu de vue ces vérités, en écrivant la réponse qu'il nous adressait le 19 avril. Pour n'avoir pas voulu prendre une position bien caractérisée, il flotte sans cesse entre deux opinions opposées, et subit, par le vice de sa tactique, un mouvement de va-et-vient perpétuel. Matérialiste et spiritualiste tout ensemble, accusateur de Gall, lorsqu'il veut en prendre la défense : Phrénologue sans Phrénologie, tel est le spectacle que nous offre M. Labbey dans sa réponse. Avec le talent qui le distingue, notre adversaire pouvait mieux faire ; il eût assurément mieux fait, s'il eût pris position ; surtout s'il eût eu à défendre, comme nous, la cause de la vérité.

Qu'il nous pardonne, lorsque dans l'intérêt de cette cause sacrée, nous insistons de nouveau pour démontrer le vide de son article du 19 avril. Le talent ne suffit pas pour faire triompher une erreur insoutenable.

Les trois propositions suivantes dont nous allons donner la preuve, compléteront notre réponse.

1° *M. le Dr Labbey essaie vainement d'affaiblir nos arguments contre le matérialisme, et ne leur oppose rien de solide.*

2° *M. le Dr Labbey nous accuse injustement d'avoir calomnié Gall, lorsque nous imputons, non point à la personne de cet auteur, mais à son système, le matérialisme avec toutes ses conséquences.*

3° *Enfin, M. le Dr Labbey est un Phrénologue sans Phrénologie, nomen sine re.*

Déjà ces idées se trouvaient indiquées dans la première partie de notre réponse ; nous leur donnons aujourd'hui le développement que le défaut de temps et d'espace nous avaient forcé d'ajourner.

1° *M. le Dr Labbey essaie vainement d'affaiblir nos arguments contre le matérialisme, et ne leur oppose rien de solide.*

Etrange position de notre adversaire ! Mais peut-elle être autre qu'elle n'est ? Comment se maintenir dans une attitude assurée, quand on n'a pas d'opinion fixe, ou plutôt, quand on prend toutes les formes pour cacher son opinion véritable ? Encore une fois, Monsieur, que voulez-vous être ? Prenez un parti, même dans l'intérêt de votre défense. Faut-il donc vous enlacer de mille nœuds, pour empêcher vos perpétuelles variations ? Etes-vous matérialiste, ne l'êtes-vous pas ? Si vous n'êtes pas matérialiste, pourquoi combattre nos arguments, qui pour lors ne s'adressent plus à vous, et ne sauraient, si vous êtes spiritualiste, vous porter aucune atteinte ?

Nous établissions dans notre deuxième article la spiritualité de l'âme humaine, en démontrant : 1° que les phénomènes intellectuels et moraux dérivent d'*une cause distincte des organes* ; 2° que cette cause est *unique* ; 3° qu'elle est *simple*. Toutes ces démonstrations déplaisent à notre antagoniste, il n'en est pas une seule qu'il n'essaie vainement de renverser.

M. Noget, dit-il, *se trompe ; les Phrénologues ne s'occupent pas du spiritualisme.* — Phrénologue, soyez donc fidèle à votre devise, et ne nous combattez pas ! *Comme Phrénologistes*, ajoute-t-il, *ils voient le jeu des organes, et rien de plus.* — Physiologiste, ne passez donc point les limites de votre science ; contentez-vous de constater ce que vous voyez, et ne nous dites pas que les organes *pensent, jugent, raisonnent*, avant d'avoir vu les organes effectuer la pensée, le jugement, le raisonnement, comme on voit le cœur palpiter, et mettre le sang en circulation ; comme on voit le foie sécréter la bile, et l'estomac digérer les aliments *Les physiologistes*, continuez-vous, *reconnaissent que le cerveau est l'instrument de la pensée.* — Ne dites donc plus que c'est le cerveau lui-même qui *pense* ; mais dites avec les spiritualistes que c'est l'âme. Ne dites pas que c'est l'organisme qui *pense, juge et raisonne* ; dites *toujours* avec nous que l'organisme n'est qu'un *instrument*.

M. Noget se donne grand mal pour nous démontrer qu'il y a au-dedans de nous-mêmes deux sortes de phéno-mènes, les uns qui échappent à notre libre arbitre, et les autres qui se produisent avec l'aide de notre volonté et de notre conscience Eh, bon Dieu! qui lui conteste tout cela? Je vous en demande pardon, Monsieur, mais il me semble que vous n'avez pas bien compris ma pensée. Je n'ai point cherché à démontrer l'existence de ces deux ordres de phénomènes; elle n'a pas besoin de preuve, elle est évidente: je ne fais que la constater, et j'ai dit: *Ces deux séries de phénomènes, nos adversaires ne peuvent refuser de les reconnaître, mais ils les attribuent tous à un même principe, l'élément corporel.* Or, voilà ce que je m'applique à combattre; et j'ai démontré, en exposant les caractères des phénomènes produits par les organes, et les caractères opposés des phénomènes produits par l'intelligence, que ces derniers doivent être attribués à une cause distincte des organes, c'est-à-dire, à l'âme. Voilà le point précis que je tends à prouver et que vous n'attaquez pas.

Mais, dit M. Noget, *non-seulement je me sens cause des phénomènes psychologiques; mais je me sens cause unique et collective de ces phénomènes. Si pourtant la cause intelli-gente était multiple en moi, la même raison qui fait que j'ai conscience d'être cause, quand mon intelligence agit, ferait aussi que j'aurais conscience de la multiplicité des causes qui agiraient en moi.* J'ai dit cela, monsieur, et cela paraît en effet bien naturel. Vous parlez vous-même dans ce sens, quand vous dites que *l'âme peut tout aussi bien faire sentir l'influence de ses facultés sur chaque organe intellectuel pris isolément, que sur toute la masse encé-phalique.* Dans ce court passage vous admettez l'unité de l'âme humaine, ou en d'autres termes l'unité du *moi,* l'unité de la cause intelligente que nous allons bientôt vous voir dénier et combattre. Votre destinée et celle des Phrénologues est-elle donc de ne pouvoir parler, sans articuler de perpétuelles antinomies? Tantôt vous admettez l'unité du sujet intellectuel de l'âme; tantôt

vous cherchez à en établir la multiplicité. Vous prétendez justifier Gall, et à cet effet vous apportez des textes
qui se combattent les uns les autres. Avez-vous donc
résolu de nous fournir vous-même des armes contre
vous, et viendriez-vous, disciple infidèle, ou inconsi-
déré, nous révéler les contradictions de votre maître?
Relisez et comparez votre alinéa XXVIII, et votre alinéa
XX. Dans l'un vous faites tenir à Gall ce langage: *Il
n'existe suivant moi qu'un seul et même principe qui voit,
sent, goûte, entend et touche, qui pense et qui veut.*
Ainsi parle Gall, et j'en conviens, un spiritualiste n'em-
ploierait pas un langage plus clair, pour exprimer
l'unité de l'âme humaine. Mais revenons à l'alinéa XXᵉ.
Vous nous offriez alors Gall répondant, il y a plus de
vingt ans, à l'argument par lequel nous établissons l'u-
nité du *moi*, ou de l'âme humaine. *Comment arrangerez
vous votre unité du moi*, faites-vous dire à votre auteur,
*avec ces sensations si diversifiées, si opposées et pourtant
simultanées?* Et, alinéa XXIᵉ. *L'unité du moi subsiste-t-
elle avec ce grand nombre de viscères?* etc. Gall se croyant
fort de toutes ses énumérations, termine enfin par cette
interpellation aux métaphysiciens: *Comment concevez-
vous dans tous ces cas l'unité du moi? Je crains que d'observation en observation, vous ne soyez forcé de renoncer
à cette unité si chérie du moi.* Tirez, monsieur, tirez
promptement le rideau, sur ces inconséquences de votre
maître; nous n'en n'avons déjà que trop entendu.

En vérité, monsieur, vous jetez vos lecteurs dans un
grand embarras! On ne peut se mettre d'accord avec
vous, sans vous contredire. Si je reconnais avec vous et
avec Gall l'unité de l'âme humaine, je contredis vos
alinéa XX, XXI, XXII, XXIII, XXIV: et si les Phrénologues matérialistes, vos amis, admettent avec vous
la multiplicité du *moi*, ils contredisent vos alinéa XXVII
et XXVIII qui en expriment clairement l'unité. Voudriez-
vous fraterniser avec tout le monde, et dire, *selon les
gens, vive le Roi, vive la ligue?* Mais, en flottant incer-
tain entre deux partis diamétralement opposés, on court

risque de se mettre en lutte avec les défenseurs de l'un et de l'autre; on perd du moins l'avantage de combattre de pied ferme et avec vigueur.

Notre thèse en faveur de l'unité de l'âme humaine reste intacte, vous vous réfuteriez vous-même en la réfutant.

Vous insistez néanmoins trop sur la multiplicité du *moi*, pour que je n'insiste pas à mon tour sur son unité. *Il y a*, dit Gall, *autant de différentes espèces d'intellect ou d'entendement, qu'il y a de facultés distinctes. Toute faculté particulière*, dit-il encore, *est intellect ou intelligence. Chaque intelligence individuelle a son organe propre*. Et vous répétez plusieurs fois la même idée en termes équivalents. Mais, monsieur, y songez-vous ? Un *moi*, c'est une personne, une intelligence; c'est un esprit, une âme. Gall compte 27 organes et autant d'intelligences; Spurzheim en énumère 35. Vous, monsieur, combien nous en accorderez-vous ? Nous sommes assurément disposés à reconnaître dans certains hommes beaucoup d'esprit; mais notre bonne volonté n'ira jamais à en accorder 35, ni même 27 à personne. Un seul, quand il est bon, est un don assez précieux, pour que quiconque l'a reçu de Dieu, s'en tienne satisfait, et en bénisse l'auteur... Il n'y a donc pas dans l'homme plusieurs intelligences individuelles, plusieurs âmes, plusieurs esprits, plusieurs individus, plusieurs *moi*.

J'avais combattu, dans mon article du 29 mars, la multiplicité des organes intellectuels, en faisant observer que jamais Gall, ni aucun Phrénologue n'avait pu définir ce qu'ils entendent par ces organes. S'ils disent que chacun d'eux est un faisceau de fibres, jamais ils n'en trouveront 35, ou même 27, nombres auxquels ils les ont portés. S'ils disent que chaque fibre en particulier constitue un de ces organes, alors il y en aura beaucoup trop, le nombre des fibres étant incomparablement plus grand que celui des organes admis par les Phrénologistes. A cet argument pressant vous répondez avec une assurance affectée, capable d'en imposer à ceux qui n'ont pas les autorités entre les mains : *Si M. Noget se fût donné la peine d'étudier les ouvrages de Gall, ou plutôt s'il eût jamais étudié la physiologie, il ne demanderait pas si chaque fibre particulière du cerveau est un organe. Gall et Spurzheim ont assez fait connaître leurs idées sur la structure de l'encéphale, pour qu'il eût été possible de nous épargner cette question.* Je vous en demande pardon, monsieur, Gall et Spurzheim n'ont point parlé claire-ment à cet égard, et des savants illustres leur ont avant moi reproché cette obscurité. Tantôt Gall s'exprime comme si les organes étaient des faisceaux de fibres, tantôt comme si chaque fibre en particulier remplissait les fonctions d'un organe. Il dit dans un endroit : « Le » cerveau consistant en plusieurs divisions dont les » fonctions sont totalement différentes, il existe *plu-* » *sieurs faisceaux* primitifs qui, par leur développement, » contribuent à le produire. Nous rangeons parmi ces » *faisceaux* les pyramides antérieures et postérieures, » les *faisceaux* qui sortent immédiatement des corps » olivaires, et *encore quelques autres* qui sont cachés » dans l'intérieur du grand renflement. » Voilà bien Gall parlant de faisceaux. Et *encore quelques autres*, dit-il. Soit, mais ce ne sera jamais 27. Spurzheim donne aussi aux organes le nom de *faisceaux*. « Les organes » des facultés intérieures, dit-il, sont aussi séparés » que les *faisceaux* des nerfs des cinq sens. » On trouve » que le cerveau est composé de *plusieurs faisceaux* qui » doivent avoir leurs fonctions. » « Les organes se » composent des *faisceaux* divergents, des circonvolu- » tions et de l'appareil d'union. » Mais tous ces *faisceaux* n'en font pas trente-cinq.

Ailleurs, Gall fait des fibres du cerveau autant d'or-ganes particuliers. « Un développement plus étendu de » la même conjecture disposerait apparemment le lec- » teur à considérer *chaque fibrille nerveuse*, soit dans » les nerfs, soit dans le cerveau, comme un *petit organe* » *particulier.* » « Bonnet croit, et il est probable, que » chaque fibre nerveuse a son action propre. » Voilà donc Gall en opposition avec Spurzheim et avec lui-même. N'avions-nous pas raison de dire que les Phrénologistes ne savent pas ce qu'ils doivent entendre par les organes intellectuels du cerveau.

Vous voulez, Messieurs les Phrénologues, vous voulez une multiplicité d'intelligences, ou d'organes intellectuels. Vous en particulier, monsieur Labbey, vous réduisez votre Phrénologie presqu'uniquement à ce point, et vous nous citez le Dr Londe avec lequel vous dites : *Il n'y aurait qu'une réfutation possible : ce serait de présenter des faits contradictoires à ceux que la Phrénologie avance.* Des faits contradictoires? Eh! n'en avons-nous pas produit? Rappelez-vous donc que dans notre article du 29 mars, nous avons combattu cette multiplicité des organes intellectuels, par une série de faits, dont vous n'avez jamais contesté l'existence. Rappelez-vous le 5e fait : *On peut enlever, soit en avant, soit en arrière, soit en haut, soit par le côté, une certaine étendue des hémisphères cérébraux, sans que pour cela l'intelligence soit perdue.* Rappelez-vous le 7e fait : *Dans le cas de l'enlèvement des hémisphères, toutes les sensations cessent en même temps; une faculté se perdant, toutes les autres se perdent avec elle.* Rappelez-vous enfin *ce blessé qui conservait toutes ses facultés, malgré la perte d'une partie considérable du cerveau.* Comment conciliez-vous la multiplicité d'organes dans les hémisphères du cerveau, avec ces faits incontestables?

Outre ces faits déjà cités, en voici un tout récent, publié postérieurement à l'époque où j'écrivais mon premier article. Le Bulletin général de Thérapeutique médicale et chirurgicale, contient le fait suivant. « Le 25 » février dernier, il est entré dans le service de M. Vel- » peau, un vieillard âgé de 66 ans....... Cet homme, » ancien coiffeur, d'un caractère jovial, d'une physio- » nomie goguenarde, beau parleur » avait conservé, dit le bulletin, toutes ses facultés. Les passions violentes qu'il avait manifestées, même durant sa maladie à l'Hôtel-Dieu, firent croire qu'à l'autopsie on rencon-

trerait une lésion plus ou moins profonde du cervelet, dans lequel les Phrénologistes localisent l'instinct de ces passions. Qu'arriva-t-il? Il meurt le 7 mars, on procède à l'autopsie. « Or quel ne fut point notre éton-
» nement de trouver d'abord le cervelet parfaitement
» sain; mais ensuite tout le lobe antérieur droit du cer-
» veau occupé par une masse d'une dureté considérable,
» qui envahissait également une partie du lobe anté-
» rieur gauche! En divisant la couche mince de sub-
» stance cérébrale qui en recouvrait la surface, on mit à
» nu *une tumeur du volume du poing*, irrégulièrement
« ovoïde, offrant de nombreuses petites bosselures,
» d'une couleur semblable à celle du cerveau. Cette
» tumeur s'étendait à droite et à gauche de la faux,
» vers l'extrémité antérieure, au bord libre de laquelle
» elle adhérait. A gauche, elle n'avait que le volume
» d'une grosse noix ; mais à droite, elle occupait pres-
» que tout l'emplacement du lobe antérieur. Enuclée
» de sa coque de substance cérébrale et incisée, elle
» présente à la coupe tous les caractères du tissu squir-
» rheux. Mais ce n'est point tout: à la faux adhérait, éga-
». lement à droite, un petit os situé parallèlement à elle,
» en arrière de la tumeur ; il était mince, triangulaire,
» pointu à ses angles, ayant environ 15 millimètres de
» côté. Le reste du cerveau ne présente rien d'anor-
» mal..... En présence de ce fait, continue le Bulletin,
» que deviennent tant de belles théories physiologiques
» (la vôtre, par exemple, M. Labbey)? » « Cette ob-
» servation, ajoute ce même bulletin, parle assez d'elle-
» même, rien au cervelet (quoique les Phrénologistes y
» localisent les passions si violemment manifestées par
» cet homme). AUCUNE PARALYSIE DES MEMBRES, AU-
» CUN EMBARRAS DE LA PAROLE, AUCUNE FACULTÉ
» ABOLIE, ET DESTRUCTION A PEU PRÈS COMPLÈTE DE
» L'UN DES LOBES ANTÉRIEURS DU CERVEAU, L'AUTRE A
» MOITIÉ DÉTRUIT! » Vous le voyez, Monsieur, Gall
et Broussais n'ont pas dit le dernier mot de la science.
Je rectifie, en passant, une autre erreur de mon

adversaire. Dans son alinéa xxvᵉ il dit : *Si le moi était indépendant de l'organisme....* etc.— Je ne vous ai jamais contesté, Monsieur, la dépendance mutuelle qui résulte de l'union de l'âme avec le corps ; vous l'avez si peu oublié, que vous me le rappelez à la fin de ce même alinéa. Il était donc inutile de vous arrêter à prouver cette dépendance que je ne conteste pas. Vous êtes aussi dans l'erreur, lorsque, dans le même alinéa, vous supposez que le matérialisme consiste à reconnaître cette mutuelle dépendance. Non, Monsieur, le matérialisme ne consiste pas à reconnaître une âme distincte de la matière, quoique dépendante jusqu'à un certain point des organes auxquels elle est unie ; mais le matérialisme consiste à dire que les organes sont l'*intelligence* ou *des intelligences*. Car, vous le voyez bien, c'est identifier l'esprit humain avec le corps. Le matérialisme consiste également à dire que ce sont les *organes qui pensent, jugent et raisonnent;* car c'est exprimer la même chose d'une manière équivalente.

L'unité du *moi* rétablie, venons à sa simplicité. Heureusement la brièveté de notre adversaire sur ce point nous permettra à nous-même d'être plus court. Nier la simplicité du *moi*, le faire étendu, c'est le faire corps. C'est ce que les matérialistes prétendent. Notre adversaire, malgré ses velléités de spiritualisme, parle ici comme les matérialistes, puisqu'il répète leurs arguments et veut atténuer la force des nôtres.

Passons en revue quelques-unes de ses objections.

Cette proposition : *Tout ce qui est cause est simple*, vous paraît, dites-vous, Monsieur, pour le moins étrange. Cela peut être ; mais pourquoi? Vous ne le dites pas.

Rien, ajoutez-vous, *ne nous paraît plus bizarre d'ailleurs que de conclure de la simplicité de la pensée, que l'organe de l'âme est unique.* Soit ; mais vous n'êtes pas à la question. De la simplicité de l'âme, je conclus seulement qu'elle n'est point corps, parce que le corps au contraire est composé de parties. Quant à l'unité de l'organe intellectuel, je le conclus des petits faits ci-dessus que vous affectez perpétuellement de mettre en oubli.

J'arrive aux trois-quarts de votre XXVIIe alinéa, avant de rencontrer quelque objection dirigée contre mes arguments. Je trouve enfin cette grave interpellation : « Ils » nous disent que la pensée est indivisible, et qu'on ne » peut se figurer un tiers, un quart, ou une fraction » d'idée, *mais nous ont-ils fait voir que la digestion est* » *cubique ou carrée ?* Ils ne peuvent mesurer la pensée » d'après sa grandeur ou son volume ; *mais ont-ils mesuré* » *la force de la végétation dans les plantes, par litres ou* » *grammes ?* » Voilà assurément des questions fort embarrassantes pour les spiritualistes ! Je vous répondrai, monsieur, que la sève qui circule dans les végétaux, peut se mesurer par litres et parties de litres. Je vous répondrai que les aliments qui s'introduisent dans l'estomac et se digèrent ensuite, peuvent être pesés, cubés au pied ou au mètre. Et si je ne craignais pas que vous prissiez ma question pour une plaisanterie, tandis que je la propose comme un argument sérieux, je vous demanderais à mon tour quel est en grammes le poids de vos pensées, et quelle est la profondeur métrique de vos jugements ? Il existe donc, malgré vos dénégations, une différence essentielle entre la pensée et le produit des organes.

La dernière partie de l'article de M. Labbey est consacrée à la justification de Gall : nous en examinerons bientôt la valeur En ce qui touche la solidité de nos arguments contre le matérialisme, nous ferons observer que notre adversaire substitue au point capital de la dispute, une question incidente. Eût-il réussi à justifier Gall du reproche de matérialisme, il n'en serait pas moins vrai qu'un matérialiste *conséquent* doit être athée, et que la religion et la morale sont inconciliables avec un tel système. Cette longue apologie de Gall prouverait tout au plus l'inconséquence de cet auteur, sans affaiblir nos arguments contre le matérialisme.

Il y a cependant une insinuation contre nos doctrines

que je dois relever ici. Croirait-on que pour me combattre avec plus de facilité, mon adversaire me prête un langage matérialiste? Il a réussi par ce moyen à glisser un petit passage assez spécieux. On doit s'en souvenir: dans le IX⁰ alinéa, notre adversaire voulant nous mettre en contradiction avec nous-même, se rappelait fort bien que dans notre deuxième article nous avions dit: *On ne peut localiser un acte simple dans un sujet étendu.* Et dans son XXVIII⁰ alinéa, il me fait dire complaisamment que je *localise la pensée dans les hémisphères cérébraux;* c'est précisément tout le contraire de ce que j'ai dit. Que votre mémoire vous sert mal, monsieur! Mais on avait besoin de faire de moi un petit matérialiste. Localiser la pensée dans les hémisphères cérébraux, c'est placer la pensée dans le cerveau, comme les aliments dans l'estomac, le sang dans les veines ou la bile dans le foie; c'est dire que le cerveau pense, c'est parler comme les matérialistes; c'est tout juste ce que mon adversaire me fait dire, pour me demander ensuite: *Eh quoi! nous sommes irréligieux pour placer le sentiment de la divinité dans trois ou quatre centimètres de l'organe encéphalique, et vous, vous êtes le sauveur de la morale et de la religion, parce que vous accordez à cette faculté un espace trois fois plus considérable!* Eh mon Dieu non, monsieur, ce n'est pas pour cette raison, mais parce qu'au lieu de localiser le sentiment religieux dans le cerveau, comme vous me le faites dire, je le place où il doit être, dans l'âme, qui est raisonnable. Si je tenais le langage que vous me prêtez, je serais matérialiste comme au XVIII⁰ siècle. Vous, vous empruntez ici le langage du matérialisme Phrénologique; ces deux systèmes ne valent pas mieux l'un que l'autre; ils conduisent également à la négation de Dieu et de la morale. *J'ai reconnu,* ajoutez-vous, *qu'on peut être Phrénologiste sans blesser la foi.* Ne confondez point, je vous prie, deux choses bien distinctes, et veuillez ne pas perdre de vue ce que j'ai déjà tant de fois rappelé à votre souvenir. C'est la Phrénologie matérialiste que je combats. Que les Phrénologues spiritualistes se tirent d'affaire comme ils le pourront avec la science, la foi indulgente leur pardonne.

Que je regrette de voir la colonne du journal se remplir si promptement, il me resterait encore tant de choses à dire! Je ne puis toutefois me résigner à passer entièrement sous silence les invectives de M. Labbey contre la psychologie. Il se moque perpétuellement de cette partie de la philosophie. Mais comprend-il bien, lui Phrénologue, les nécessités de sa science? Comment ne voit-il pas que la Phrénologie suppose la psychologie, et ne peut se faire qu'après elle et par elle? Ne faut-il pas observer, analyser et classer les facultés avant de chercher leurs organes? Comment en effet pourrait-on chercher l'organe d'une faculté que l'on ne connaîtrait pas? Comment pourrait-on distribuer avec exactitude tous nos instincts et nos penchants, dans les circonvolutions du cerveau, si l'on ne s'était pas rendu auparavant un compte rigoureux du nombre et des limites respectives de ces instincts, de ces penchants? *Comme Physiologistes,* nous dit M. Labbey, *les Phrénologues voient le jeu des organes et rien de plus.* Mais les organes pourraient-ils donc nous révéler par eux-mêmes les facultés dont ils seraient l'instrument? Non, sans doute, Gall et Spurzheim l'ont maintes fois reconnu. « On ne peut rien conclure, dit Spurzheim, de » l'inspection des diverses parties du cerveau, relative- » ment à ses fonctions. » Gall fait le même aveu, c'est à lui que Spurzheim avait emprunté cette vérité : « On ne » peut deviner les fonctions des parties du système » nerveux, d'après leur structure. » — Et encore : « Il » était impossible de faire aucune découverte organo- » logique, avant d'avoir dirigé son attention sur les » qualités primitives et fondamentales de l'âme. » — Quelle est la science qui étudie *les qualités primitives et fondamentales de l'âme?* N'est-ce pas la psychologie? Donc on ne peut faire *aucune découverte organologique,* c'est-à-dire aucun progrès en Phrénologie, si l'on ne marche à la lumière de la psychologie.

Ainsi la psychologie est indépendante de la Phrénologie ; elle peut se faire sans elle, elle doit même se
faire avant elle ; la Phrénologie ne peut que la suivre ,
elle est sous sa dépendance.

2° *M. le Dr Labbey nous accuse injustement d'avoir
calomnié Gall, lorsque nous imputons, non point à la personne de cet auteur, mais à son système le matérialisme ,
avec ses conséquences.*

Nous nous sommes étendus un peu longuement dans
la première partie de cet article. C'était en effet le point
capital à nos yeux , puisqu'il s'agissait du but que nous
nous étions proposé d'atteindre , la démonstration de la
spiritualité de l'âme. Nous serons plus court sur les deux
points qu'il nous reste à établir.

*M. Noget accuse la doctrine de Gall de renverser les
principes sociaux , de justifier tous les forfaits et de conduire à l'athéisme. Eh bien ! nous le disons avec conviction,
ou il ne connaît pas ses ouvrages, ou il est d'une insigne
mauvaise foi.* Ainsi parle M. Labbey. Or , voici ce que
nous avons dit : *Gall admet un organe qui nous fait
connaître , admirer et adorer l'auteur de notre être , c'est
la bosse de la vénération.* J'ajoutais un peu plus loin ,
en interpellant les Phrénologues : *Direz-vous que vos
ouvrages sont pleins d'aveux favorables aux croyances
communes ? Que jamais vous n'eûtes l'intention de détruire
les grandes vérités de la religion et de la morale, et pour
tout dire en un mot, que vous avez conservé toutes les
conséquences de la philosophie ordinaire ?* Et un peu plus
bas je disais : *Allèguerez-vous, pour échapper à ces graves
accusations, votre conduite personnelle, vos qualités sociales ou la droiture de vos intentions ? Que vous soyez
meilleur que votre système, je le veux.* — Vous voyez ,
Monsieur , que j'avais prévu tout ce que vous pouviez
alléguer pour la justification de vos auteurs favoris,
et que j'avais fait toutes les réserves nécessaires. Vous
pouviez donc vous épargner la peine de nous citer ces

longs et nombreux extraits des ouvrages de Gall, pour nous prouver ce que nous vous avions accordé. Vous eussiez mieux répondu au besoin de la controverse, si vous eussiez concilié les textes de-Gall que vous apportez, avec ceux que nous avions cités dans nos articles. Car, voyez-vous, les vôtres ne détruisent pas les nôtres: Et que sait-on ? Il serait peut-être arrivé à Gall ce qui arrive à bien d'autres, de perdre la mémoire en écrivant. Nous disions donc : *Gall, Spurzheim, Broussais, vous faites d'inutiles efforts : vous ne pouvez pas retenir la religion et la morale, sans donner à vos principes un éclatant démenti..... Eh quoi! prétendrez-vous donc conserver les conséquences, après avoir renversé tous les principes ? vous supprimez le moi; à son unité vous substituez une multitude d'organes corporels, et vous voulez ensuite qu'il y ait une âme intelligente ! Vous supprimez le libre arbitre, et vous voulez qu'il y ait une morale ! Vous justifiez tous les forfaits par l'existence prétendue d'un organe spécial pour chaque crime, et vous voulez que la société soit possible ! Vous ne faites de l'idée de Dieu qu'une idée relative et conditionnelle, et vous voulez ensuite qu'il y ait une religion ! Encore une fois mettez-vous d'accord avec vous-mêmes : ou rejetez vos principes, ou ne reculez point devant leurs conséquences.* Ce sont toutes ces contradictions qu'il s'agissait de faire disparaître, voilà la question ; les protestations de religion et de morale sont superflues, tant qu'on laisse subsister une théorie qui leur est hostile ; toutes vos citations ne servent qu'à mettre dans un plus grand jour les inconséquences des Phrénologues.

Je renvoie à mon article 3me et je me contente aujourd'hui de faire remarquer le peu de bonheur avec lequel notre adversaire a choisi les textes qu'il m'oppose. Ce sont des armes qu'il nous met aux mains. Relisons ses alinéas XX et XXI. Gall, dont il nous cite les propres paroles, combat, dans ces deux paragraphes, l'unité du *moi*, l'unité de l'âme humaine. Dans les alinéas XXII, XXIII, XXIV, XXV, notre antagoniste cherche à confirmer les arguments de son maître en faveur de la multiplicité du *moi*, par ses propres observations. Il est donc bien entendu que les Phrénologues veulent absolument qu'il y ait dans l'homme plusieurs *moi*, plusieurs âmes, plusieurs *intelligences individuelles*. Il s'agit maintenant de savoir ce qu'ils veulent dire par ces *intelligences individuelles*. Qu'entendez-vous, Messieurs, par cette manière de parler inusitée? L'intelligence est-elle, dans votre langage, le synonyme d'âme ou d'esprit? Vous voulez donc que l'homme possède vingt-sept âmes, suivant Gall, trente-cinq suivant Spurzheim? Cette prétention est beaucoup trop exagérée. Mais si par l'intelligence vous n'entendez pas l'esprit, vous ne parlez donc que des organes? Et en effet je me souviens qu'un peu plus haut, dans la première partie de cet article, nous avons eu occasion de remarquer que vous reconnaissiez avoir *placé le sentiment de la divinité dans trois ou quatre centimètres de l'organe encéphalique*. Vous savez aussi que vous avez dit et répété que ce sont les organes qui *pensent*, *jugent et raisonnent*. Alors les organes sont tout, l'âme n'est rien, voilà le matérialisme Phrénologique qui reparaît avec toute la rigidité de ses formules, et l'immoralité de ses conséquences. Vous avez beau faire, on ne peut avec la multiplicité d'*intelligences individuelles*, éviter ou l'extravagance, ou l'impiété.

Au surplus, les faits parlent. Gall et Broussais sont morts; leur vie consignée dans les recueils biographiques appartient au domaine de l'histoire; il m'est permis d'en rappeler les circonstances. A Dieu ne plaise que je veuille outrager leur mémoire! mais après tout, quand on m'accuse d'être un calomniateur, peut-on me refuser le droit de rapporter des faits historiques? —Qui n'a pas conservé le souvenir de cette scandaleuse profession de foi adressée par Broussais mourant à ses seuls amis, et publiée par eux après sa mort? Le matérialisme, le fatalisme et l'irréligion n'y sont-il pas ouvertement exprimés? — Gall termina sa carrière le 22 août 1828.

Après avoir refusé les secours de la religion catholique qu'il professait, il demanda que son corps fût porté directement au cimetière. Je ne fais aucun commentaire, et sans adopter la justification publiée par sa veuve dans les journaux du temps, je termine en m'associant pleinement aux sentiments qu'elle exprimait par ces paroles: « Les sacrifices de l'église n'ont point, il est vrai, ré- » pandu leurs consolations sur les derniers moments du » docteur Gall, plaignons-le..... et respectons par notre » silence les mystérieux décrets de la providence! »

3° *M. le D* Labbey est un Phrénologue sans Phréno- logie*, nomen sine re.

Il convient de préciser ce que l'on doit entendre par la Phrénologie, et de circonscrire exactement les limites de ce système. En effet, si on laisse à cette doctrine une élasticité qui lui permette de s'étendre ou de se resserrer suivant que les arguments des adversaires presseront ses défenseurs, qu'arrivera-t-il? Infailliblement le disciple de Gall rétrécissant de plus en plus les bornes de son opinion, en présence des raisons et des faits, deviendra bientôt, sans peut-être s'en rendre compte à lui-même, un Phrénologue sans Phrénologie, une ombre sans réalité, *nomen sine re.* En quoi donc consiste la Phrénologie dont Gall fut l'inventeur?

Ce système consiste: 1° à reconnaître une multiplicité d'organes intellectuels. Ce premier point, notre adversaire y reste fidèle; 2° à localiser ces organes intellectuels à la surface des viscères de la tête, afin de rendre possible l'art de palper les bosses du crâne, et de juger par là des qualités intellectuelles et morales de chacun. Dans les idées de Gall, la crânioscopie, ou l'inspection du crâne marche de front avec la multiplicité des organes intellectuels. Ce sont comme les deux membres de son système. Dans le but qu'il se propose, Gall a soin de placer tous ces organes à la surface du cerveau. « La » possibilité de la solution qui nous occupe, dit-il, » suppose que les organes de l'âme sont situés à la » surface du cerveau. » « Ceci explique, ajoute-t-il,

» le rapport ou la correspondance qui existe entre la
» crâniologie et la doctrine des fonctions du cerveau,
» but unique de mes recherches. »

A défaut de ces témoignages exprès, la plus légère
connaissance des travaux et des écrits de Gall suffirait
pour convaincre les incrédules, s'il en existait, que la
Phrénologie est incomplète, sans la crânioscopie. Les
plus habiles Phrénologistes qui sont venus après lui sont
demeurés fidèles à cette doctrine. Spurzheim enchérit
sur son maître, et porte les bosses du crâne jusqu'au
nombre de 35, inscrites sur ces têtes de plâtre qui figu-
rent dans les cabinets des curieux. Broussais accorde
aux animaux eux-mêmes des facultés qui n'appartiennent
qu'aux êtres raisonnables, parce qu'il est obligé de
reconnaître dans la conformation de leur crâne, une
ressemblance avec celle de l'homme. Vimont va plus
loin encore, et nous avons vu avec quelle admirable
sagacité il a su discerner sur le crâne de l'oie, les protubérances de 29 facultés distinctes que personne assurément ne se serait jamais avisé de soupçonner. A cette
intrépidité qui ne recule devant aucune conséquence,
je reconnais de véritables Phrénologues. Mais vous,
monsieur, comment pouvez-vous conserver ce nom ?
Quoi ! vous réduisez votre opinion à une vague multiplicité d'organes, et vous nous parlez de Phrénologie !
Vous rejetez avec dédain la crânioscopie, cette partie
essentielle du système que vous prétendez être le vôtre,
et vous vous intitulez disciple de Gall et de Broussais !
Votre bon sens recule, avec raison, devant les extravagances de ces graves auteurs qui inscrivent sans
rire la bosse de la *destructivité* sur la tête du mouton,
et celle de la finesse sur le crâne de l'oie !

Non, Monsieur, vous n'êtes pas Phrénologue. Vous
ne voulez pas de la crânioscopie, et vous réduisez votre
système à n'être plus qu'un squelette, une ombre de
Phrénologie. Voyez ce que vous avez écrit : *Pourquoi*
nous parler sans cesse de bosses et de protubérances ?
Quand avons-nous prétendu que la science Phrénologique

reposait sur les saillies du crâne, et qu'il suffisait de l'inspection de la tête pour deviner tous nos instincts, toutes nos aptitudes ? O Gall, ô Broussais, vous fûssiez-vous jamais attendus à un pareil deni de la part d'un homme qui se prétend votre disciple ?

Direz-vous, monsieur, pour échapper au reproche d'infidélité à l'enseignement de vos maîtres, que vous ne laissez pas d'attaquer en passant les arguments dirigés par nous contre la crânioscopie ? Et que prouve ces traits lancés à la dérobée ? N'avons-nous pas vu déjà vingt fois que vous prouvez ce que l'on ne vous conteste pas, et que vous contestez ce que vous semblez accorder ? Vous repoussez l'accusation de matérialisme, et vous combattez les spiritualistes. Vous désavouez la crânioscopie et vous essayez de la défendre.

Direz-vous que la multiplicité d'organes, admise par vous, suffit pour vous conserver le titre de Phrénologue ? Pure illusion, monsieur, un fait vague et indéterminé n'est pas une science. D'ailleurs la Phrénologie prétend être quelque chose de nouveau. Or, ce fait vague de la multiplicité des organes est très-vieux dans la science. Les philosophes et les théologiens pourraient réclamer à leur bénéfice la priorité de cette opinion. Gall n'est que d'hier ; long-temps avant lui des écrivains ecclésiastiques avaient enseigné cette multiplicité, (1) sans être pour cela Phrénologues.

Je désire sincèrement, monsieur, que vous soyez satisfait de mes raisons. Je ne refuse point le combat, si vous vous obstinez à le prolonger. Mais soyez bien persuadé que je ne me laisserais pas surprendre et entraîner hors du terrain où je me suis placé. J'ai soutenu la spiritualité de l'âme humaine, c'est la spiritualité de l'âme humaine que je continuerai de défendre. J'ai posé nettement la doctrine que je prétendais soutenir, je m'en tiens aux propositions telles que je les ai formulées, je les répète ici de nouveau.

---

(1) Remarquez le bien, nous disons : multiplicité d'*organes*, et non point d'*intelligences*.

1° Nous soutenons que les expressions suivantes : les organes *pensent, jugent, raisonnent*, etc., prises dans leur sens naturel, expriment le matérialisme.

2° Nous soutenons en outre que le matérialisme, sous quelque forme qu'il se présente, et que le matérialisme Phrénologique en particulier, contredit par ses principes et par ses conséquences, non-seulement la science physiologique, mais encore la saine philosophie, la religion et la morale.

Vous, monsieur, vous devrez, pour continuer la polémique, soutenir contre nous les propositions opposées, c'est-à-dire :

1° Les expressions suivantes : les organes *pensent, jugent, raisonnent,* etc... prises dans leur sens naturel, n'expriment pas le matérialisme.

2° Le matérialisme, sous quelque forme qu'il se présente, et le matérialisme Phrénologique en particulier, ne contredit ni par ses principes, ni par ses conséquences, ni la science physiologique, ni la saine philosophie, ni la religion, ni la morale.

Si vous nous attaquez sur les points que nous défendons, nous vous promettons loyale et noble guerre, comme par le passé. Si vous vouliez au contraire détourner la discussion du terrain où nous l'avons placée d'abord, vous auriez la satisfaction de parler désormais tout seul.

Mais non, monsieur, vous ne voudrez pas soutenir les opinions d'un matérialisme impie, lorsque vous pouvez sortir avec honneur de la dispute présente. Ah ! monsieur, le symbole chrétien est si beau ! Il est si touchant cet article de notre foi : JE CROIS A LA RÉSURRECTION DES MORTS ! Cette ferme croyance est si douce à la mère qui pleure un enfant ravi à sa tendresse ; à l'épouse, à la sœur, au frère, à l'ami qui arrose de ses larmes une cendre chérie ! Mais si l'âme est matérielle, elle périt avec le corps, et toutes nos espérances d'immortalité s'évanouissent. La vie désenchantée ne m'offre plus que des douleurs. La terre, cette terre insatiable qui engloutit toutes les générations , qui dévore tous nos amis, pour ne nous les rendre jamais , cette terre maudite n'est plus pour nous qu'un vaste et lugubre sépulcre , l'éternel séjour des larmes et de la mort !

Non, vous ne vous séparerez pas de la famille chrétienne ; vous ne repousserez pas ses consolations et ses espérances Non, vous n'abandonnerez pas une société au-dehors de laquelle vous ne rencontreriez jamais ni la vérité , ni la paix. Est-ce le sacrifice de vos opinions sur la Phrénologie qui vous coûte ? Eh bien ! conservez-les, si vous le voulez. Mais, à votre tour, soyez chrétien , soyez spiritualiste , et serrons-nous la main !

A. NOGET-LA-COUDRE ,

Chan. honor. , Professeur de philosophie au Grand-Séminaire de Bayeux.

UNE RÉPONSE ENCORE A UN PHILOSOPHE.

Bayeux , le 10 mai 1843.

Amis Lecteurs ,

Nous avons accusé M. Noget de contradictions , et comme les théologiens ont aussi leurs petites passions , et leur petite dose d'amour-propre, M. Noget s'est mis contre nous en colère, et il s'est promis un beau triomphe , en nous accusant nous-même de fausser nos opinions et de nous contredire. Il a soin de nous dissimuler la joie que lui donne l'espérance de nous mettre en opposition avec notre langage, et il a la bonté d'appeler cela une vétille, *une bagatelle!* Pauvre monsieur Noget ! Vraiment il nous en coûte de détruire votre allégresse, et de retrancher encore cette victoire de la liste de celles dont vous faites parade ; mais écoutez-nous : il n'est agréable pour personne d'abandonner ses armes dans une bataille, et vous nous excuserez, nous en sommes certain, de réclamer nos dépouilles, et de vous refuser cette jouissance de la vanité.

Oui, nous l'avons dit, la physiologie brille maintenant d'un trop vif éclat, pour qu'elle puisse être ignorée de ceux qui cultivent les sciences morales et philosophiques, mais cela veut-il dire que la théologie doive sortir de ses attributions pour disserter sur les nerfs, sur l'anatomie du cerveau, sur la pathologie et la médecine ? Parce que vous avez avancé des absurdités pendant des siècles, en faisant abstraction des connaissances que l'observation de la nature nous donne, est-ce un motif pour envahir notre domaine et répandre chez nous la confusion de vos arguties et de vos subtilités métaphysiques ? La philosophie doit sans doute appeler à son aide la physiologie et la médecine ; mais cela n'empêche pas qu'une séparation profonde n'isole la psychologie de la science de l'organisme. Vous pouvez profiter de nos travaux pour vous aider dans l'analyse des phénomènes de l'intelligence ; mais si vous parlez de l'anatomie de nos viscères et du jeu des sympathies qui les unissent, vous commettrez nécessairement de grossières erreurs, et vous légitimerez nos sages lamentations. A vous donc puisque cela vous amuse, de rechercher le principe et la nature de la pensée ; à nous de vous indiquer les conditions de sa manifestation et de sa puissance. Vous vous étonnez que nous invoquions le patronage de M. l'abbé Frère ; ah ? c'est que vous ignorez son talent, ses connaissances anatomiques et physiologiques, et son aptitude à s'occuper d'une science qui le compte avec orgueil au nombre de ses disciples les plus fervents et les plus habiles. C'est un nom que vous n'eussiez pas dû citer pour l'honneur du parti dont vous vous faites l'apologiste, car vous eussiez dû comprendre l'inconvenance qu'il y avait à faire peser sur de tels hommes le soupçon d'immoralité et d'athéisme.

Notre citation doit vous prouver du reste que nous ne consultons pas la couleur de la robe pour rendre hommage au talent et à la noblesse du caractère, et que nous nous abritons avec bonheur sous la soutane des prêtres, quand ils sont instruits, sincères et vertueux.

Vous déplorez, dites-vous, l'amertume de notre langage, mais est-ce notre faute si vous êtes venu nous jeter les accusations les plus dangereuses, et remuer chez nous une indignation qu'a fait naître votre injustice, et qui repose tout entière sur l'amour de la science et de la vérité? Et vous-même, êtes-vous donc à notre égard d'une politesse si raffinée, qu'il y ait ingratitude à vous traiter aussi lestement que nous le faisons? N'avez-vous pas dit *que nos allégations étaient fausses; que notre langage répandait le venin de l'immoralité dans les âmes?* Vous nous avez, il est vrai, accordé d'*heureuses inconséquences:* mais croyez-vous que le vernis de candeur et de piété qui recouvre vos insidieuses paroles les rende moins perfides et moins funestes? Vous voulez le suffrage des hommes sans passion et sans préventions; mais ne faites donc pas descendre dans l'arène les passions religieuses et les rancunes théologiques; vous vous adressez à tous ceux qui aiment le bon sens et la justice; commencez donc par les pénétrer du sentiment de votre franchise, et si vous voulez capter la confiance de leur loyauté, soyez d'abord juste et consciencieux.

Mais comment voulez-vous, chers lecteurs, que nous soyons convaincu de la sincérité des paroles de M. Noget, quand il nous accuse de n'être pas dans la question, parce qu'il lui a plu, sous le prétexte de rectifier nos idées sur l'explication physiologique des rêves, de se lancer à la poursuite d'un fantôme sur lequel il jette le venin de son courroux? N'est-il pas évident que si quelqu'un n'est pas dans la question, c'est M. Noget, qui a abandonné la discussion des rêves, et qui veut se placer sur un terrain qui n'est pas le nôtre, et qui est complètement étranger à nos goûts et à nos habitudes ? N'est-il pas évident que s'il n'était déjà plus dans la question en nous parlant de bosses et de crânioscopie, il y est bien moins encore aujourd'hui qu'il ne veut plus nous entretenir que de matérialisme ? Nous comprenons très-bien qu'il se trouve mal à l'aise devant l'imposant tableau de la nature, où s'évanouissent tous les sophismes et toutes les rêveries psychologiques; nous concevons tout ce qu'il y a de faux et de critique dans la position d'un théologien, qui veut parler de choses qu'il ne peut comprendre, et qui ne voit pas la belle heure où il pourrait réparer ses maladresses, et donner cours à son éloquence sur un sujet plus conforme à ses études. Mais que nous importe, à nous, la prétention de M. Noget de combattre le matérialisme ? Nous le lui avons déjà dit, nous ne le suivrons pas dans ses divagations métaphysiques, et nous voulons rester dans la sphère de la physiologie et de la pluralité des organes encéphaliques. Ses accusations, nous dit-il, ne sont pas dirigées *contre les doctrines pratiques et les sentiments intérieurs de Gall, de Spurzheim et des autres Phrénologistes :* que signifient alors toutes ses jérémiades et ses piteuses doléances ? Que signifient ses lamentations sur le refus de Gall et de Broussais de recevoir les secours de la religion catholique ? N'y a-t-il donc que depuis l'avènement de la Phrénologie que l'on meurt sans confession ? Et s'il est vrai que notre doctrine doive inspirer des sentiments d'impiété et d'athéisme, nous demanderons à M. Noget pourquoi M. l'abbé Frère unit aux croyances Phrénologiques les convictions religieuses les plus vives et les plus raisonnées, et comment il se fait que le philosophe du grand séminaire ait, comme nous-même, brigué, il y a quelques mois, l'honneur de le recevoir et de l'entendre ? Y a-t-il donc aussi pour M. l'abbé Frère d'*heureuses inconséquences ;* est-ce un ignorant adepte d'un système d'impiété et de matérialisme ?

Quant à nous, nous n'avons pas prétendu défendre autre chose que la Phrénologie, et si nous avons cité Gall dans notre réponse, c'était parce que M. Noget n'avait pas craint de nous dire que le matérialisme découlait de notre système, et que la théorie de la pluralité des organes de l'âme conduisait au fatalisme, à l'immoralité, à l'athéisme. Il n'a pas oublié qu'il soutenait encore le 12 avril *que la doctrine de Gall et de Spurzheim rendait l'existence de la religion difficile, qu'elle détruisait le libre arbitre, conduisait à tous les forfaits, et que la liberté étant méconnue le vice et la vertu étaient impossibles.* Il s'est vite aperçu, toutefois, qu'il ne pouvait avoir gain de cause sur ce chapitre, et il n'a pas jugé convenable de réfuter une seule des raisons que Gall apporte dans ses ouvrages pour justifier son système de ces reproches irréfléchis. Il prétend qu'il nous a accordé dès son début que Gall et autres Phrénologistes reconnaissent un Dieu, une âme, une religion, et plus tard il nous accuse d'admettre *la multiplicité du moi avec les Phrénologues matérialistes !* Mais si Gall, qui a admis cette multiplicité du *moi* n'est pas matérialiste, comme notre adversaire l'a reconnu lui-même, comment se ferait-il que nous le fussions à ses yeux, en adoptant la même théorie ?

M. Noget nous reproche de lui avoir donné la qualification d'*inquisiteur de la pensée,* et quinze lignes plus loin il a la gracieuseté de nous demander *si nous voulons nous faire le champion du matérialisme ou si nous ne le voulons pas !* et il appelle cela *débattre une discussion scientifique et respecter la conscience !* Quelle importance M. Noget peut-il donc attacher à la connaissance de nos opinions ? Que peut-il en résulter pour ou contre la Phrénologie ? Si nous sommes spiritualiste, la chose n'a rien qui doive le surprendre; car, il vous l'a dit lui-même, on peut être Phrénologiste sans blesser la foi. Si nous sommes au contraire matérialiste, quelle conséquence peut-il en tirer ? Aucune assurément qui soit défavorable à notre doctrine, car, il vous l'a dit encore, il y a aussi des matérialistes parmi les psychologues et ceux qui ne veulent pas de la pluralité des organes encéphaliques, et vous concevez que la découverte de nos pensées ne peut en aucune façon servir ou compromettre la Phrénologie. Que veut-il donc, ce bienveillant M. Noget? Nous serrer tendrement la main, et nous étouffer de caresses, quand nous lui aurons ouvert notre conscience? il serait possible; mais à quoi bon attendrir le public à la vue d'un spectacle si délicieux et si touchant? Satisfaire seulement sa curiosité? — Mais ce serait une mauvaise plaisanterie que de nous faire faire une confession pour un motif aussi frivole. Décidément nous ne voulons pas la lui faire. Nous avons assez répondu à ses questions, en lui prouvant que la Phrénologie ne détruit pas la croyance du spiritualisme, et d'ailleurs, ne l'a-t-il pas avoué lui-même? Nous lui répéterons encore que nous ne voulons pas commettre la faute qu'il a faite, en nous lançant à notre tour dans une sphère qui nous est étrangère; que l'inconvenance et le hors-d'œuvre de ses questions inquisitoriales n'échappent qu'à ses amis, et que le physiologiste, malgré le respect dont il entoure les croyances religieuses, ne s'occupe que du jeu des organes, et non du mystère de l'animation qui le sollicite; qu'il ne recherche pas la source des phénomènes qui constituent la vie, et qu'il ne doit avoir d'autre but que celui d'étudier les lois de la nature, et de faire voir que ses doctrines sont tout aussi compatibles que celles de M. Noget avec les grands principes de morale qui protègent la société. Il serait curieux vraiment que, pour l'édification de M. Noget, nous vinssions convertir les pécheurs et les incrédules, et faire aussi des sermons de propagande? Voyez donc le bel avantage! Gall s'est efforcé de rassurer les croyances du spiritualisme, tous ses chapitres sont empreints de l'idée sublime de Dieu et de la morale, et M. Noget a déversé sur ses œuvres l'outrage et le mépris; il l'a mis au ban de la théologie; il nous a dit qu'il prêchait le fatalisme et l'immoralité, et c'est avec de

telles armes qu'il veut nous jeter sur un terrain qui
n'intéresse en rien la Phrénologie, et dont elle ne s'inquiète pas le moins du monde. Oh! non, nous ne serons pas pris à ce piège de déloyauté. Nous n'avons
jamais attaqué ni défendu les croyances de M. Noget ;
nous le laissons libre de ses actes, mais nous nous ré-
servons de relever ses bévues physiologiques et ses allégations calomnieuses et mensongères. Ce n'est pas nous
qui sommes allé troubler les douceurs de sa vie mystique, et il a bien mauvaise grâce aujourd'hui de se plaindre
de nos ripostes et de nos *coups d'épingles*, quand il est
venu lui-même se frotter contre l'aiguillon qui le pique.

Et puis, voyez un peu son inconséquence! Il nous
accuse au commencement de son premier article d'*enseigner ouvertement le matérialisme*; il envoie à notre
adresse cinq chapitres *démesurément longs* pour nous
faire voir toute l'énormité de notre faute, toute l'hor-
reur du délit que nous venons de commettre à la face de
Dieu et des hommes, et c'est après avoir divagué pendant un mois sur cet étrange domaine qu'il vient nous
demander si nous sommes matérialiste! Il n'était donc
démontré pour personne et pas même pour lui que
nous fussions matérialiste ; il a donc parlé pour le plaisir de faire des phrases, et vous devez voir que ce n'est
pas sans raison que nous lui avons adressé l'épithète
d'*accusateur sans bonne foi et d'inquisiteur de la pensée*.
Vous voyez bien que nous avions raison de le rappeler
aux sentiments de la justice et de la charité qu'il nous
semble ne pas connaître, et que, malgré ses titres de
philosophe et de prêtre chrétien, il mérite les leçons
de morale qu'on lui donne.

A la peine que prend M. Noget pour vous expliquer
ses contradictions, à son préambule, à ses phrases entortillées, et à la tergiversation de son langage, il est aisé
de comprendre qu'il a deviné la justesse de nos observations, et qu'il fait de vains efforts pour dissimuler sa
défaite. Ce qu'il dit de la cessation de toutes les sensations en même temps, après l'enlèvement des hémis-

phères cérébraux, prouve jusqu'à l'évidence qu'il n'a pas la plus faible notion d'anatomie et de physiologie expérimentale. S'il est, en effet, un fait acquis à la science, c'est que la destruction des hémisphères n'anéantit pas toutes les sensations, et s'il veut se donner la peine de parcourir le premier volume des leçons de Magendie sur le système nerveux, il lui sera facile de se convaincre de cette vérité. Ce n'est pas dans les hémisphères que les sensations ont leur siége ; mais en supposant même qu'il en fût ainsi, M. Noget ne se tirerait d'une contradiction que pour se jeter dans des naïvetés, dont nous cherchons encore à le croire incapable. Car si, comme il le prétend aujourd'hui, il eût voulu prouver dans sa septième proposition que les hémisphères étant enlevés, l'animal cesse de percevoir les sensations, il eût parlé pour ne rien dire. Il est évident en effet que si l'on détruit les organes des sensations et de la pensée, ces phénomènes sont rendus impossibles ; mais ce n'est vraiment pas ainsi que l'entendait M. Noget dans son article du 29 mars : car la conclusion qu'il tire de ses propositions, *c'est que le cerveau remplit les fonctions d'un organe unique.* Or, si les sensations ne disparaissaient qu'avec tout l'organe qui leur donne naissance, qu'est-ce que cela prouverait contre la doctrine de la pluralité des organes de la pensée ? Rien, assurément ; et l'on ne peut croire que M. Noget eût abusé ainsi de la patience de ses lecteurs pour les entretenir de propositions qui n'auraient pas été applicables à la discussion de la Phrénologie, qui nous enseigne que nos facultés naissent et s'anéantissent à des époques différentes de la vie, et qui tire de cette vérité des conclusions que M. Noget avait intérêt de détruire. La rectification qu'il apporte à la signification de son septième *fait,* n'en démontre donc nullement la justesse ; elle ne fait que prouver de plus en plus son incompétence à traiter des questions physiologiques ; l'inconvénient qu'il y a de s'occuper d'une science que l'on ignore, et le danger que court la conscience, quand on veut protéger les intérêts de sa vanité. Et puis, il nous accuse de subtilités, et il veut que nous démentions ses expériences ; mais à quoi bon, puisque réduites à ces chétives proportions, elles ne signifient plus rien, et ne contredisent nullement notre théorie ? Vous apprécierez seulement, chers lecteurs, lequel de nous ou de M. Noget se sert d'arguties, et s'il n'est pas évident pour tout le monde, malgré la souplesse de sa conscience, qu'il bat en retraite, en cachant toutefois de son mieux son inconséquence.

En vérité, les philosophes et les théologiens surtout, sont singulièrement curieux dans l'explication des problêmes qu'ils veulent résoudre. Vous vous rappelez que nous avons soutenu que M. Noget pouvait être aussi bien que nous accusé d'une tendance au matérialisme, puisqu'il supposait *une action réciproque de l'âme sur le corps et du corps sur l'âme*, et que nous lui demandions comment nos organes, inertes de leur nature, trouvaient en eux le principe de réaction qu'il leur attribue. Nous lui faisions observer qu'il n'y avait donc pas, d'après sa théorie, besoin d'une âme pour sentir, puisque la réaction suppose la sensation, et qu'il la concédait à l'organisme. Eh bien ! après avoir pompeusement annoncé *qu'il ne va pas nous cacher ce qu'il a voulu nous dire*, il remplit merveilleusement sa promesse, car il parle pour ne rien dire du tout. Il n'y a pas une ligne qui puisse lever nos scrupules sur la part *active* de nos viscères dans les phénomènes de la vie physique et morale, et M. Noget nous paie de mots, n'ayant sans doute rien de plus satisfaisant à nous offrir. Savez-vous donc comment l'âme agit sur le corps, et le corps à son tour réagit sur l'âme ? Eh ! mon Dieu, la chose est des plus simples ! C'est, nous apprend M. Noget, *qui n'écrit que pour être compris, parce que l'âme commande à notre corps, et le met en mouvement, et que les impressions du dehors sont transmises à l'âme par le moyen du corps.* Qu'on nous dise après cela que les théologiens ne sont pas lumineux comme le gaz hydrogène (1) !

Il nous demande où gît la contradiction qu'il a pu commettre en nous annonçant que l'*enlèvement des hémisphères fait perdre l'intelligence*, et que *l'on ne peut localiser un acte simple dans un sujet étendu.* Nous nous empressons de lui répondre que la contradiction nous paraît assez apparente pour être vue de tout le monde excepté de lui-même, car il est clair, qu'en plaçant la pensée dans les hémisphères, il la localise, et que par conséquent il met en défaut sa seconde proposition.

Habitué que nous sommes, très-chers lecteurs, à nous occuper des sciences physiques et positives, nous vous avouons que nous affectionnons très-peu les allures métaphysiques, et que ce qui est patent aux yeux de la raison, nous semble n'avoir pas besoin de commentaires. Le langage embrouillé des théologiens est pour nous trop rempli de réticences, et nous avons le malheur de prendre les choses à la lettre. Mais voyez l'inconvénient ! M. Noget nous annonce dans son article du 29 mars, qu'un homme *qui avait perdu une partie considérable du cerveau, conservait néanmoins toutes ses facultés.* Nous faisions de grands efforts pour trouver la solution de ce problème, mais voilà que dans le journal du 26 avril, il vient à notre secours ; et il nous dit que *cette destruction de l'encéphale, toute considérable qu'elle était, ne l'était pas assez pour atteindre les limites de la pensée,* et qu'il n'a d'ailleurs pas voulu dire *que toutes ses facultés persévérassent en lui au même degré qu'auparavant.* Mais, monsieur Noget, soyez au moins une fois d'accord avec vous-même, car si les facultés ne persévéraient pas *au même degré,* ou bien que la lésion fût *peu considérable,* ne venez pas nous citer ce fait comme étant en opposition avec le système Phrénologique, car nous l'acceptons volontiers avec la rectification que vous y apportez, et

(1) Demandatur causam et rationem quare opium facit dormire ; à quoi respondeo quia est in eo virtus dormitiva, cujus est natura sensus assou-pire. (MOLIÈRE).

il ne peut nullement porter atteinte à notre théorie. Mais de grâce, finissez aussi de nous accuser de jouer sur les mots, quand il est évident au contraire que c'est vous qui les torturez, et qui cherchez à remplacer le savoir qui vous manque par des arguties et des amphygouris, indignes de la science que vous attaquez sans la connaître.

M. Noget nous annonce que les propositions qu'il a consignées dans son article du 29 mars, paraissent nous avoir mis dans un grand embarras; qu'il se rassure, car nous affirmons au contraire qu'elles ne nous gênent pas le moins du monde, et qu'elles ne peuvent nullement ébranler l'édifice Phrénologique. Que vient-il nous parler encore de son blessé avec la conservation équivoque de son intelligence? puisqu'il ne sait ni sur quelle partie, ni à quelle profondeur de l'encéphale s'étendait cette blessure et que d'ailleurs il ignore *à quel degré* s'étaient maintenues ses facultés, que peut-il rationnellement en conclure? est-ce avec ce vague de pensée, et cette absence de notions pathologiques qu'il s'imagine faire de la science, et cette prétention parle-t-elle en faveur de son jugement? Eh quoi! il ignore l'anatomie et la physiologie du cerveau; il n'a pas la moindre idée du travail de la cicatrisation; il ne connaît ni les procédés employés par la nature, ni les sympathies qui enchaînent les organes encéphaliques, ni les conséquences de leur mutilation, et c'est lui qui veut nous donner des leçons de physiologie expérimentale! Nous prenons pitié de son orgueil et de son ignorance, et nous lui répétons que les expériences sur le cerveau des animaux sont aussi ridicules que barbares, et que la meilleure preuve de leur inutilité est la contradiction des conséquences déduites par les expérimentateurs. Nous ajouterons que ces cruelles expériences, faites sur des animaux d'un ordre inférieur ne sont pas concluantes pour l'homme; qu'il est fort difficile de borner la lésion que l'on pratique à un seul organe ou d'atteindre la totalité d'un organe cérébral; qu'il est plus difficile encore, pour ne pas dire impossible, de détruire le même organe aussi complètement dans un hèmisphère que dans l'autre , et que toutes ces circonstances ne permettent de tirer aucune conséquence positive sur le siége des penchants et des aptitudes , quand même la cicatrisation des plaies de tête serait plus rapide encore, et que l'animal mutilé recouvrât une santé parfaite. C'est, comme nous l'avons déjà dit , la nature qui s'est chargée de nous instruire, soit par la gradation des cerveaux et des aptitudes dans la série des êtres , soit par les lésions pathologiques qui n'entraînent souvent que la perte d'une faculté, comme nous en avons cité un exemple dans notre réponse du 19 avril. M. Noget devrait d'ailleurs comprendre que s'il était vrai qu'une étendue considérable des deux hémisphères pût être enlevée chez l'homme sans la destruction de l'intelligence, sa théorie serait en défaut comme la nôtre, puisque c'est là qu'il a localisé la pensée.

Nous avions cru, chers lecteurs, que M. Noget, honteux de sa mauvaise foi littéraire, se renfermerait au moins dans le silence , et ne viendrait pas impudemment soutenir ses calomnies et ses mensonges. Mais il est du nombre de ces hommes qui marchent le front levé , malgré la fausseté de leur langage et de leurs convictions ; *il s'agit*, dit-il , *de savoir ce qu'il faut entendre par la vénération dont Broussais gratifie les moutons.* Eh bien ! ouvrons encore le livre de cet homme célèbre et voyons comment il s'exprime sur ce chapitre. Vous savez déjà, par le passage que je vous ai cité, qu'en parlant de ce sentiment chez les animaux, il l'attribue à la tendance qu'ont plusieurs espèces *de se choisir des chefs*, et que c'est pour développer cette idée qu'il nous fait observer *que même parmi les moutons on voit un chef ;* il nous fait voir *que parmi les oiseaux, c'est presque toujours le chef qui surveille ;* plus loin il fait la distinction de ce sentiment chez les bêtes, *suivant qu'il s'applique à l'homme ou aux animaux seulement*, et dans la première catégorie il place le chien qui professe pour son maître une vénération si admirable, si intelligente ; mais nous défions M. Noget de nous citer une seule ligne de Broussais qui ait pu lui

faire croire qu'il accordât l'idée de Dieu aux animaux.
Bien plus, il dit positivement que cette idée ne part point
de l'organe de la vénération. Écoutez-le : il n'y a pas
d'idée, dit-il (1), dans le sentiment de la vénération ;
l'intelligence choisit son objet, ou bien l'habitude et
l'exemple le signalent ; *il ne peut donc être considéré
comme l'origine de l'idée de Dieu.* L'entendez-vous, chers
lecteurs, et pouvez-vous concevoir l'audace de M. Noget
à soutenir encore que Broussais accorde *une nuance* de
religion aux moutons ? et quand nous n'aurions pas la
preuve positive du contraire par le démenti que Broussais
donne à ses allégations, aurions-nous besoin de recourir à d'autres présomptions pour suspecter sa bonne foi
que celles que fournit à chacun le sens commun ? Comment, M. Noget, vous savez que Broussais déniait son
âme et son Dieu ; vous savez, d'après l'aveu que vous en
faites dans votre 5ᵐᵉ chapitre, qu'il se refusait à lui-même
la pensée du spiritualisme, et vous voulez que ce philosophe, qui méconnaissait les sentiments religieux qui
nous élèvent au culte d'un être suprême, en gratifiât les
moutons et leur donnât l'idée de Dieu ! oh ! vous avez
beau faire, vous ne persuaderez cela à personne ; vous
vous retranchez en vain dans les correctifs et les périphrases ; votre *nuance* de religion ne fera pas plus de
dupes que votre culte de la divinité chez les bêtes, et il
sera patent pour tout le monde que vous avez inventé
une calomnie pour amuser les gens qui vous écoutent.
Il sera clair comme le jour que vous avez dénaturé la
pensée de Broussais pour le plaisir d'énoncer des absurdités que vous vouliez combattre, et qu'il n'y a chez vous
ni franchise ni vérité ? Oh ! nous n'ignorons pas que
vous allez vous plaindre encore de nos expressions et
de l'amertume de notre langage ; mais la duplicité nous
révolte, et nous ne pouvons rester impassible devant la
déloyauté du caractère.

M. Noget nous dit que *Gall appelle la religion Vé-*

(1) *Traité de Phrénologie*, page 540.

nération : ce n'est pas plus vrai que tout le reste, et nous le défions de nous prouver cette assertion. C'est Spurzheim qui le premier lui a donné cette qualification.

Nous ne comprenons pas la conséquence qu'il prétend tirer contre la Phrénologie de l'explication donnée par Spurzheim de la ***destructivité ;*** nous avouons bien volontiers que nous ne partageons pas l'opinion de ce savant Physiologiste ; mais comme il y a des moutons dont le caractère n'est pas toujours doux et pacifique, et que certains d'entre eux se font la guerre jusqu'à ce que l'un des combattants ait cessé de vivre, nous ne voyons pas pourquoi l'organe de la destruction ne se rencontrerait pas quelquefois chez les moutons. Nous ajouterons qu'une erreur dans une science ne prouve pas que cette science n'existe pas ; on n'est pas en droit de dire que la chimie ou la physique ne reposent que sur des chimères parce que le nombre des corps simples et les théories de la lumière ou du galvanisme ont singulièrement varié depuis un siècle. Que dirait M. Noget si nous essayions de discréditer la religion par le scandale des querelles de Sorbonne, ou les momeries du mysticisme ? Que dirait-il si nous prétendions ridiculiser les prêtres parce qu'il y en a à Avignon qui ne rougissent pas d'écrire aujourd'hui que la médecine est de leur domaine, *qu'il y a des maladies surnaturelles ; qu'il n'y a point de lésions du système nerveux, et que les désordres qu'on lui attribue sont évidemment produits par le diable, et réclament exclusivement les remèdes spirituels de la foi, c'est-à-dire les oremus et les exorcismes ?* Il nous dirait ce que nous devons lui dire à lui-même, que l'on ne peut tirer des arguments contre une science ou une doctrine de quelques erreurs de ses adeptes, et qu'il faut en tout faire la part du temps et des faiblesses de l'humanité

Il termine son quatrième article en nous rappelant que ces questions ne sont qu'incidentes, et ne touchent pas au fond de la dispute ; cela est vrai, mais elles font connaître les hommes et la droiture de leurs sentiments.

Le cinquième chapitre de M. Noget n'est guère qu'une récapitulation des autres ; c'est encore un sermon en trois points, avec un exorde pompeux et solennel, et une péroraison touchante et pathétique.

M. Noget prétend que nous essayons en vain d'affaiblir ses arguments contre le matérialisme, et que nous ne leur opposons rien de solide ; mais en vérité notre adversaire ressemble merveilleusement à Don Quichotte, qui croyait voir des géants où les autres hommes ne voyaient que des moulins à vent. L'idée du matérialisme, produit sur son âme l'effet d'un cauchemar épouvantable, et il crie qu'on l'étouffe, sans qu'on y ait pensé le moins du monde. Et ce qu'il y a de risible dans ses doléances, c'est qu'au moment où il nous accuse de vouloir détruire le spiritualisme, il nous prie charitablement de lui dire si nous sommes ou ne sommes pas matérialiste ? Curieuse question, qui prouve ce que nous disions tout-à-l'heure, c'est-à-dire le cauchemar et les fantastiques visions de M. Noget. Nous le lui avons déjà dit, il n'est jamais entré dans notre pensée d'attaquer le spiritualisme ; nous défendons la Phrénologie, parce que nous sommes convaincu de sa vérité et de son importance, et nous soutenons *qu'elle ne contredit par ses principes, ou par ses conséquences ni la science physiologique, ni la saine philosophie, ni la religion, ni la morale.* Nous disons, comme physiologiste, qu'il n'y a pas de pensée sans organisme, mais nous laissons à chacun la liberté de ses croyances, et nous nous humilions devant la cause première des phénomènes de la vie et de l'intelligence. Notre langage est toujours celui de la physiologie, et quand nous disons que le cerveau pense et raisonne, nous faisons abstraction du principe qui nous anime, et nous ne préjugeons rien sur l'âme et son essence. Que M. Noget consulte tous les ouvrages qui se rattachent à la science de l'organisme, et il verra s'il en est un seul qui s'exprime différemment que nous.

Il ne veut pas admettre la pluralité des organes de la pensée et renoncer à son unité du *moi*, et pourtant il ne combat aucune des raisons que nous avons émises pour légitimer nos convictions. Un *moi*, dit-il, c'est une personne, un esprit, une intelligence. Nous croyons qu'il se trompe ; un *moi* n'est que la personnification d'une faculté, d'une pensée ; et nous ne voyons pas pourquoi les spiritualistes les plus difficiles se refuseraient d'admettre autant de *moi* que d'instincts et d'aptitudes, puisque l'âme peut faire sentir son influence sur chaque organe encéphalique pris isolément, et que chacune de ses facultés doit imprimer le sentiment de sa puissance, et révéler ses services. Il n'y aura pas pour cela, comme le prétend M. Noget, vingt-cinq ou trente âmes individuelles, mais seulement vingt-cinq ou trente facultés dont la réunion constitue le domaine moral et intellectuel.

Les citations qu'il se donne la peine de nous faire pour nous prouver que Gall ne savait pas ce qu'il entendait par organes cérébraux prouvent précisément le contraire de ce qu'il avance, car il est évident que Gall et les Phrénologistes entendent par là une réunion de fibres nerveuses ou des faisceaux, dont chaque fibrille peut avoir son action propre, mais concourant toujours aux phénomènes complexes de l'intelligence.

Nous ne reviendrons pas sur les sept propositions consignées dans le premier article de M. Noget ; nous avons assez prouvé que le vague des expressions et des pensées les empêche d'avoir aucune signification physiologique, et qu'elles ne contredisent pas plus la Phrénologie que la localisation, admise par M. Noget, des facultés morales dans les hémisphères encéphaliques.

Nous arrivons à la fameuse observation publiée dans le Bulletin général de thérapeutique. Nous félicitons bien sincèrement notre adversaire de l'avoir mise sous vos yeux, et sans la crainte de prolonger une dispute qui doit devenir fastidieuse pour vous, nous l'eussions déjà transcrite nous-même, pour vous montrer combien elle ajoute d'autorité au système Phrénologique. Il s'agit d'un vieillard, âgé de 66 ans, qui se plaint seulement

de faiblesse, et étonne tous ses voisins, dans l'hôpital
où il est admis, par son excessive lubricité. Il se livre
publiquement et avec fureur à des plaisirs solitaires,
qui nécessitent l'emploi de la camisole de force : bientôt
il tombe dans le marasme et il succombe. On fait l'ouverture du cadavre, et l'on ne trouve aucune lésion du
côté du cervelet, où les Phrénologistes ont localisé
l'instinct générateur ; mais seulement le lobe antérieur
droit du cerveau, où réside l'intelligence, est occupé
par une tumeur squirrheuse, qui envahit aussi une
petite portion du lobe antérieur gauche. Or, voyons ce
que la doctrine Phrénologique doit nous dire des dispositions morales d'un homme dans le cerveau duquel
se manifestent ces altérations pathologiques. C'est toujours, vous le savez, chers lecteurs, la faculté la plus
développée ou qui jouit de la plus grande liberté d'action, qui domine les autres ; nous pouvons trouver en
nous-mêmes la force de résister à nos penchants, mais
à la condition que nous pourrons réduire au silence nos
mauvaises passions par l'ascendant des aptitudes morales
et intellectuelles. Paralysez ces nobles aptitudes, et il
sera fort difficile, si de dangereux instincts conservent
leur puissance, que le malheureux qui ressent leur
influence funeste n'obéisse pas au despotisme de ses
pensées, et au délire de la passion qui le tourmente.
Faisons maintenant l'application de cette théorie au
pauvre vieillard dont parle le Bulletin de thérapeutique.
Chez lui l'intelligence n'était pas abolie ; il percevait les
sensations, mais aussi le lobe gauche du cerveau n'avait
pas été détruit par la tumeur qui n'avait pris de ce côté
là que peu de volume, et l'un des hémisphères avait pu
continuer son service, malgré l'altération de l'autre,
comme on voit l'un des yeux continuer d'agir, quoique
l'autre soit malade. Et puis, qui nous a dit qu'une
portion de l'hémisphère n'eût pas été seulement déplissée
par la tumeur qui s'était développée lentement dans
l'encéphale, et que le crâne ne se fût pas en même
temps agrandi pour lui fournir un espace plus considé-

rable ? Toutefois l'intelligence ne pouvait rester complètement étrangère à ces désordres de l'organisme, et les
centres nerveux encéphaliques qui n'avaient pas reçu
l'influence des lésions pathologiques devaient bientôt
prendre sur ceux qui l'avaient ressentie une fâcheuse
prédominance. Et c'est précisément ce que nous démontre la précieuse observation transcrite par M. Noget.
Notre malheureux vieillard devient bientôt insensible
aux raisonnements de sa conscience ; il se livre sans
pudeur aux honteuses jouissances qui bouleversent sa
pensée, et plus la tumeur qui comprime les organes
de l'intelligence se développe, et plus le cervelet, qui
conserve la plénitude de son action, l'entraîne à ses
déplorables penchants. Est-il possible, chers lecteurs,
de publier une observation plus favorable au système
Phrénologique, et n'avez-vous pas lieu d'être surpris
que ce soit M. Noget qui se soit empressé de vous en
donner connaissance ? Oh ! merci, cent fois merci, M.
Noget, du service que vous venez de nous rendre, et si
vous avez ici un correspondant habile qui vous trans-
mette ce qui nous intéresse, veuillez lui en témoigner
notre sincère reconnaissance.

Nous passerons sous silence les réflexions nouvelles
de M. Noget sur la simplicité de la pensée ; qu'il pèse
tant qu'il le voudra les aliments introduits dans l'estomac, nous croyons qu'il arrivera fort difficilement à
nous démontrer que la digestion est cubique ou carrée,
et nous ne comprenons guères mieux la profondeur
métrique d'une digestion que la subdivision d'une pensée. Mais c'est là une question incidente que nous
abandonnons bien volontiers.

M. Noget nous explique ce qu'il a voulu dire en
localisant l'intelligence dans les hémisphères cérébraux ;
nous savons très-bien que dans sa pensée l'âme est
toujours le point de départ des opérations de l'esprit,
mais Gall en localisant ainsi nos sentiments n'admet-il
pas la démonstration du principe qui les détermine ?
C'est donc jouer sur les mots, et rien de plus.

Notre adversaire révendique en faveur de la psychologie l'honneur de diriger la marche de la Phrénologie; qu'il ait donc la bonté de nous dire ce que les dissertations métaphysiques sur l'entendement et la volonté ont produit d'utile sous le rapport physiologique. La doctrine de Gall n'a-t-elle pas dissipé au contraire les ténèbres amassées par l'ontologie de plusieurs siècles ?

M. Noget accuse nos citations de mettre dans un plus grand jour les inconséquences des Phrénologues ; il nous permettra de n'être pas de son avis. Il nous semble que Gall répond victorieusement à toutes les objections de fatalisme et d'athéisme qui ont été adressées *à sa doctrine*, et qu'il démontre sans réplique qu'elle ne peut bouleverser aucuns principes moraux et religieux. Nous nous sommes assez expliqué sur l'unité prétendue du *moi*, pour ne pas revenir sur ce chapitre.

Nous arrivons au dernier reproche de M. Noget, à celui d'être Phrénologue sans Phrénologie. Examinons la justesse de ces nouvelles accusations. La Phrénologie n'est pas autre chose, suivant nous, que le système de la pluralité des organes de la pensée; la crânioscopie n'est qu'un moyen de reconnaître à la surface du crâne le développement des organes encéphaliques qui déterminent nos dispositions affectives et intellectuelles. On pourrait donc ne pas pouvoir deviner nos penchants par l'inspection de la tête, et ne pas cesser pour cela d'être Phrénologue. C'est la distinction que nous avons voulu établir, et nous n'avons jamais eu la pensée, comme le suppose M. Noget, de rejeter avec dédain la crânioscopie. Mais avant d'arriver à la localisation des organes de l'intelligence, n'était-il pas rationnel de commencer par prouver que la Phrénologie était indispensable à l'explication des phénomènes physiologiques ? Devions-nous spécialiser nos aptitudes avant d'avoir cité à l'appui de notre théorie les faits nombreux qui lui servent de fondement, et pouvions-nous asseoir un édifice en commençant par le faîte ? M. Noget a prétendu dans son premier article *que le système Phrénologique était en opposition avec la physiologie*, qu'avions-nous à faire pour démontrer la fausseté de ses allégations ? nous devions lui faire voir que notre doctrine repose tout entière sur l'observation des phénomènes de la nature , et que la vie morale est sans elle un problème indéchiffrable. Or , c'est là ce que nous avons fait , et nous l'avons fait avec un si grand avantage que notre adversaire n'a pas su réfuter une seule des propositions qui servent de base à notre théorie. Maintenant M. Noget veut-il apprendre notre opinion sur la crânioscopie ? nous pensons que s'il est possible de reconnaître au milieu de la masse encéphalique les instruments de chaque instinct , de chaque aptitude , et que le volume de ces instruments soit en rapport avec la prédominance de la fonction qu'ils doivent accomplir , il doit être possible aussi de reconnaître par l'inspection de la tête le développement des facultés morales et intellectuelles. Le crâne , en effet , représente généralement avec fidélité la disposition des circonvolutions cérébrales , et la prédominance d'une faculté ou de l'instrument qui la détermine au milieu d'organes qui ne sont pas développés dans la même proportion doit aisément se traduire par la forme et les dimensions de la voûte du crâne. Il y a sans doute quelques exceptions à cette règle , mais on peut affirmer que le crâne est généralement moulé sur le cerveau, et que la méthode employée par Gall pour arriver à la spécification des organes encéphaliques est parfaitement conforme aux lois physiologiques. « C'est, en effet, comme le fait observer le savant professeur Andral, une chose merveilleuse que de voir dans une foule de cas les parties les plus dures se modifier de telle façon dans leur nutrition qu'elles s'agrandissent ou se rétrécissent dans un espace de temps souvent très-court , suivant que les organes qu'elles recouvrent augmentent eux-mêmes ou diminuent de volume. Voyez, par exemple, comment les côtes s'affaissent lorsqu'un poumon s'est atrophié ; voyez comment un cerveau peu développé entraîne généralement un petit crâne , et comment encore si l'un des côtés du cerveau est resté moins volumineux que l'autre ou l'est devenu , cette inégalité de volume se marque également dans la disposition des parois du crâne. » Nous disons-donc , pour résumer nos croyances, que les organes de l'intelligence sont multiples et que les circonvolutions qui sont l'épanouissement final des parties cérébrales , et qui aboutissent à la périphérie de l'encéphale , font des saillies qu'il est possible de reconnaître par l'examen du crâne. Telles sont nos convictions, qui ne désavouent nullement l'enseignement de nos maîtres , et les vérités physiologiques.

Vous avez vu , chers lecteurs, que nous n'avons laissé sans réponse aucune des objections de M. Noget , et que nous avons dispersé les ténèbres dont il avait essayé d'embrouiller aussi la noble science de l'organisme; mais notre tâche serait incomplète, si nous ne remettions sous vos yeux toutes les questions que nous avons adressées à M. Noget, et qu'il n'a pas su résoudre. Nous lui avons demandé ce que c'était qu'un rêve, une passion, un délire ; et pour expliquer ces phénomènes, il nous a dit dans son quatrième chapitre qu'il ne s'inquiétait pas de nos théories, et *qu'il n'était pas de ces écrivains féconds qui prennent la plume à tout propos;* cela est possible , mais est-ce une raison pour légitimer l'ignorance ? nous lui avons dit que sans la Phrénologie on ne pouvait se rendre compte de la diversité des instincts et des penchants; du développement ou de l'extinction partielle de nos facultés; de la prédominance d'un talent et de l'infériorité des autres ; du pouvoir de reposer l'intelligence en exerçant une autre aptitude ou une autre pensée ; des folies partielles ; de l'oblitération de quelques facultés par des lésions physiques, par l'idiotie ou la démence , et il est resté muet sur la solution de ces grands problêmes physiologiques. Nous lui avons fait voir que la gradation de la pensée et des sentiments dans la série zoologique, était toujours en rapport avec le développement des organes encéphaliques, et que la nature qui proportionne partout les fonctions et les appareils ne pouvait avoir suivi chez l'homme une marche différente dans la manifestation des phénomènes psychologiques, et il n'a pas jugé à propos de réfuter notre théorie, et ces présomptions puissantes qui combattent l'unité de l'organe de l'intelligence. Nous lui avons demandé pourquoi chacun cherche des plaisirs différents, des jouissances qui ne sont que la satisfaction de besoins qui varient comme les individus, si ce n'est parce que les sentiments et les instincts sont sous la dépendance des centres nerveux encéphaliques qui tous impriment le cachet particulier de leur puissance, et nous disent sans cesse : fais, agis. Et il a reculé encore devant la solution de cet immense problème, et pour toute réponse, il nous a lancé l'anathême et déchaîné contre nous les passions théologiques. Il avait accusé la Phrénologie de bouleverser les principes moraux et religieux, et d'abolir l'idée de Dieu et de la justice, et quand nous lui avons démontré la futilité de toutes ces rêveries, il a laissé crouler l'échafaudage inique de ses misérables accusations, et il s'est placé sur le terrain glissant de la métaphysique pour abriter sa défaite. Ainsi donc, chers lecteurs, pas une base de la Phrénologie qui ait été ébranlée sous les coups de notre philosophe ; pas une seule vérité qui ne soit sortie plus éclatante des tiraillements de la dispute. La philosophie, a dit Fontenelle, est une espèce d'enchère où ceux qui offrent de faire les choses à moins de frais l'emportent sur les autres, eh bien ! examinez le système de l'unité encéphalique et la doctrine de la pluralité des organes cérébraux, et si, comme nous l'avons prouvé, nous pouvons expliquer les phénomènes de la vie physique et morale à moins de frais que nos adversaires, n'ayez pas égard aux subtilités de la métaphysique pour vous arrêter dans la voie de la science et de la vérité. La Phrénologie est bâsée sur la nature, et, comme toutes les œuvres de Dieu sont faites avec sagesse, il ne peut être dangereux de la faire connaître ; ne concluez donc pas des prétendus dangers que M. Noget croit apercevoir dans l'application de notre doctrine qu'elle ne repose que sur des fondements ruineux, mais seulement que les conséquences tirées par notre adversaire sont fausses, et que c'est à lui à rectifier ses jugements et ses inductions ; rappelez-vous que la Phrénologie est une science de faits, et que ce ne sont pas des déclamations et des anathêmes qui peuvent la détruire. Que M. Noget observe le mécanisme de la vie humaine, et si les faits qui seront un jour acquis à son expérience ne sont pas conformes à ceux que nous avons observés nous-mêmes, nous sommes trop jaloux de la vérité pour ne pas accueillir ses démonstrations, et nous rendre à l'évidence des faits et de la raison ; mais en attendant que l'étude de la nature l'ait rendu compétent à discuter les principes de la physiologie, qu'il nous permette de récuser ses sentences et de garder nos convictions.

Nous croyons que la légèreté avec laquelle on critique la Phrénologie ne tient pas seulement à l'ignorance des lois qui régissent la machine vivante, et qu'elle doit aussi dépendre de l'ignorance des services que cette science doit rendre à l'humanité. Essayons donc de retracer en peu de mots son utilité ; ce sera démontrer encore les faux jugements de ses antagonistes. Ne doit-elle pas servir de base à un système nouveau de philosophie ? N'a-t-elle pas substitué à l'analyse arbitraire des facultés humaines le langage éternel de la nature ? N'a-t-elle pas remplacé la voix trompeuse d'une conscience qui se replie sur elle-même, et fait les autres à son image, par l'expression fidèle des besoins et des sentiments que l'organisation détermine ? N'a-t-elle pas modifié ou rectifié les principes de l'idéologie et de la métaphysique ? N'a-t-elle pas fait voir que l'activité morale ne prend pas seulement sa source dans l'éducation, les lois et la religion ; mais dans le développement des centres nerveux encéphaliques ? N'est-ce pas la Phrénologie qui explique la gradation des êtres vivants, qui définit rigoureusement les instincts, les sentiments, l'intelligence ? N'est-ce pas elle qui nous apprend ce que c'est qu'une passion, qu'un rêve, qu'un délire ; qui nous explique pourquoi notre conduite n'est pas toujours conforme aux notions que nous avons du droit, de la justice et de la vérité ; qui nous fait comprendre cette vague tristesse, cette inquiétude qui nous tourmentent quand nos sens et notre intelligence ne nous ont pas mis en rapport avec les êtres qui doivent en effacer le mystère ? Si la Phrénologie fût venue plus vite au secours des métaphysiciens, auraient-ils perdu tant de temps à disserter sur les sensations transformées, sur les idées innées, sur l'existence de la pensée chez les bêtes et sur la nature des impulsions qui les dirigent ? Auraient-ils eu recours autrefois aux bons et aux mauvais génies pour faire comprendre la lutte des instincts et de l'intelligence ? Auraient-ils demandé sérieusement si les corps existent, et les impulsions organiques qui nous portent à satisfaire nos besoins à la suite des sensations qui nous parviennent, n'auraient-elles pas suffi pour nous démontrer leur présence ? Les psychologistes auraient-ils cherché dans la conscience le principe des passions et des aptitudes ; et si nous n'obéissions qu'à l'intelligence éclairée par la raison, aurions-nous aussi souvent à gémir sur les misères qui désolent la société ?

L'homme est tourmenté par une foule d'instincts et de passions qui s'agitent et se combattent sans cesse. Toutes ses facultés lui ont été données par la nature pour satisfaire ses besoins et entretenir avec les êtres qui l'environnent des relations qui sont la conséquence du grand principe de l'harmonie universelle. Mais, au milieu de toutes ces aptitudes qu'il reçoit en venant au monde, l'homme n'est pas également sollicité par la voix de tous ses penchants, et tandis que les uns n'impriment à son âme qu'une impulsion douce et passagère, les autres dominent quelquefois toutes ses pensées, et dirigent ses déterminations. Il est donc bien important de reconnaître les instincts qui sollicitent son enfance, car s'ils devaient dans un autre âge bouleverser son intelligence, et entraîner des actes que la société flétrit et condamne, il faudrait se hâter d'enrayer leurs inspirations funestes; il faudrait développer d'autres facultés, d'autres penchants, et par une diversion morale que la pluralité des organes de la pensée fait aisément comprendre, mettre un frein aux mauvaises passions qui l'obsèdent de leurs fatales exigences. Mais comment imprimer à nos sentiments une direction salutaire, si leur source est ignorée; comment entreprendre la guérison des désordres de l'intelligence, si nous faisons abstraction des organes qui la déterminent; comment modifier nos désirs, nos affections, si nous méconnaissons le principe qui les fait naître, et qu'au lieu de nous aider des grands enseignements de la nature, nous nous abandonnions à la merci des divagations métaphysiques? Il n'y a donc que la physiologie qui puisse nous diriger dans l'étude des fonctions morales et intellectuelles: sur elle doit reposer l'analyse des facultés humaines, le développement de la pensée et l'éducation qui dirige nos penchants et ennoblit nos aptitudes. C'est à la Phrénologie qu'il appartient de mesurer les instincts et les passions, d'indiquer la source des sentiments moraux qui doivent contrebalancer leur influence; c'est elle qui peut nous instruire des bienfaits que l'on peut recueillir d'une éducation morale et religieuse: c'est elle aussi qui peut utiliser de dangereux penchants, et se servir de l'estime que nous avons de nous-mêmes, et de nos vaniteuses illusions, pour nous retenir sur le bord de l'abîme qui menace de nous engloutir. Sans la Phrénologie, point d'hygiène possible des fonctions encéphaliques; point de notions exactes sur les modifications que leur font éprouver le repos ou l'exercice, sur l'équilibre de nos penchants et sur la nécessité de varier nos travaux intellectuels. Sans elle, point de certitude dans le diagnostic des lésions partielles de l'encéphale; partout obscurité et empirisme. Et, si la politique ou le gouvernement des nations a pour base première la con-

naissance des instincts et des passions qui dirigent l'espèce humaine, la Phrénologie ne doit pas non plus
être étrangère aux législateurs, chargés de conduire et
d'éclairer les peuples ; car, avant de nous donner des
lois, ils doivent étudier notre caractère et les secrets
mobiles de nos pensées ; ils doivent puiser dans le grand
livre de la nature des inspirations d'indulgence, de fraternité et de droits sacrés et imprescriptibles ; ils doivent savoir comment s'exaltent les haines et les préventions de la multitude, et ce qu'il faut faire pour civiliser
et agrandir les intelligences.

Mais ce ne sont pas seulement ceux chargés d'instruire ou de gouverner les nations que la Phrénologie
doit éclairer de son flambeau ; elle nous apprend encore
la cause trop fréquente des suicides, de la folie et de
toutes ces morales souffrances, qui moissonnent chaque
jour tant de victimes de l'abandon ou de l'injustice des
hommes ; elle nous fait voir comment le penchant qui
nous domine, comprimé par une volonté persévérante,
se venge quelquefois de son inaction pénible, en bou-
leversant nos facultés, et nous enchaînant à ses passions
et à son délire. Suivez-la dans la sombre retraite de la
folie et de la démence, et vous la verrez toujours attentive et bienfaisante, interroger les instincts et les aptitudes, et réveiller des penchants qui sommeillent, pour
les opposer à la fougue des passions qui ont brisé l'intelligence. Ecoutez-la formuler le système pénitenciaire
des prisons et des bagnes, et vous l'entendrez indiquer
aux détenus les occupations qui sont le plus en rapport
avec les impulsions et les tendances de l'organisme, et
qui doivent développer des sentiments qui réduiront au
silence les penchants funestes qui ont détruit chez ces
malheureux l'harmonie morale ou intellectuelle. Suivez-
la encore dans les cachots du crime ou sur le banc in-
famant des assises, et vous verrez si la doctrine de la
pluralité des organes de l'âme n'est qu'une chimère ; et
s'il est besoin de la physiologie du cerveau pour traduire
la pensée du crime, et éclairer la conscience des citoyens

qui vont décider de l'honneur d'une famille, et soutenir les droits de la justice et de l'humanité. Nous savons bien que la Phrénologie ne peut encore dévoiler tous les ressorts du vice et toutes les turpitudes de l'immoralité et de la débauche, mais elle peut diriger les magistrats dans la voie de la vérité ; elle peut expliquer les circonstances qui provoquent le crime et les luttes inégales de penchants destructeurs avec le raisonnement d'une conscience, que la faiblesse des sentiments moraux rend quelquefois impuissante. Si vous n'admettez pas que la forme du crâne puisse donner la mesure de l'intelligence, et que l'homme ne soit pas quelquefois entraîné par la force de ses instincts et la pauvreté de sa pensée, livrez sans crainte au bourreau toutes les victimes de l'idiotisme et de la démence ; tâchez d'ignorer qu'il y a dans le monde des êtres avilis qui n'ont d'homme que le nom, et dont l'intelligence n'est pas plus développée que celle de la brute ; ne tenez pas compte de ces crânes mutilés par la nature, et qui n'ont pas plus de douze à treize pouces de circonférence, et accordez aux malheureux qu'une hideuse animalité conduit, le discernement et la liberté des hommes qui peuvent jeter dans la balance de leurs mauvaises passions les nobles instincts de la moralité et de la bienveillance. Oui, nous le répétons, pour n'être pas Phrénologiste, il faut ignorer la gradation des êtres et des intelligences ; il faut être sourd aux enseignements de la physiologie et de la médecine ; il faut fermer les yeux à l'évidence et s'abandonner à ses préventions ; il faut faire abstraction des intérêts de l'humanité et de la justice ; il faut enfin préférer les rêves de l'ontologie à la voix puissante de la nature et de la vérité.

Maintenant, très-chers lecteurs, nous avons accompli la tâche qui nous était imposée ; nous avons secoué le joug que des tendances irréfléchies voulaient imposer à nos pensées et à nos convictions ; nous avons relevé les autels profanés de la Phrénologie, et nous rentrons dans le repos habituel de notre vie physiologique, si toutefois les philosophes veulent bien nous le permettre.

Et pour vous, M. Noget, pour rendre hommage aux affectueux témoignages que vous nous adressez à la fin de votre cinquième chapitre, nous regrettons de ne pouvoir puiser dans le caractère sacré de la mission que vous remplissez sur la terre toute la suavité de vos inspirations, toute la douceur de vos chrétiennes doléances. Vous avez compris enfin tout ce qu'il y a de sublime dans le rôle du prêtre à parler de consolations et d'espérances; vous avez fait entendre le langage de la paix et de la charité, et vous avez effacé les derniers vestiges des rancunes et .des anathêmes théologiques. Soyez convaincu, Monsieur, que notre plus douce jouissance est de tendre la main au philosophe qui nous exprime des sentiments si délicieux, et que notre estime est depuis long-temps acquise à vos talents distingués, malgré la divergence de nos croyances Phrénologiques.

TH. LABBEY, D.-M.-P.

Nous voulions clore par un compliment gracieux nos débats Physiologiques, et nous nous torturions la tête pour répondre aux gentillesses de M. Noget, qui nous serrait la main, et nous montrait le ciel. Nous n'avions pas craint d'affourcher le vieux Pégase, et nous arrivions tout essoufflé des rives du Permesse, en chantant les stances finales de notre épître:

Je suis content de votre gentillesse;
Monsieur Noget, vous êtes ravissant.
Tout est pour vous, la bonté, la sagesse,
L'esprit sublime et le cœur caressant;
Et vous voulez, par excès de tendresse
Que le Bon Dieu me reçoive en son sein !.....
Cent fois merci de votre politesse;
Embrassons-nous, et serrons-nous la main.

Pourquoi vraiment sur la terre où nous sommes,
Dans la rancune abîmer nos beaux jours ?
C'est l'amitié qui console les hommes,
Les ennoblit, et les charme toujours.
Aimons-nous donc ; telle est la loi suprême
Qu'un Dieu de paix impose au genre humain ;
Plus de courroux, de mépris, d'anathême,
Embrassons-nous, et serrons-nous la main.

Moi vous haïr ! quelle étrange folie,
Quand ma devise est amour, liberté.
Vous me damner ! quand votre âme accomplie
Prêche partout la paix, la charité ;
Oh ! non, jamais. Si la Phrénologie
Trop jeune, hélas ! s'égare en son chemin,
S'égare aussi votre théologie......
Embrassons-nous et serrons-nous la main.

Loin des Palais, que fuit votre innocence,
Loin des ennuis de frivoles discours,
Loin des grandeurs que la sottise encense,
Tout comme vous je sais couler mes jours.
Tout comme vous, j'ai besoin de croyance,
De vérité, d'espoir au lendemain ;
Je suis heureux d'un peu de bienveillance ;
Embrassons-nous, et serrons-nous la main.

Mais un ami de M. Noget, qui craignait que la
douceur de nos chants n'endormît l'ardeur belliqueuse
de notre adversaire, nous conseilla de supprimer nos
poétiques inspirations. Nous nous sommes plus d'une
fois reproché cette fatale condescendance ; notre refrain
pathétique eût peut-être empêché M. Noget de nous
adresser la lettre suivante qui a rallumé les brandons
de la discorde.

RÉPONSE DE M. NOGET A LA NOUVELLE RÉPLIQUE DE M. LE Dr LABBEY.

Bayeux, le 24 mai 1843.

Vous paraissez, Monsieur, le mettre perpétuellement en oubli, et vous me forcez de le répéter de nouveau. *Je soutiens, 1° que les expressions suivantes : Les organes pensent, jugent, raisonnent, etc., prises dans leur sens naturel, expriment le matérialisme. Je soutiens, 2° que le matérialisme sous quelque forme qu'il se présente, et que le matérialisme Phrénologique en particulier, contredit par ses principes et par ses conséquences, non-seulement la science physiologique, mais encore la saine philosophie, la religion et la morale.* C'est en ces termes que j'ai formulé mon opinion, et je n'ai pas moins nettement formulé les propositions contradictoires que je combats. Le véritable état de la question n'aurait pas dû après cela vous échapper.

Pourquoi donc déplacez-vous encore dans vos derniers articles le véritable point de la polémique ? Vous ne montrez pas que les expressions suivantes : *Les organes pensent, jugent, raisonnent, etc., prises dans leur sens naturel, n'expriment point le matérialisme.* Vous ne justifiez pas la Phrénologie MATÉRIALISTE (n'affectez pas d'omettre ce mot) vous ne justifiez pas la Phrénologie matérialiste des graves et justes reproches que nous lui avons adressés. C'était cependant la seule manière logique de nous répondre.

Au lieu de cela, que faites-vous ? Vous en revenez de nouveau à me parler de rêves et de délire. Je ne conçois pas, en vérité, l'importance que vous attachez à m'attirer sur ce terrain fantastique. Encore une fois je n'ai prétendu, sur ce point, ni combattre, ni défendre vos théories.

Vous vous obstinez à rester toujours dans le vague. Ici votre langage paraît être spiritualiste, là il redevient matérialiste. Nous avions déjà fait cette remarque, à l'occasion de votre première réponse, et vous nous forcez encore de la répéter au sujet de la dernière. Vous vous enveloppez dans une phraséologie qui prêtera désormais à toutes les interprétations, suivant les exigences. Aux spiritualistes vous pourriez dire : N'ai-je pas parlé plus d'une fois dans le sens de vos opinions ? Aux matérialistes, vous pourriez dire aussi bien : N'ai-je pas maintenu vos principes ? Cela peut être à la vérité fort commode ; mais puis-je, dans ce double langage, reconnaître un adversaire sérieux qui se pose et lutte avec conviction ?

Vous prétendez que, dans mes derniers articles, j'ai mis en doute si vous étiez matérialiste. Pardon, Monsieur, je n'ai pas élevé de doute au sujet de votre pensée intime, je l'ai toujours mise de côté, et l'accusation de matérialisme que j'ai adressée à votre langage, repose sur l'interprétation naturelle de votre article du 15 mars : *Les organes pensent, jugent, raisonnent, etc.* Voilà, vous me forcez de le répéter, toute mon accusation. Vous déclarez enfin, dans votre dernier article, *qu'il n'est jamais entré dans votre pensée d'attaquer le spiritualisme* ; j'applaudis à la pureté de vos intentions, mais elle ne saurait changer le sens naturel des mots.

Vous vous fatiguez à montrer qu'on peut allier la Phrénologie avec le spiritualisme. A quoi bon ? Ce point n'est point contesté. Dès le début, j'avais mis en dehors de la controverse actuelle les Phrénologues qui croient pouvoir accorder le spiritualisme avec leur système. Mais, je vous le répète, je ne combats que la Phrénologie MATÉRIALISTE, si rigoureusement formulée dans ces paroles : *Les organes pensent, jugent, raisonnent, etc.*

A vous entendre, j'ai voulu sans motif me mêler d'une question qui ne m'importait pas. Mais, Monsieur, la théorie émise par M. V.-E. Pilet, dans le numéro du

8 mars, attaquait-elle votre personne ou vos œuvres ?
Pourquoi donc avez-vous aussitôt pris la plume pour
critiquer un article tout-à-fait inoffensif pour vous ? Et
tandis qu'en répondant à un écrivain qui ne vous attaque
pas, vous formulez le matérialisme Phrénologique, vous
crierez à l'injustice, parce que moi, prêtre, j'ai pris la
défense d'un dogme religieux compromis par vos paroles ! N'ayez donc point, Monsieur, deux poids et deux
mesures.

Mais, dites-vous, je me suis érigé en *inquisiteur de
votre pensée*. Eh quoi ! Monsieur, reviendrez-vous toujours à cette objection déjà résolue ? N'ai-je pas fait toutes
les réserves nécessaires *en faveur de votre pensée intime ?*
C'est votre langage matérialiste que j'attaque, et je per-
siste à l'attaquer, parce que vous persistez à le reproduire. Finissez-en donc, s'il se peut, avec le reproche
que vous me faites de vouloir pénétrer votre pensée.
Serais-je par hasard coupable d'avoir supposé que vos
paroles avaient un sens ? J'aurais cru vous faire injure
en supposant le contraire.

Le philosophe, le prêtre et le théologien, dites-vous,
n'ont rien à revoir à vos opinions. Eh quoi ! on aura la
liberté de publier une doctrine matérialiste, on pourra
contredire un des dogmes essentiels de la religion catholique, et l'on interdira la parole à un prêtre chargé par
état d'enseigner et de défendre ces dogmes ! Quoi, Monsieur, un protestant, un juif auront le droit de prendre
la parole pour la défense de leurs croyances, sans que
personne le trouve mauvais : et dans une ville toute
catholique, un prêtre chargé par la confiance honorable
de son évêque d'une partie de l'enseignement ecclésiastique, devra rester muet devant vos attaques !

A la bonne heure, mais la physiologie ne nous regarde pas, et nous sommes radicalement frappés d'impéritie touchant les questions qui s'y rattachent. — M.
Labbey pense-t-il qu'il lui suffira, en sa qualité de
physiologiste par état, de déclarer avec hauteur que
nous n'y entendons rien, et s'imagine-t-il qu'avec cette

affectation d'assurance, il aura toujours raison, même contre l'évidence ? Eh quoi ! Monsieur, révendiquez-vous donc le monopole du savoir, et aurons-nous tort, par cela seul que nous avons osé contredire vos opinions ? Nous respectons la qualité de docteur qui n'est pas chez vous un vain titre, et nous honorons tous ceux qui comme vous l'ont obtenu en faisant preuve d'un talent non contesté. Mais le grade de docteur a-t-il donc une vertu si efficace, qu'il confère, avec le bonnet, une infaillibilité absolue ? Et celui sur lequel n'aura pas été prononcée la magique formule qui fait les docteurs, sera-t-il condamné à ignorer toute sa vie ce que le bon sens proclame ? Sera-t-il obligé de croire en aveugle à toutes les bosses du crâne, à l'existence de 27 ou 35 *moi* dans le cerveau humain, à l'instinct destructeur ou même carnassier des moutons, et aux prodigieuses découvertes de M. Vimont ?

Nous n'avons garde toutefois d'opposer notre autorité personnelle à celle de M. Labbey. Si le reproche d'incapacité ne fût tombé que sur nous seuls, nous l'eussions souffert en silence. Nous avons puisé, mot pour mot, toutes les propositions si maltraitées par M. Labbey, dans les anatomistes les plus renommés ; nous avons au reste employé les raisonnements que ces mêmes auteurs font valoir. Comment se fait-il néanmoins que notre antagoniste ne se fatigue pas de répéter contre nous des reproches et des accusations dont un homme instruit, comme il l'est, devrait mieux connaître la véritable adresse. Car, je n'ose supposer que notre adversaire ne connaisse pas les noms et les écrits dont l'autorité nous sert de garantie. Feindrait-il donc de les ignorer, afin de pouvoir décharger plus librement sa colère *in animâ vili ?* Serait-ce qu'après avoir lu Gall et Broussais, il eût fermé tous les livres, comme si les savants n'eussent pu désormais augmenter le trésor des connaissances humaines ?

Eh bien, nous vous indiquerons quelques-unes de nos autorités. Bérard et de Montègre, dans le Dictionnaire des Sciences Médicales, article *cranioscopie*, ont depuis long-temps réfuté les prétentions de Gall. Ecoutez le savant professeur J. Muller, ce physiologiste éminent : « Il n'y a pas, dit-il, en parlant de la doctrine » de Gall, il n'y a pas *un seul fait* qui prouve de la ma- » nière la plus éloignée, ni qu'elle soit vraie, en la » considérant sous un point de vue purement général, » ni que ses applications spéciales soient exactes. L'or- » ganologie de Gall n'a point de bases expérimentales. » Enfin, on ne peut s'empêcher de repousser du sanc- » tuaire de la science ce tissu d'assertions arbitraires » qui ne reposent sur aucun fondement réel. » M. Rochoux, dans son langage pittoresque, a dit que c'est une des grandes mystifications de ce siècle. Le docteur Foville a démontré récemment la fausseté de la Phréno- logie, et ses admirables travaux sur l'anatomie du sys- tème nerveux lui ont mérité l'approbation des deux corps savants les plus compétents en pareille matière, l'Aca- démie des sciences et celle de médecine. L'hypothèse Phrénologique n'a que très-peu d'adhérents dans les régions un peu élevées des sciences physiques et médi- cales : elle a même été rejetée ou méprisée par tous les physiologistes et naturalistes ayant un nom, tels que Cuvier, Flourens déjà cités dans nos précédents articles, Delamarck, de Blainville, Magendie, Serres, Dubois, etc., etc. Je vous le demande, Monsieur, sommes-nous seuls de notre avis ?

M. Labbey a donc toujours éludé la question capi- tale de notre polémique ; il me suffit d'avoir constaté ce fait, et je ne vois pas l'utilité de continuer une lutte que notre antagoniste paraît s'efforcer perpétuellement de ramener à des questions incidentes. Je suis loin de tomber d'accord avec lui sur ces points accidentels de la controverse ; mais il devient fastidieux d'avoir à dis- puter sans cesse sur des faits secondaires, et d'être forcé de rétablir à tout instant nos textes et l'état de la ques- tion.

Que n'aurions-nous pas à dire, par exemple, si nous

entreprenions de faire voir que souvent notre adversaire dénature notre pensée et notre langage ? Il nous
fait dire avec les matérialistes *que nous localisons la
pensée dans le cerveau;* nous le défions de citer une
seule phrase où ces expressions se soient rencontrées
sous notre plume, et ce n'est pas la seule fois qu'il a
dénaturé nos textes.

Que n'aurions-nous pas à dire aussi touchant l'organe du sentiment religieux que Broussais accorde aux
moutons ? Nous prierions notre adversaire de citer inté-
gralement le texte de cet auteur, et l'on verrait qu'à la
page 339, en commençant sa leçon 11ᵉ, ce professeur
s'exprime en ces termes : « Nous sommes arrivés au
» nº 34 des facultés des Phrénologistes, c'est *la véné-*
» *ration.* Cette faculté a été signalée *par Gall,* qui lui a
» donné le nom de théosophie. » Qu'importe que nous
appellions cette faculté *vénération* avec Spurzheim et les
Phrénologistes, ou bien que nous la désignions par le
nom de théosophie ? Il s'agit toujours du même organe,
et Broussais ne se montre pas aussi scrupuleux que
M. Labbey sur l'expression. Il nous objecte que Broussais, page 340 a dit : « Il n'y a pas d'idée dans ce senti-
» ment ; il ne peut donc être considéré comme l'origine
» de l'idée de Dieu. » Mais nous le prierions une seconde
fois de compléter la phrase, et ses lecteurs la verraient
ainsi rétablie : « Il n'y a pas d'idée dans ce sentiment :
» il ne peut être considéré comme l'origine de l'idée
» de Dieu, *ainsi que l'a exprimé Gall qui peut-être ne*
» *le croyait pas, mais a jugé convenable de le dire.* » Et
cette citation complétée, voici ce qui résulterait : 1º Broussais parle évidemment ici de l'organe de la vénération ;
et suivant lui, comme suivant nous, Gall attribue à cet
organe l'idée de Dieu ; 2º au jugement de Broussais,
Gall aurait bien pu parler contre sa pensée, lorsqu'il
reconnaissait dans l'homme un organe qui donne naissance à l'idée de Dieu. Pour lui, Broussais, quelles
fonctions attribue-t-il à cet organe, puisqu'il lui refuse
de produire des idées ? Des idées, oui ; mais pour des

sentiments, il lui en accorde; la preuve s'en trouve dans la page même citée par M. Labbey, quelques lignes plus bas; et nous prierions une troisième fois notre adversaire de ne point omettre ces mots: « Les idées n'appartiennent qu'aux organes destinés aux idées. » Ainsi, d'après Broussais, il y a des organes destinés aux idées, et des organes destinés aux sentiments; l'organe de la vénération, toujours d'après cet auteur, ne donnerait pas naissance à l'idée de Dieu, mais au sentiment religieux, chicane de mots, comme on le voit, et rien de plus. Broussais s'exprimait d'une manière analogue dans sa profession de foi, lorsqu'il disait: « Je ne puis me faire *une idée* de cette puissance (qui a » formé la nature), » Il avait cependant dit plus haut: « Je reste avec le *sentiment* d'une intelligence coordon- » natrice. » Il demeure donc certain que Broussais attribue à l'organe de la vénération le sentiment religieux sans idée, et que Gall attribue au même organe, conformément, ou contradictoirement à sa conviction, l'idée de Dieu. De plus, Broussais reconnaît dans plusieurs classes d'animaux, et en particulier dans les moutons, l'organe et le sentiment de la vénération. Il est vrai, comme nous en avions fait la remarque, que pour rendre son opinion un peu plus supportable, il traduit en ce cas la vénération par le respect envers les supérieurs; mais n'avait-il pas aussi traduit l'instinct carnassier par la destruction des herbes, afin d'en gratifier pareillement les moutons? Il est donc vrai de dire que Broussais accorde à plusieurs classes d'animaux, l'organe du sentiment religieux dont, suivant Gall, des peuples entiers pourraient être privés.

Nous dirions encore à notre adversaire que pour tirer à lui l'observation de M. Velpeau, il fait plier le texte du bulletin de thérapeutique suivant les exigences de son opinion. Il suppose, en effet, un affaiblissement des facultés intellectuelles, supposition tout-à-fait gratuite, et opposée au récit du bulletin cité. « Aucun embarras » de la parole, aucune faculté abolie, et destruction à

» peu près complète de l'un des lobes antérieurs du
» cerveau, l'autre à moitié détruit ! » Telles sont les
propres paroles de l'observateur. Nous avions parlé
précédemment d'un blessé *qui conservait toutes ses fa-*
cultés, malgré la perte d'une partie considérable du cer-
veau. Notre adversaire avait crié à l'absurde, à l'impossible. Sur ces entrefaites, le bulletin de thérapeutique
publie un fait plus accablant encore pour la Phrénologie.
Que fait M. Labbey ? Il se ravise, et pour faire bonne
contenance en face de l'objection, il soutient bravement
que ce fait, loin d'ébranler sa théorie, la confirme puissamment. Mais comment donner une explication
quelque peu vraisemblable ? La chose est bien simple.
On mettra de côté, on ne tiendra aucun compte de la
circonstance capitale : *Aucune faculté abolie, et destruc-*
tion à peu près complète de l'un des lobes antérieurs du
cerveau, l'autre à moitié détruit, puis on insinuera que
l'un des hémisphères avait pu continuer son service, mal-
gré l'altération de l'autre, comme on voit l'un des yeux
continuer d'agir, quoique l'autre soit malade. Si non à
vero, è bene trovato. Vraiment cela est ingénieux, mais
cela est-il bien logique ? Rien n'est si entêté qu'un fait,
et voici une circonstance qui résiste opiniâtrement à
M. Labbey, c'est que si l'un des lobes antérieurs du
cerveau était à peu près complètement détruit, *l'autre*
pareillement était détruit à moitié, et *aucune* faculté n'était
abolie ! Cependant, puisque d'après les Phrénologues,
le cerveau proprement dit ne remplit pas le rôle d'un
organe unique, mais que chaque faculté intellectuelle
exige dans cette partie de l'encéphale un organe spécial,
comment le cerveau de cet homme se trouvant détruit
à peu près aux trois quarts, aucun organe, aucune
des facultés que les Phrénologues localisent dans ces
régions n'avaient-ils été abolis ?

Et puis, voyez à quelles hypothèses M. Labbey se
trouve entraîné par les besoins de sa théorie. Il suppose
que le crâne du malade aurait bien pu se dilater, pour
faire place à une tumeur squirrheuse *grosse comme le*

poing. Et il s'agit d'un vieillard de soixante-six ans ! Et nul observateur n'aurait remarqué cette monstrueuse dilatation du crâne !

Enfin dans combien d'erreurs les partisans de la crânioscopie ne fussent-ils pas tombés, s'ils eussent palpé la tête de ce vieillard avant l'autopsie, et s'ils avaient voulu juger de l'état du cerveau par la forme du crâne ? Les maladies de ce genre ne pouvant être devinées durant la vie, que deviennent les conjectures de cette *pseudo-science ?* que deviennent ses applications pratiques, à l'éducation, par exemple, à la législation et à l'appréciation des crimes ? Ne sont-elles pas frappées d'incertitude ?

Nous demanderions enfin à notre antagoniste s'il exalte dans son dernier article les merveilleux effets de la crânioscopie, pour lui faire amende honorable d'avoir paru un instant la dédaigner ? A l'entendre, la Phrénologie, assistée de cette auxiliaire, serait la science des sciences, une science sans laquelle on ne pourrait plus être désormais ni instituteur, ni philosophe, ni moraliste, ni législateur, ni juré. Savez-vous pourquoi ? Parce que sans elle on ne peut apprécier les qualités intellectuelles et morales des individus. Par exemple, le moyen le plus efficace de connaître les degrés de culpabilité des malfaiteurs, c'est de mesurer les dimensions de leur crâne, et d'en palper les bosses ou *saillies*. C'est là qu'il faudra désormais aller chercher les circonstances atténuantes ou aggravantes de l'attentat. La conduite antérieure de l'individu, son éducation soignée ou négligée, les antécédents du crime propres à révéler une préméditation plus ou moins réfléchie, tout cela n'est pas capable d'éclairer la conscience des jurés, en comparaison de l'art admirable de palper les bosses ! J'allais vous dire, MM. les jurés, de descendre de vos siéges et de venir promener une main flexible sur la tête du prévenu, et de fermer désormais l'oreille à toutes les discussions ; mais par malheur notre adversaire nous avertit aussitôt que *la **Phrénologie** ne peut encore dé-*

voiler tous les ressorts du vice, et toutes les turpitudes de l'immoralité et de la débauche.

Mais je m'aperçois que je me laisse entraîner malgré moi sur le terrain d'une discussion à laquelle je veux mettre fin. Repoussons donc les arguments nouveaux qui se pressent en foule sous notre plume. Laissons notre adversaire récapituler avec complaisance les questions incidentes ou inutiles auxquelles nous n'avons point voulu répondre. Qu'il appelle notre réserve une défaite : nous le laisserons bien volontiers compter sur ses doigts le nombre de ces exploits glorieux où il a triomphé, faute d'adversaire ; nous ne voulons point troubler ses jouissances. Il nous suffit que le dogme, pour la défense duquel nous avons élevé la voix, soit demeuré hors d'atteinte, au milieu de cette polémique.

Que dirai-je, Monsieur, de la manière gracieuse dont vous terminez votre dernier article ? *Votre estime,* dites-vous, *est depuis long-temps acquise à mes talents distingués.* J'étais loin de m'attendre à une pareille conclusion. Ce langage doit-il être pris au sérieux ? Quoiqu'il en soit, cet éloge ne me donne pas plus d'orgueil que vos précédentes invectives ne m'ont causé de chagrin ou de courroux. Non, non, Monsieur, jamais une vanité ridicule, ni le frivole désir d'attirer sur moi les regards du public pendant quelque temps, ne me firent prendre la plume. Des considérations d'un ordre plus relevé, un motif impersonnel m'ont lancé dans la discussion : j'avais un devoir à remplir, je devais protester publiquement contre la négation publique d'une vérité religieuse. Ne croyez point cependant que je repousse la main que vous consentez enfin à me tendre, après vous avoir moi-même offert la mienne le premier. Non, Monsieur, aucun motif personnel ne m'a guidé, aucun motif personnel non plus ne m'arrêtera! Je ne demande qu'une chose, qu'une seule chose pour sympathiser avec vous, l'unité de symbole. Ne formulez ni le matérialisme, ni aucune autre erreur anti-religieuse dans vos écrits, et vous ne me verrez point entreprendre la critique de vos opinions. Ayez de ma personne telle estime qu'il vous plaira ; mais, je le répète, soyez chrétien, soyez spiritualiste, et serrons-nous la main. Ou, si vous dédaignez l'offre que je vous renouvelle ici, quels que soient à l'avenir vos sentiments à mon égard, du moins, Monsieur, ne m'empêcherez-vous jamais de vous regarder comme un frère, et d'avoir pour vous les sentiments d'affection et de dévoûment que le christianisme sait inspirer. Ceux qui connaissent l'esprit de cette religion, ceux qui me connaissent personnellement, et quiconque a suivi sans passion toute la suite de cette discussion, croiront sans peine que je parle avec sincérité.

A. NOGET-LA-COUDRE,

Chan. honor., *Professeur de philosophie au Grand-Séminaire de Bayeux.*

Confiant dans la bonté de la cause que nous voulons défendre et dans la sincérité de nos convictions, nous nous promettions de poursuivre jusque dans ses derniers vestiges les ténébreuses tendances de l'obscurantisme ; mais la liberté, ce nom magique qui électrise tous ceux qui n'ont pas fait abnégation de leur intelligence, ne fut pas même laissée à notre défense. On nous refusa l'insertion d'une réponse dans le journal qui avait été le dépositaire des anathêmes théologiques, et nous fûmes contraint d'aller chercher dans une ville étrangère la liberté qui nous manquait dans la notre. Le *Haro, national normand*, nous offrit dans notre détresse l'appui de ses colonnes, et nous vinmes nous asseoir au foyer bienveillant de son indépendance, pour adresser notre réplique à M. Noget.

RÉPONSE A LA RÉPONSE D'UN THÉOLOGIEN.

Caen, le 1ᵉʳ juin 1843.

Vous nous rendez l'existence, Monsieur le philosophe. Vous nous aviez menacé, dans votre cinquième chapître, de nous laisser parler tout seul; c'était peu gracieux, et vous n'avez pas été sans vous apercevoir bien vite de l'incivilité que vous nous adressiez, et sans vous repentir de votre inconvenance. Nous en bénissons le ciel, puisque cela nous permet de poursuivre l'entretien qu'il nous est si flatteur de continuer avec vous. Vous avez l'extrême obligeance de nous dire que nous ne justifions pas la Phrénologie *matérialiste;* vous avez raison, Monsieur, et nous croyons avoir eu l'honneur de vous faire observer que nous ne voulons, dans une discussion toute scientifique, prendre parti ni pour, ni contre le matérialisme. Nous justifions la Phrénologie des reproches injustes d'immoralité que vous lui avez adressés; nous nous inquiétons peu qu'elle contrarie ou ne contrarie pas quelques théories, et c'est à vous à traduire sans prévention le langage de la nature, si vous tenez à comprendre la vie morale et l'expression de la vérité.

Vous nous accusez de rester dans le vague des systèmes psychologiques, et de nous envelopper d'une phraséologie qui prête à toutes les interprétations religieuses; c'est précisément ce que nous avons toujours voulu faire. La science ne doit pas être à la merci d'une communion ou d'une croyance; elle s'élève au-dessus des sectes et des coteries, et doit parler le langage de toute la terre.

Vous nous dites que la Phrénologie peut s'allier avec le spiritualisme; mais alors pourquoi tous vos efforts pour nous démontrer qu'elle est incompatible avec les

14

principes moraux et religieux ? pourquoi, dans votre troisième article, l'accusiez-vous de méconnaître la liberté, de justifier le crime et d'abolir l'idée de Dieu ? Dites plutôt que vous avez répété toutes ces rêveries de l'irréflexion ou de l'ignorance, et que vous en apercevez aujourd'hui toute la futilité et l'injustice. Soyez assez sincère pour avouer qu'en vous démontrant que le jugement n'était pas une faculté distincte dans le domaine de l'intelligence, nous devions, comme physiologiste, vous dire que chaque organe cérébral juge et commande à son tour, comme vous dites vous-même, sans attaquer pour cela le spiritualisme, que les yeux voient, que les oreilles entendent. Ayez la franchise de reconnaître que notre langage faisait abstraction du principe qui anime les êtres vivants, et que nous n'avons jamais élevé la prétention d'en déterminer l'origine ou le caractère.

Vous nous demandez pourquoi nous blâmons vos dissertations anatomiques et physiologiques, quand nous avons nous-même pris la plume pour critiquer la théorie de M. Pilet, et faire la guerre à un système tout-à-fait inoffensif pour nous. Notre réponse sera simple : c'est que M. Pilet, en parlant des organes de la pensée, s'est lancé dans une discussion physiologique qui n'était pas étrangère à notre spécialité et à nos études, tandis que vous étiez, comme vous le dites, frappé d'impéritie dans une question qui se rattache à l'organisme, et que vous auriez dû vous attendre à enregistrer toutes les hérésies scientifiques que vous nous avez débitées avec la meilleure foi du monde. Vous nous accusez de revendiquer pour nous le monopole du savoir, mais vous vous trompez : nous savons, au contraire, que la science est accessible à tous les hommes qui ne sont pas dénués de sens commun, mais à la condition de l'interroger sans prévention, et de porter le drapeau de l'indépendance dans l'investigation des faits et des idées qui forment l'héritage des siècles passés. C'est la liberté d'examen qui agrandit l'intelligence ; mais si vos facultés sont emmaillotées, si vous êtes arrêté dans la riche culture de la science par des exigences religieuses ou politiques, vous ne recueillerez rien de son fertile domaine, et vous n'arriverez jamais à saisir la vérité. Pour s'instruire à l'école de la nature, il faut être exempt des petites passions que fomentent les factions et l'intolérance ; il faut abandonner l'esprit de coterie, ouvrir les yeux et ne pas nier l'évidence.

Vous nous répétez que le système de la pluralité des organes de la pensée compte encore des antagonistes. Qui l'ignore ? Mais plus il sera étudié, et moins il comptera d'adversaires. Vous vous abusez pourtant si vous placez au nombre des ennemis de la Phrénologie les hommes illustres que vous nous citez. Il est certain qu'ils ne partagent point toutes les convictions de Gall et de Spurzheim sur la localisation des sentiments et des aptitudes, mais ce n'est pas à dire qu'ils nient la pluralité des organes encéphaliques. Magendie, que vous nommez avec tant de bonheur, reconnaît, dans ses leçons sur le système nerveux, que chaque partie de l'encéphale préside à un certain ordre de phénomènes qui lui sont propres, et que l'on doit arriver un jour à localiser les principales fonctions cérébrales. De Blainville déclare, dans ses ouvrages et dans ses cours, qu'il reconnaît la pluralité des organes de la pensée. Rochoux et Serres n'adoptent pas non plus la classification de Gall ou de Broussais, mais ils font dépendre l'homme moral de son organisation, et enseignent que l'étude des différentes parties de l'encéphale, et l'observation des maladies des centres nerveux, doivent conduire à l'appréciation des fonctions qu'ils remplissent.

Ainsi vous voyez que ces physiologistes adoptent la base de notre doctrine, et attendent seulement du temps la maturité d'une science encore à son berceau. Et puis, si vous pouvez citer quatre à cinq noms illustres parmi les adversaires de la Phrénologie, ne pouvons-nous pas à notre tour opposer à vos croyances les noms de presque tous les hommes célèbres qui font autorité dans la science physiologique , Gall , Spurzheim , les deux Broussais , Richerand , Adelon , Bouillaud , de Blainville , bien à tort réclamé par vous , Cloquet , Andral , Vimont , Dumoutier , Scoutetten , Gaubert , Fossati , Félix Voisin, Londe , Rostan , Ferrus , Bailly , Ottin , Belhomme , Sarlandière , Georges Combes, Frère , etc , etc. ? Ignorez-vous donc , Monsieur , que trois mille élèves se pressaient chaque année au cours de Broussais , et que depuis cette époque la science Phrénologique a fait de nombreux adeptes ? Ignorez-vous que presque tous les médecins de la France partagent nos opinions sur la solidité des fondemens de notre doctrine , et que ceux-là qui ne l'adoptent pas ont intérêt à flatter la coterie qui la repousse , ou sentent , comme le dit Broussais , ce qu'ils doivent perdre à être connus. Ecoutez ce que le savant Andral , président de la société Phrénologique de Paris, et aujourd'hui l'un des plus célèbres professeurs de l'école de médecine , disait , il y a peu de temps encore , en terminant son discours à la séance annuelle de cette société ; son opinion résume parfaitement nos croyances, et servira de réponse à la critique que vous nous adressez. « Je n'ai eu qu'un but, disait-il, c'est celui de » prouver que la science dont Gall est le fondateur, » doit faire désormais partie des études graves et sérieuses » de la physiologie. La question n'est pas de savoir si » dans la détermination des organes encéphaliques , il » y a eu erreur de la part de Gall ou de ses successeurs. » Quand même aucun de ces organes n'aurait encore » été trouvé , les bases mêmes de la science n'en existe- » raient pas moins. Les principes en auraient été posés » à l'aide d'une induction qui a bien aussi sa valeur , et » tôt ou tard arriveraient et s'accumuleraient les faits : » alors la science serait définitivement constituée ; et si » ces faits déposaient en grand nombre en faveur des » principes posés , il ne faudrait pas s'embarrasser de » quelques exceptions ; elles ne seraient qu'apparentes. » Le savant collègue , auquel j'ai succédé dans ce fau- » teuil , M. Bouillaud , a dit avec beaucoup de raison

» dans un ouvrage où il a consacré par l'observation la
» multiplicité des organes cérébraux : *Si toute théorie*
» *qui se trouve en contradiction avec un fait bien observé*
» *est fausse, de même tout fait qui est en contradiction*
» *avec une théorie rigoureusement démontrée, a été mal*
» *observé*. Puisque la science Phrénologique a pour elle
» la vérité, ne vous embarrassez pas de son avenir ; car
» il n'y a pas d'exemple d'une vérité qui, une fois lancée
» dans le monde, n'y ait fait son chemin. Mais il faut
» d'abord qu'elle y paie son droit d'entrée ; il faut qu'on
» se dérange pour lui faire place, et cela est du goût
» de fort peu de personnes. Elle a d'ailleurs le tort grave
» d'être plus jeune que ceux qu'elle prétend éclairer.
» Mais laissez la faire ; elle saura merveilleusement
» jeter derrière elle tous les obstacles qu'on lui oppose.
» La terre n'est pas devenue immobile, comme l'astre
» autour duquel elle gravite, parce qu'il y a trois ou
» quatre siècles on défendit à Galilée d'annoncer que la
» terre tournait, et la circulation du sang n'a pas cessé
» d'exister, pour avoir été opiniâtrément niée bien des
» années encore après avoir été découverte, à tel point
» que, lorsque long-temps après les travaux de Harvey,
» Dodart osa soutenir une thèse à Paris sur la réalité
» de la circulation du sang, les vieux docteurs, au rap-
» port de Fontenelle, trouvèrent que, *pour un aussi*
» *étrange paradoxe*, le jeune récipiendaire ne s'en était
» pas mal tiré.
    » C'est qu'en effet la plupart des grandes vérités qui
» sont venues tour-à-tour éclairer le monde, ont été
» aussi, à leur naissance, des paradoxes, et, à ce titre,
» il était tout simple qu'elles ne fussent toujours que
» difficilement et lentement acceptées. »
    Vous prétendez, Monsieur Noget, que nous déna-
turons votre langage, et que vous n'avez jamais localisé
la pensée dans le cerveau ; mais vous oubliez donc que
vous nous avez dit, dans votre chapitre du 29 mars, *que*
l'enlèvement des hémisphères faisait perdre l'intelligence
et ne faisait perdre qu'elle ? Or, si la manifestation de

la pensée est rendue impossible par la destruction des hémisphères encéphaliques, n'est-il pas clair que vous la localisez dans le cerveau? Il nous semble que cette conséquence est rigoureusement déduite de vos assertions, et il faut de grandes distractions ou une bien petite mémoire pour expliquer vos nouvelles accusations.

Nous vous plaignons, Monsieur, de soutenir encore, au mépris du respect que l'on se doit à soi-même, vos trompeuses imputations. Nous vous plaignons de ne pas comprendre que c'est acheter trop cher le plaisir de nier l'évidence, que de le payer du sacrifice de sa dignité. Non, vous n'avez pu croire que Broussais accordât aux moutons l'idée d'une religion qu'il se déniait à lui-même; non, vous n'avez pu croire que Gall appelât la religion *vénération*, quand vous nous déclarez aujourd'hui qu'il lui donne le nom de théosophie: non, Broussais, ce philosophe d'une intelligence si vaste et si puissante, n'a pu dire les absurdités que vous lui prêtez, et annoncer qu'il n'y avait pas d'idée dans le sentiment de la vénération, pour y placer pourtant, par une étrange aberration de jugement, celle de la spiritualité et de l'être suprême. Non, Broussais n'était pas un disciple à double face, de Garasse ou de Loyola, et il n'a pu, par restriction mentale, opposer ses pensées à son langage: il n'a pu rattacher l'idée de Dieu à la *vénération*, quand il reconnaît que son existence nous est révélée par le sentiment de *causalité*. Toutes vos subtilités chicanières, tout votre dédale de déductions entortillées et de ténébreuse logique peuvent embrouiller vos phrases, mais jamais la vérité. C'est cette vérité qui vous accuse et qui vous condamne; c'est cette vérité qui fait comprendre aux plus aveugles qu'on ne peut traduire la pensée d'un philosophe par les sentiments exprimés par un autre, et que vos rapprochements des textes de Gall et de Broussais sont l'argument le plus puissant qui dévoile votre injustice: c'est cette vérité qui vous empêche de pouvoir citer une seule phrase de Broussais qui exprime l'idée de la divinité chez les bêtes; et c'était pourtant là tout ce que vous aviez à faire, au lieu de vous perdre dans un labyrinthe de périphrases et de merveilleuses subtilités. Tant pis pour vous du reste, si vous avez eu le triste courage d'afficher aussi long-temps les insignes de votre mauvaise foi littéraire ; vous devez être assez puni des réclames de votre conscience, et nous vous abandonnons à ses châtiments.

Vous prétendez, Monsieur, que nous avons fait plier le texte du bulletin de thérapeutique aux exigences de notre opinion ; vous allez voir que vous vous trompez, et que dans la vôtre même, il serait impossible d'expliquer les choses différemment que nous. Vous trouvez extraordinaire qu'une tumeur squirrheuse, développée dans le cerveau d'un pauvre vieillard, n'ait pas *aboli* ses facultés ; mais ne vous avons-nous pas expliqué la cause de ce phénomène ? ne savez-vous donc pas que la physiologie de l'encéphale ne fait pas exception aux lois de l'organisme, et que puisqu'il est double, un côté de ce viscère peut suffire à la pensée ? n'avez-vous jamais appris qu'une tumeur peut déplisser une portion plus ou moins considérable des hémisphères, sans pourtant les détruire ? ne savez-vous pas que l'espace envahi étant le même, une compression qui se fait lentement est beaucoup moins redoutable pour l'intelligence que celle qui se fait tout-à-coup, et que c'est au travail désorganisateur qu'il faut surtout attribuer le trouble de la pensée ? Et si vous savez tout cela, pourquoi ne pas vouloir comprendre la répugnance que nous avions à ajouter foi à l'observation du fameux blessé de votre premier chapitre, et le parti que nous avons dû tirer de la curieuse narration de prédominance lubrique que vous avez publiée ? Et d'ailleurs, si comme vous semblez le croire aujourd'hui, l'intégrité des fonctions morales pouvait s'accommoder de la destruction des hémisphères encéphaliques, que deviendrait la théorie que vous avez adoptée vous-même ? que signifieraient la quatrième et la sixième proposition de votre premier chapitre, où vous nous annonciez que *la destruction des hémisphères*

*fait perdre l'intelligence, et qu'elle s'affaiblit et s'éteint
graduellement, à mesure que la diminution du cerveau
s'effectue ?* Vous voyez bien que vous avez autant d'intérêt que nous à accepter nos croyances, sans quoi les
vôtres courraient grand risque de devenir ridicules, et
que votre critique est au moins imprudente. — Vous
voyez bien encore que d'après votre sixième *fait* l'intelligence de notre malheureux vieillard avait dû *graduellement s'affaiblir*, et que si le bulletin de Thérapeutique
a dit qu'elle n'était pas *abolie*, il n'a pas voulu dire
qu'elle eût conservé toute son activité et toute sa puissance ; et il suffit de cette diminution des aptitudes morales pour que les organes qui jouissaient de la plénitude de leurs instincts, enchaînassent la liberté
du pauvre malade. Et puis, n'est-il pas évident que
si l'hémisphère droit était en partie détruit par la tumeur squirrheuse, l'hémisphère gauche ne pouvait
l'être à moitié, comme vous le dites et comme on a pu
le dire, puisque cette tumeur n'avait à gauche que le
volume d'une noix ; qu'elle avait pu se loger entre les
lames des circonvolutions sans les désorganiser, et que
le crâne avait pu aussi s'agrandir pour lui faire place,
non pas assez, comme vous avez la bonté de le supposer avec une naïveté charmante, pour loger dans sa
dilatation une tumeur du volume du poing, mais assez
pour rendre moins sensible à l'hémisphère gauche une
tumeur du volume d'une noix seulement ; ce qui n'est
pas tout-à-fait la même chose.

Que dirons-nous, Monsieur, de la critique que vous
adressez au tableau que nous avons fait des services
que la Phrénologie doit rendre à la philosophie, à la
médecine, à l'éducation, à la justice et à l'humanité ?
avez-vous vraiment assez de confiance en vous-même
pour vous imaginer qu'il vous suffit d'une misérable
plaisanterie sur la main Phrénologique de Messieurs
les jurés pour faire oublier tout ce que nous avons dit
des vieilles erreurs métaphysiques que notre doctrine à
dissipées ; croyez-vous avoir démontré par l'ironie son

inutilité dans les maisons d'aliénés, dans les bagnes, dans les cours d'assises? Pensez-vous que malgré la possibilité d'interroger la conduite d'un homme dont on accuse la moralité, et malgré les antécédents du crime, il ne soit jamais nécessaire de consulter un médecin sur les dispositions organiques qui peuvent détruire la liberté et paralyser l'intelligence? Croyez-vous encore que l'idiotisme ne se trouve que chez ces êtres hideux et dégénérés qui ne font entendre que des cris rauques et sauvages, et dont les attitudes rappellent le balancement monotone du singe et des bêtes féroces; et ne savez-vous pas qu'il existe aussi des hommes dont l'idiotisme est incomplet, et qui cachent sous le prestige d'un talent ou d'une aptitude l'incapacité morale et intellectuelle? N'est-il pas besoin alors de rechercher dans les dimensions et la capacité du crâne les caractères distinctifs de l'humanité, et d'appeler la science à son aide pour interroger la pensée et déterminer sa puissance? Ce n'est pas que nous nous plaignions, Monsieur, de ne recevoir de vous aucune réfutation sérieuse, mais il nous semble qu'un Philosophe, *gratifié comme vous d'une confiance honorable*, devrait être plus grave et plus jaloux de nous faire voir les ressources de sa logique.

Nous regrettons *que les arguments qui se pressent en foule sous votre plume* vous empêchent d'en saisir un seul pour combattre les bases de la Phrénologie. Voilà la troisième fois que nous les plaçons sous vos yeux, et vous n'avez pu leur opposer encore le plus simple de vos syllogismes. Mais voyez l'avantage d'être Philosophe! Tout autre que vous eût été contrarié de cet humiliant silence, et eût pris le ton larmoyant de la défaite, mais vous êtes trop habile pour avouer vos mésaventures, et *il vous suffit que les dogmes d'une religion* qui console les affligés, *soient demeurés hors d'atteinte dans la bataille*, pour remercier la Providence. Nous espérons toutefois, Monsieur, que la pétulance de vos arguments une fois amortie, vous voudrez bien les diriger sur les fondements de la Phrénologie, et lever aussi nos scrupules sur vos tendances au matérialisme, quand vous nous avez parlé de l'action *réciproque* de l'âme sur le corps et du corps sur l'âme. Nous avons eu le malheur de ne pas bien saisir la lumineuse explication que vous avez eu la bienveillance de nous adresser pour nous faire comprendre ce grand problême de la pensée, et nous réclamons encore l'appui de votre logique.

Nous sommes très-désolé, Monsieur, que vous ayez peine à prendre au sérieux les compliments que l'on vous adresse, et nous sommes trop discret pour en faire pressentir la cause; mais puisque vous n'êtes pas plus sensible à nos éloges, vous nous éviterez à l'avenir les embarras d'une péroraison tendre et affectueuse. Nous désirons pourtant, pour répondre à vos formules de *fraternité*, que le christianisme fasse luire sur vous son flambeau de bienveillance et de charité; nous souhaitons qu'il vous éclaire sur la répugnance du siècle pour l'esprit de ténèbres, sur l'inconvenance des perfides doléances et des anathêmes, et sur le dégoût qui s'attache à l'inquisition de la pensée; nous prions Dieu surtout qu'il vous inspire des sentiments de justice et de vérité, et qu'un jour il vous écoute et vous bénisse.

Nous vous remercions de nous laisser compter le nombre de nos triomphes, et de nous permettre de récapituler vos défaites; mais puisque vous nous avez forcé de changer de champ de bataille et que nous pouvons maintenant user de notre indépendance pour vous faire connaître toute notre pensée, nous allons répondre plus longuement à vos sarcasmes sur la formule magique qui constitue l'infaillibilité doctorale, et nous allons examiner à notre aise, si c'est à vous à réclamer le monopole du savoir que vous refusez à la médecine. Nous vous avons déjà déclaré que nous ne prétendons pas accaparer pour nous seuls les sciences et les lettres, mais il faut avouer pourtant, monsieur le Philosophe, que vous jouez de malheur, vous et les vôtres, qui voudriez sur la terre l'immobilité de l'obscurautisme, dans la solution de toutes les questions scientifiques que vous voulez débattre. Il y a déjà long-temps que le monde est tiraillé par l'ignorance, quand le génie bienfaisant de la civilisation et de l'indépendance l'éclaire et lui montre la route qu'il doit suivre, et presque toujours le rôle des enfants de Loyola n'a pas été celui de l'agrandissement de la pensée et de l'émancipation intellectuelle.

Vous souriez dédaigneusement à tout ce qui élève et ennoblit le cœur de l'homme, et il n'est pas une découverte qui honore la science et l'humanité, qui ne soit antipathique à vos préventions et à vos obscures tendances. Vous invoquez partout la foi religieuse, et vous ne voyez pas que ceux qui lui portent les coups les plus terribles sont les apôtres malhabiles, qui repoussent le progrès des intelligences, et prêchent l'incompatibilité de la science et du christianisme. Quand Roger Bacon voulut secouer le joug de la routine, et interroger la nature pour dévoiler ses mystères, ne le taxâtes-vous pas de magie et d'impiété, et n'eut-il pas l'honneur d'être emprisonné par le général des Cordeliers, qui plus tard avoua sa faute et son injustice ? Quand Christophe Colomb soumit les pressentiments de son génie au conseil de Salamauque, n'accusâtes-vous pas sa théorie d'irréligion et d'ignorance ? Ne dites-vous pas qu'elle renversait la foi de vos pères ? Et pourtant, malgré vos sarcasmes et vos anathêmes, Colomb ne fut-il pas bientôt salué grand d'Espagne, et vice-roi du nouveau monde ? La religion fut-elle anéantie ? Était-il donc vrai que la doctrine des antipodes dût bouleverser vos croyances et ruiner le catholicisme ? Quand Galilée prit la défense du système de Copernic, et plaça le soleil au centre du monde, ne lui adressâtes-vous pas le reproche d'hérésie et d'athéisme ? ne dites-vous pas que son langage détruisait vos miracles et vos convictions, et n'eûtes-vous pas la honte de le condamner à réciter les Psaumes de la Pénitence pour expier sa gloire et son génie ? Et cependant la religion fut-elle exilée du cœur des hommes , et vos ridicules lamentations sur la décadence du miracle de Josué ne lui furent-elles pas plus funestes que les travaux du grand homme qui fut martyr de la science et de la vérité? N'avez-vous pas aussi accusé d'outrager la providence et le savant Réaumur, et le modeste Georges Leroy, qui vous faisaient comprendre toutes les merveilles de la nature , et vous dévoilaient l'intelligence dans les êtres, où votre orgueil n'avait placé que l'instinct et l'automatisme? Et pourtant , la science n'a-t-elle pas sanctionné les enseignements de ces naturalistes? Et quand nous comparons les penchants grossiers de ces nègres abrutis, qu'éclaire à peine une pâle étincelle d'intelligence, avec la sagacité et l'adresse du singe des Célèbes, qui se construit une cabane , réfléchit et raisonne, notre fierté d'homme s'abaisse et s'humilie , et nous admirons davantage tous les secrets et toute la magnificence des œuvres de Dieu. N'avez-vous pas encore soupçonné d'hérésie Buffon, Bonnet, Lavater, Pascal, Descartes et presque tous les philosophes qui ont élargi la sphère de nos pensées? N'avez-vous pas dit aussi que Cuvier était impie et irréligieux, parce qu'il prétendait qu'il avait fallu plus de sept jours pour organiser le monde? N'avez-vous pas fait le procès des Géologues? N'avez-vous pas soutenu que leurs systèmes étaient inconciliables avec le texte des livres sacrés , et qu'ils blasphémaient la Providence? Et cependant , après avoir dit que la physique et la géologie étaient muettes sur la grande question de l'origine et des cataclysmes de la terre, et que ce n'était que dans la tradition divine qu'on pouvait puiser la vérité, vous avez fait amende honorable à la science, que vous avez outragée , et vous avez reconnu que les jours dont le soleil ne mesurait pas la durée, n'étaient que des époques d'un nombre indéfini d'heures et de siècles.

Vous revendiquez la science, mais alors pourquoi dans tous les temps avez-vous tourmenté ceux qui par leur génie lui ouvraient une route nouvelle? Était-ce par

haine de l'ignorance que vous avez signalé aux châtiments
de l'inquisition le célèbre médecin André Vésale, victime
de vos errements et de votre fanatisme ? Etait-ce pour
hâter le progrès des lumières que vous combattiez le
délire du petit-fils de Charles-Quint par la prière des
moines et les lambeaux du suaire de Saint-Didace, et
que vous poursuiviez de vos tracasseries jalouses le savant
illustre dont les soins habiles avaient guéri Don Carlos,
en dépit de vos momeries et de vos reliques ? Dites-nous
si c'était par humanité que vous délaissiez au fond de
leurs cachots les pauvres aliénés, chargés de chaines
et traités comme des bêtes féroces, et que vous les voyiez
jeter dans la tombe sans murmurer sur leurs cadavres
amaigris une parole de prière ou de pitié ? Etait-ce par
amour des arts et des lettres que vous brûlâtes toute la
bibliothèque de Don Henry d'Aragon, et que vous fites
une guerre d'extermination aux livres et aux savants,
sous la domination sanglante du barbare Torquemada ?
Etait-ce pour hâter le développement des arts et de l'industrie que vous enfermâtes dans les prisons de Vin-
cennes l'illustre et malheureuse baronne de Beausoleil,
sous la déplorable accusation de se servir de baguettes en-
chantées et de travailler avec le Diable, qui faisait dans
les mines sa principale résidence, tandis que vous laissiez
jeter son mari dans les tombeaux de la Bastille, sous la
ridicule prévention de magie et de sortilége, sans pitié
pour la noblesse de son caractère, sans souci des calomnies amassées par l'ignorance sur une vie d'abnégation
et de patriotisme ?

Etait-ce la passion du progrès qui vous faisait défendre
aux nègres de Bolivie d'apprendre à lire, et qui vous
poussait à leur enseigner que les mathématiques étaient
une œuvre du démon ?

Dites-nous encore si c'était par amour de la science
et de la charité que vous abandonniez à elles-mêmes
les victimes de la débauche, et que vous souteniez que
c'était entraver les décrets de la Providence que d'ap-
porter soulagement à leurs douleurs. Le temps est-il loin

de nous où vous prétendiez que le Ciel voulait flétrir le libertinage par le hideux tableau de toutes les misères qu'il traîne après lui, et que la recherche d'un remède aux souffrances du vice était une œuvre coupable et sacrilége? comme si les souillures de l'homme venaient de Dieu, et que la bonté de l'Être suprême pût s'accommoder de la désolante doctrine que vous professiez! Et ce n'est pas seulement pour les infirmités qu'engendre la débauche que vous avez fermé votre âme à la pitié. Ne vous souvient-il plus que vous avez aussi lancé l'anathême contre les prôneurs de la vaccine, et que si le bon sens public n'eût fait justice de vos inconcevables rêveries, vous eussiez encore, au nom du Dieu que vous profaniez, décimé l'humanité?

Mais, direz-vous peut-être, toutes ces sottises du fanatisme sont déjà d'un autre âge, et le temps a modifié nos systèmes, et dissipé notre ignorance; nous avançons, comme vous, dans le chemin du progrès; nous pouvons imprimer à notre siècle l'exemple de la moralité et de la justice, et nous revendiquons la part de notre héritage dans le domaine de la pensée et de l'affranchissement des intelligences. Eh bien, Monsieur, voyons sans prévention les tendances des partisans de vos amours scientifiques et littéraires; étudions les faits, et suivons leurs conséquences. Vous affectionnez les sciences et les lettres, et pourtant un prélat, pour récompenser un professeur habile de mesurer les services de la psychologie, et pour encourager son éloquence, le signale, *comme approuvant le meurtre, le vol, la débauche et le parricide!* Il écrit *que le corps universitaire est destiné à imprimer son nom fatal sur de grandes calamités futures, et peut-être sur les ruines fumantes de notre patrie!* Un prêtre annonce la parole de Dieu dans la chaire de Saint-Sulpice, et au lieu des leçons de charité que nous croyions entendre, nous recueillons ces étranges déclamations, *que l'université est la grande prostituée des temps modernes et la sentine de tous les vices.* Ailleurs vous accusez deux académiciens illustres, aujourd'hui ministres, et aussi recommandables par leurs vertus que par leurs talents littéraires d'être les fauteurs de l'ignorance, de l'immoralité et de l'anarchie. Mais ce n'est pas seulement dans le nord de la France que s'étend ce réseau de ténèbres. Nous ouvrons l'*Eclaireur du Midi*, publié par des hommes qui arborent aussi l'étendard du jésuitisme et qui ont reçu le mot d'ordre de l'insurrection théologique. Il ne peut trouver de qualifications trop injurieuses pour flétrir le savoir et le dévouement d'un homme qui a su profiter du progrès de la science moderne pour traiter la folie, et *il gémit de voir les pauvres aliénés de la Salpêtrière livrés aux caprices d'un médecin tel que Trélat, et devenir victimes de ses monomanies furibondes !* Il poursuit de ses récriminations les savants qui honorent le plus la médecine, et *qui poussent, dit-il, l'ignorance et l'incrédulité jusqu'à nier l'existence des démons répandus dans l'air, et la réalité de la magie !* Dans une dissertation sur la maladie des filles de *Charavine* (paroisse du diocèse de Grenoble) où il est aisé de reconnaître tous les symptômes de l'hystérie, il déclare que cette affection *provenait d'opération magique et diabolique*, et que ces sortes de maux *ne peuvent se guérir que par les confessions, les messes et les neuvaines*, et il prétend qu'on ne peut croire que ces maladies se propagent par imitation on par sympathie. Il rapporte à ce sujet l'histoire des filles de *Milet* qui avaient toutes la manie de se pendre et qui, d'après le témoignage des historiens de l'antiquité, ne furent guéries que par une ordonnance des magistrats qui prescrivait que toutes les filles que l'on trouverait pendues à l'avenir, seraient dépouillées de leurs vêtements, et leurs cadavres traînés nus, sur une claie, par les rues de la ville, et il ajoute : *La cause de ce phénomène est facile à expliquer. Les démons, répandus dans l'air, imprimaient dans l'âme de ces filles une tristesse, une mélancolie profonde; puis il les tentaient de désespoir et les portaient au suicide. L'ordonnance des magistrats ayant été publiée, ils cessèrent de tenter de désespoir les filles de Milet, et par cette ruse ils firent accroire aux magistrats, aux médecins et à tous les badauds présents et à venir que la maladie des filles de Milet provenait de l'imagination. C'est ainsi que les démons font des dupes parmi les savants, qui ignorent les choses de Dieu.* Ne voilà-t-il pas des diables bien rusés et bien habiles, et vous avouerez, Monsieur Noget, que si ces démons là ont le grand tort de tenter les filles, ils ont au moins le mérite d'inspirer de bien savantes réflexions à vos amis.

Vous aussi, vous vous êtes fait l'écho des lamentations de l'ignorantisme et de ses imputations ; vous avez pensé que s'il était permis à Avignon, à Paris ou à Chartres de publier ces sottises, vous pouviez aussi, sans préjudice, poursuivre de vos déclamations la science qui élève le plus les intelligences, et vous avez jeté sur nous, malgré l'obscurité qui semblait devoir nous mettre à l'abri de vos accusations, tout le fiel de vos rancunes et de vos anathèmes. Ainsi, partout les diffamations à la place des faits et de la logique, partout la guerre déclarée à la science qui vous gêne et vous embarrasse ; partout le mépris des intelligences que vous dénigrez, quand vous ne pouvez les bâillonner ou les mettre en tutelle ; partout le mensonge et les sophismes, pour masquer de mauvaises passions et de monstrueuses espérances.

Nous savons bien que si vous avez accusé la Phrénologie de légitimer tous les forfaits, de renverser la morale et d'excuser les assassinats et les parricides, c'est que vous obéissiez à l'esprit de vertige qui semble aujourd'hui réveiller dans notre belle patrie les polémiques religieuses, qui l'ont trop long-temps affligée ; nous savons bien encore que le clergé français n'approuve pas cette manie guerroyante, qui signale toujours la présence d'une corporation funeste, et qu'il serait injuste de ne pas reconnaître que beaucoup de Prêtres, amis de leur pays, honorent le christianisme et l'humanité par leurs sentiments de piété sincère et de charité

intelligente ; mais quel moment choisissez-vous pour
nous accuser de bouleverser les principes sociaux et *de
répandre le venin de l'immoralité dans les âmes ?* C'est
quand tous les journaux de Paris retentissent des obscé-
nités dégoûtantes enseignées par quelques-uns de vos
professeurs de morale jésuitique (1) ; c'est quand ils pro-
testent, au nom de la société indignée, contre la turpitude
de votre langage et la révoltante impunité que vous accordez au parjure, au vol, au libertinage, à l'adultère ;
et c'est après toutes ces misères que vous venez afficher
la haine dont vous poursuivez le corps universitaire et
la noble science de l'organisme ; c'est après avoir subi
toutes les déceptions de l'ignorance, que vous venez
froisser nos doctrines et le sentiment de réprobation qui
s'attache à vos ténébreuses tendances ; oh ! vous nous
forcez de remettre sous vos yeux toute une histoire de
honte et de barbarie ; vous nous obligez de vous dire
que vous n'avez pas secoué la poussière des siècles, et
que vous avez vieilli, sans profiter des leçons de l'expérience et de l'adversité. Vous avez beau faire, la science
marchera sans vous et malgré vous ; c'est un torrent
que ne peut arrêter désormais aucune puissance humaine, et qui rejettera sur ses rives le cadavre pourri
de l'obscurantisme. Vous pouvez poursuivre votre œuvre
de ténèbres et d'iniquités, mais si vous voulez la guerre,
prenez garde aux exigences de la victoire et au sauve
qui peut de la défaite.

Nous n'étendrons pas davantage ces considérations
toutes palpitantes pourtant d'intérêt, au moment où
l'hydre impure du jésuitisme lève partout sa tête me-
naçante. Nous en avons dit assez pour faire comprendre
où se trouvent la franchise et la vérité ; nous avons
assez vengé la science des outrages et des calomnies de
ses détracteurs, et nous terminons une polémique que
ne nous permet plus l'embargo de notre défense.

Th. LABBÉY, D.-M.-P.

(1) Voir les *Débats* du 15 mai.

LETTRE DE M. NOGET

AUX LECTEURS DU HARO

EN RÉPONSE

A L'ARTICLE INSÉRÉ PAR M. LE Dʳ LABBEY

Dans ce Journal.

Bayeux, le 7 juin 1843.

MESSIEURS,

Je me serais abstenu de répondre à l'article que M. le docteur Labbey a fait insérer dans le *Haro* du 3 juin dernier, s'il s'était borné à défendre ses opinions Phrénologiques que nous croyons avoir suffisamment combattues. Mais, sous prétexte de continuer la discussion scientifique engagée entre lui et moi exclusivement sur cette matière, il prend occasion de se déchaîner contre tout le clergé, et de diriger contre lui d'insidieuses et fausses insinuations. Quoiqu'il m'en coûte de prolonger une lutte où le langage de la passion a pris, du côté de mon adversaire, la place du langage de la science, je ne saurais pourtant me dispenser de répondre. La conscience me fait un devoir d'opposer la vérité aux noires imputations dont le clergé tout entier est devenu l'objet. Si je m'étais oublié jusqu'à mériter les graves reproches dont mon adversaire prétend nous accabler, devrait-il s'en prendre à tout le corps dont j'ai l'honneur d'être membre ? Je suis là, tout prêt à porter la responsabilité de mes actes et de mes paroles. Si j'étais coupable, ce serait à moi seul de recevoir la juste peine de mon crime. Mais il est plus facile de répéter sous une forme usée des invectives qui n'ont pas même le mérite

de la nouveauté, que de justifier la **Phrénologie matérialiste** des légitimes reproches que nous lui avons
adressés.

Oui, Messieurs, c'est la **Phrénologie matérialiste** seule
que nous avons mise en cause, tel était le véritable
objet de la dispute, et notre adversaire nous avait forcé
de le lui rappeler assez souvent, pour ne devoir plus
l'oublier désormais. Nous avons soutenu et prouvé par
une série d'articles déposés dans les colonnes de l'INDI-
CATEUR DE BAYEUX, que le *matérialisme Phrénologique
contredit par ses principes et par ses conséquences, non-
seulement la science physiologique, mais encore la saine
philosophie, la religion et la morale.* Voilà notre thèse.

Je n'ai pas besoin de rapporter les motifs qui m'ont
fait entreprendre la polémique dans laquelle je me
trouve engagé. Ceux qui l'ont suivie dans l'*Indicateur de
Bayeux* les ont favorablement appréciés ; les leur rappeler serait superflu. Mais il est utile que vous sachiez,
Messieurs, que si le *terrain a manqué sous les pieds de
mon adversaire,* il ne doit nullement ce désappointement
à mon influence personnelle, ni à l'influence du clergé.

La nature même du débat nous avait mis dans la
nécessité d'approfondir les doctrines Phrénologiques du
docteur Gall. Notre adversaire qui les partage, les a
soutenues, sinon dans leur intégrité absolue, du moins
avec quelques restrictions. L'*Indicateur de Bayeux* lui a
donné comme à moi la liberté de publier tout ce qu'il a
voulu, tant que la question est demeurée sur le terrain
de la science. Mais lorsqu'il a présenté à l'impression
l'article que vous avez lu depuis dans le **Haro** du 3 juin,
le journaliste de Bayeux lui a fermé ses colonnes ; mon
adversaire insinue que ce refus lui a été fait à mon ins-
tigation. Il est complètement dans l'erreur à ce sujet.
J'affirme, sans craindre un démenti, que ni moi, ni
aucun membre du clergé n'avons influencé la détermination prise par le journal l'*Indicateur.*

Mais ce grand courroux de mon antagoniste, comment
donc ai-je pu le mériter ? Il est vrai qu'il ne m'épar-

gnait pas dès ses premiers articles les reproches d'ignorance, de déloyauté, de mensonge, de calomnie, de
haine, de rancune, etc. Mérite-t-on tous ces titres in-
jurieux pour défendre son opinion avec tous les égards
exigés par les convenances ? Et où serait la liberté de la
discussion ? Je ne suis point sorti des limites d'une dispute scientifique, et je défie ceux qui ont suivi la lutte, je
défie mon antagoniste de citer *textuellement une seule
phrase dans laquelle j'aie dirigé une injure contre sa personne*; il n'en trouvera pas une seule, à moins qu'il ne
prenne les raisons pour des injures.

Je n'ai jamais attaqué que le *matérialisme Phrénologique*. J'ai accusé plusieurs fois mon adversaire d'en
avoir *exprimé la formule*. Mais toujours j'ai mis de côté
ses sentiments intérieurs; de même que j'ai toujours im-
puté à ce système seulement, et non pas à tous ceux
qui le défendent, les conséquences irréligieuses ou immorales qui en découlent.

Vous trouverez peut-être, Messieurs, que mon langage a été sévère : j'en conviens avec vous. Mais si vous
aviez suivi toute notre polémique, vous penseriez sans
aucun doute qu'il ne l'a pas été trop ; notre adversaire
nous avait malheureusement donné le droit de l'être
davantage encore. Et, vous l'avez vu, mes réponses,
quelque sévères qu'elles paraissent, n'ont pas suffi pour
faire tomber l'injuste reproche d'inquisition et d'attentat
à la liberté, puisqu'on le répète dans les colonnes du
Haro.

Cependant nous avons toujours été tellement éloigné
de vouloir offenser notre antagoniste, que nous com-
mencions notre cinquième article par ce correctif:
« Avec le talent qui le distingue, notre adversaire pou-
» vait mieux faire ; il eût assurément mieux fait, s'il eût
» pris position; surtout s'il eût eu à défendre, comme
» nous, la cause de la vérité. Qu'il nous pardonne,
» lorsque dans l'intérêt de cette cause sacrée, nous in-
» sistons de nouveau pour démontrer le vide de son
» article du 19 avril. Le talent ne suffit pas pour faire

» triompher une erreur insoutenable. » Où est, je vous
le demande, l'esprit de malveillance que l'on nous a
reproché?

Je ne sais pas non plus, Messieurs, pourquoi M. le
docteur Labbey s'obstine à renouveler, par le moyen
de votre journal, une bien futile accusation qu'il avait
déjà plusieurs fois répétée dans l'*Indicateur*. Les trois
premiers articles que j'ai publiés, en réponse à l'un des
siens, étaient, je vous l'assure, de fraîche date et n'étaient
pas, comme il le suppose, à moisir, depuis près d'une
année, dans mes cartons. Si la persistance de mon adversaire à reproduire cette bien petite objection cache
une intention plus importante, ma réponse est une dénégation formelle.

Il m'est inutile, Messieurs, de rentrer dans le fond
de la discussion Phrénologique : les lecteurs de l'*Indicateur* savent que je n'ai besoin de rien y ajouter ; et
vous qui n'avez pas suivi la polémique dès son origine,
vous pouvez, en consultant les feuilles de l'*Indicateur*
où elle se trouve consignée, m'épargner une réplique
désormais superflue. D'ailleurs ne serait-il pas fastidieux
pour vous d'assister à une lutte nécessairement énigmatique pour quiconque en ignore les antécédents? Je vais
donc laisser de côté les instances de M. Labbey en faveur de son opinion Phrénologique, et j'en viens immédiatement aux attaques qu'il dirige contre le clergé et
contre l'Eglise.

M. Labbey avoue qu'il n'a voulu ni renier le matérialisme, ni formuler le spiritualisme ; et il en donne
pour raison *que la science doit s'élever au-dessus des
sectes et des coteries.* Mais il a beau dire, le spiritualisme
n'est ni une secte ni une coterie ; et assurément ce n'est
pas *élever* la science, c'est la faire descendre, que de
lui imposer le scepticisme, c'est-à-dire une ignorance
orgueilleuse, sur les questions les plus importantes pour
la direction de la vie. On insinue que je suis incapable
de faire aucun progrès dans les sciences, parce que
j'appartiens à une *communion* religieuse, et qu'en ma

qualité de prêtre catholique, je crois à un symbole immuable. On voudrait persuader que les incrédules seuls peuvent être exempts de *petites passions*, et que pour être impartial il faut, avant tout, arborer leur drapeau. Mais, grâce à Dieu, il n'en est pas ainsi. Nous allons sans crainte à l'*école de la nature*, nous l'interrogeons sans prévention, nous écoutons ses enseignements avec la sécurité la plus parfaite : parce que, nous le savons, elle ne peut donner un démenti à son auteur. Ceux qui s'intitulent ses disciples lui ont prêté bien souvent des mensonges et des blasphèmes, mais elle ne fut, elle ne sera jamais leur complice. Non, la foi et la science ne sont pas inconciliables ; j'en appelle à toute l'histoire : Copernic, Kepler, Descartes, Pascal, Newton, Leibnitz, Euler, Bonnet, Linnée, de Haller, Jussieu, Galvani, de Luc, Haüy, Ampère, etc., étaient profondément religieux, et maintenant encore les Blainville, les Buckland, les Serres, les Cauchy, et bien d'autres marchent dignement sur leurs traces.

Pour nous, humbles disciples de ces grands maîtres, nous ne voulons pas, quoi qu'on dise, l'*immobilité de l'obscurantisme*. Si nous ne croyons pas aveuglément à toute innovation, c'est que toute nouveauté n'est pas un progrès ; nous applaudissons à tout *ce qui élève et ennoblit le cœur de l'homme, à toutes les découvertes qui honorent la science et l'humanité* ; mais nous ne pensons pas que le matérialisme *élève et ennoblisse le cœur de l'homme*, nous ne pensons pas qu'il *honore la science et l'humanité*. Or, c'est le matérialisme seul que nous avons attaqué, au nom de notre foi religieuse. Quant aux Phrénologues spiritualistes, nous ne leur avons fait qu'un seul reproche, c'est de méconnaître les faits les plus constants. On n'accusera pas sans doute M. Magendie de jésuitisme. Eh bien ! il avait dit avant nous que la Phrénologie est une *pseudo-science, semblable à l'alchimie et à la nécromancie*, et je me suis borné à démontrer cette assertion. Loin de repousser le véritable progrès, j'ai consacré ma vie à démontrer l'accord de

la science et du christianisme. Est-ce moi qui ai persécuté Roger Bacon, Christophe Colomb, Galilée, André Vésale et la baronne de Beausoleil ? Suis-je donc
un Torquemada ? Est-ce moi qui ai défendu aux nègres
de Bolivie, d'apprendre à lire ? Où ai-je enseigné que
les mathématiques étaient l'œuvre du démon ? Quand
ai-je découragé ceux qui donnaient des soins aux aliénés
et aux victimes de la débauche ? Citez, M. Labbey, citez
une phrase où je me sois fait l'apôtre de l'*ignorantisme*.
Que diriez-vous de moi, si je vous imputais toutes les
fautes et toutes les absurdités commises à toutes les époques par les médecins ? Sont-ce les prêtres qui ont combattu l'immortelle découverte de Harvey ? Non sans
doute. Le corps savant auquel vous appartenez en est-
il moins honorable, parce qu'il s'est trouvé dans son
sein des hommes passionnés et des esprits étroits ? Assurément non. Mais serait-il donc plus juste de m'accuser personnellement, ou d'accuser en général le clergé
des crimes et des extravagances de quelques individus ?

N'attendez pas, Messieurs, que j'oppose aux méfaits
vrais ou prétendus du corps ecclésiastique l'exposé complet des services éminents que dans tous les siècles il a
rendus à la société ; les colonnes d'un journal, une
lettre de quelques pages, ne pourraient suffire à les
énumérer : il me faudrait écrire des bibliothèques. Con-
tentons-nous de passer en revue les accusations bour-
soufflées de mon antagoniste.

Notre adversaire insinue que l'Eglise s'est montrée
constamment l'ennemie de la science ; mais l'histoire
de tous les âges proteste contre lui. L'Eglise n'a-t-elle
pas conservé au moyen âge le feu sacré de la civilisation ?
N'a-t-elle pas mis ses ordres religieux au service de toutes
les sciences et de tous les arts ? L'histoire, la philosophie, la littérature, l'architecture, la peinture, la sculp-
ture, la musique, les arts mécaniques, tout, en un
mot, a été cultivé par nos moines. Ces temples antiques
dont on admire aujourd'hui la majestueuse et solennelle
ordonnance, la plupart et les plus beaux des édifices

publics, qui les a élevés avec un art si merveilleux, sinon des prêtres et des moines? M. Labbey ignore-t-il donc qu'à une époque voisine de la barbarie, lorsque l'autorité civile était impuissante pour satisfaire aux nécessités les plus pressantes de l'agriculture et du commerce, des confréries religieuses s'établirent pour construire des ponts, percer des routes, et veiller à la sûreté des voyageurs? Ignore-t-il les immenses travaux des Bénédictins, des Dominicains, des Franciscains, des prêtres de l'Oratoire et des Jésuites? « Ces doctes géné- » rations, enchaînées au pied des autels, abdiquaient » à ces autels les passions du monde, renfermaient avec » candeur toute leur vie dans leurs études, semblables » à ces ouvriers ensevelis au fond des mines d'or, qui » envoient à la terre des richesses dont ils ne jouiront » pas. » (1) Le temps n'est plus où une incrédulité ignorante et fanatique refusait opiniâtrement de reconnaître leurs bienfaits. Le jour de la justice commence à poindre, quoi qu'on dise, et quoi qu'on fasse pour le retarder.

Je ne m'arrêterai pas à discuter longuement tous les faits isolés que mon antagoniste amasse à grand'peine dans tous les siècles, pour démontrer l'*ignorantisme du clergé*. Ces faits ont été pour la plupart réduits, il y a longtemps, à leur juste valeur, et l'on ne saurait, après tout, en tirer aucune conclusion générale. Quelques mots suffiront.

M. Labbey fait grand bruit des persécutions qu'eut jadis à souffrir l'illustre franciscain Roger Bacon, mais il ne dit pas que le pape Clément IV se fit hautement son protecteur. Il évoque pour la millième fois l'ombre de Galilée, mais il oublie que le véritable système du monde avait été auparavant deviné par le docte et pieux cardinal de Cusa, puis démontré par un chanoine qui dédia son livre des Révolutions Célestes au pape Paul III, protecteur si zélé des savants. Pendant deux siècles, trois

(1) Châteaubriand, *Études historiques*, t. I, pages 18-19.

papes et deux cardinaux soutinrent, encouragèrent, ré-
compensèrent et Copernic, et les différents astronomes
précurseurs plus ou moins heureux de ce grand homme.
Dans l'année même où Galilée fut condamné par un
tribunal dont nul théologien ne voudra défendre toutes
les décisions, la cour romaine n'oublia rien pour amener
à l'université de Bologne l'illustre et religieux Kepler.
Or, Kepler professait hautement l'opinion de Galilée
sur le mouvement de la terre, et il prêtait un poids
immense à cette opinion, en complétant par ses savantes
découvertes la démonstration du système copernicien.
C'est un enfant de Loyola, le P. Mersenne, qui eut
l'honneur de faire connaître au monde la *mécanique* de
Galilée. Un des hommes qui contribuèrent le plus à la
réforme si importante du Calendrier, fut aussi un jésuite,
le P. Clavius. Lalande (et cet auteur n'est pas suspect)
observe que parmi les disciples de saint Ignace, il en est
beaucoup qui ont cultivé l'astronomie avec succès, et il
donne une longue liste des astronomes que leur ordre a
produits. S'il s'est rencontré quelques inquisiteurs assez
inintelligents pour ne pas voir que le miracle de Josué
n'avait rien à craindre du système de Copernic, que
nous importe, et qu'est-ce que cela prouve ? L'honneur
de la France ne saurait être compromis par un jury,
comment celui de l'Eglise le serait-il par un tribunal
composé de quelques ecclésiastiques ?

M. Labbey nous demande *qui fit un crime à Réaumur
et à Georges Le Roy d'avoir trouvé de l'intelligence dans
les animaux où l'on ne voulait voir que de l'automatisme.*
Eh, Monsieur, ce sont les Cartésiens. Pour moi, j'ai
toujours sur ce point repoussé les idées de Descartes :
d'ailleurs avant Réaumur et Le Roy, le système de l'automatisme animal avait été combattu avec énergie par
des jésuites.

Mais voici une autre objection qui paraîtra peut-être
plus sérieuse : « Vous avez, nous dit-on, fait le procès
» des géologues ; et puis vous avez été forcés de leur
» faire amende honorable. » A cela nous répondrons :

Quand la géologie ne se formait encore que d'un amas d'hypothèses imaginées en haine de la Bible, et souvent au profit de l'athéisme, les théologiens ont combattu les objections que l'on cherchait à tirer de cette science. Mais le jour où elle a commencé à s'organiser sur la base d'une observation sérieuse et désintéressée, loin de la combattre, les théologiens l'ont cultivée à l'envi. Bien des siècles avant les premiers travaux de nos géologues, des Pères de l'Eglise avaient été conduits à l'opinion des six époques, par l'étude seule de la Genèse. Nous défions que l'on nous cite un seul ouvrage accrédité parmi nous, où Cuvier soit accusé d'impiété et d'irréligion, pour avoir écrit son admirable discours sur les Révolutions du globe. Même avant l'apparition de cet ouvrage, un bon capucin, le P. Chrysologue-André de Gy, avait fait de longues et curieuses investigations géologiques auxquelles l'Institut, par la voix d'une commission spéciale, rendit, en 1806, un glorieux témoignage. Qui ne connaît aussi les services immenses que le pieux abbé Haüy a rendus à la minéralogie ?

La médecine n'a pas plus à se plaindre du clergé que l'astronomie, l'histoire naturelle et la géologie ; j'ose dire même qu'elle lui doit beaucoup. Qui est-ce qui, en effet, fonda, au moyen-âge, les grandes écoles où cette noble science s'est développée ? N'est-ce pas le clergé ? Et, sans remonter si haut, qui ne connaît les magnifiques découvertes du vénérable abbé Spallanzani? Mais bornons-nous à répondre aux objections de notre adversaire. D'abord ce ne sont point des prêtres qui ont persécuté André Vésale. Cet habile anatomiste ayant ouvert le corps d'un gentilhomme espagnol que l'on crut encore vivant, la famille de ce gentilhomme lui intenta un procès. Et, s'il fut condamné, rien ne prouve que ce soit en haine de ses études et de ses lumières. On ne connaît rien de certain sur la mort de l'infortuné don Carlos. Si quelqu'un en fut coupable, ce fut le sombre et cruel Philippe II, et non pas le clergé. Quant au fameux Torquemada, sa conduite ne fut jamais approuvée par l'Eglise. Alexandre VI voulut même le dépouiller de ses fonctions. Et si ce pape fut contraint de céder aux exigences de la cour d'Espagne, qui avait fait de l'inquisition une machine politique, il s'efforça du moins de neutraliser l'influence du farouche vieillard, en lui donnant quatre collègues. Le pape Sixte IV s'était déjà plaint, quelques années auparavant, des rigueurs de l'inquisition espagnole.

J'ignore qui a pu défendre aux nègres de la Bolivie d'apprendre à lire ; mais ce que je sais, c'est que d'innombrables missionnaires catholiques ne cessent, depuis trois siècles, de consumer leur vie au service des noirs et de tous les peuples sauvages ou barbares. Oubliera-t-on jamais les Las-Cazas, les Claver et cette multitude d'ecclésiastiques religieux et séculiers qui se sont dévoués avec tant de zèle pour le soulagement et l'instruction des nègres esclaves ? Combien de prêtres ont brisé les liens les plus doux et les plus forts qui les attachaient au sol natal, pour aller dans des régions lointaines et sauvages porter, au péril de leur vie, le double flambeau de la foi et de la civilisation ? Combien ont subi une mort sanglante pour cette noble cause ? Lisez dans le recueil des *Lettres édifiantes*, lisez dans les *Annales de la propagation de la foi*, l'histoire de leurs nobles travaux et de leurs glorieuses souffrances, et vous verrez si le Sacerdoce n'est pas toujours animé du zèle le plus ardent pour répandre les lumières de la foi et de la science.

Quels insensés ont pu flétrir les médecins qui se dévouent au soulagement des aliénés et des libertins ? Je l'ignore : mais ce que tout le monde sait, c'est que partout l'influence de l'Eglise a élevé et fait surgir encore d'innombrables hospices où des ordres religieux se dévouent au service et à la guérison de ces malheureux. Vraiment on est bien mal inspiré de nous faire un pareil reproche, quand on a sous les yeux, dans la ville même où se publie le journal qui contient cette accusation , l'admirable établissement du Bon-Sauveur , et ceux de l'Hôtel-Dieu et de la Charité du Refuge !

« Mais, s'écrie notre adversaire, *ne vous souvient-il plus* que vous avez aussi lancé l'anathème contre les prôneurs de la vaccine, etc. » En lisant ces paroles, nous avons interrogé *notre mémoire*, et n'y trouvant aucun souvenir accusateur, nous avons eu recours à un ouvrage qui doit infailliblement se trouver dans la bibliothèque de M. Labbey. Ouvrez, comme nous, le dictionnaire des sciences médicales , article *vaccine*, vous y lirez : « Peu de temps après les découvertes de Jenner, » un comité se forma en France dans le but de les » propager. A partir de 1804, elles se répandirent « très-rapidement. *Les sœurs de la charité et les ministres* » *des divers cultes concoururent sur tous les points de la* » *France à y neutraliser la vaccine*, qui fut bientôt en » usage dans toute l'Europe, à Rome comme ailleurs. » Lorsqu'elle fut portée à Santafé, le vice-roi, *l'arche-* » *vêque et toutes les autorités civiles et ecclésiastiques* » *allèrent au-devant du médecin qui apportait ce remède* » *si désiré*, *et le reçurent au son des cloches. Une messe* » *solennelle fut chantée en action de grâces, et après un* » *sermon prononcé par l'archi-doyen de la cathédrale,* » *on inocula la vaccine à une multitude de personnes.* » Les mêmes cérémonies se renouvelèrent au Pérou. De l'opposition du clergé, pas un mot dans tout l'article. Si nous interrogeons les annales de notre pays, qu'y trouvons-nous ? En 1807, Monseigneur Brault, évêque de Bayeux, adressait une lettre circulaire à tous les curés et desservants de son diocèse, pour les exhorter à pro-pager la vaccine. « C'est-à vous, disait-il, ministres » d'une religion qui approuve et provoque tout ce qui » est bon et utile à dissiper les préjugés que l'ignorance, » la mauvaise foi ou des scrupules déplacés pourraient » favoriser ou entretenir. » Voilà comment nous avons *lancé l'anathème contre les prôneurs de la vaccine.*

Arrivé au bout de ses arguments , notre adversaire fait un appel aux passions excitées par de récentes controverses. Il se tourne vers l'Université et semble lui dire : « Venez donc un peu à mon aide, pour en finir » avec ces Jésuites. Ne voyez-vous pas qu'il faut nous » réunir contre l'ennemi commun ? » Mais nous croyons que les philosophes universitaires resteront sourds à cet appel. Nous aimons, en effet, à le reconnaître, nous l'avons déjà dit, et nous le dirons toujours : Oui, les philosophes les plus distingués de notre époque ont glorieusement réfuté le matérialisme du XVIIIe siècle, et sur le terrain où nous combattons en ce moment, nous n'avons pas à craindre de les trouver parmi nos ennemis. Si M. Labbey avait lu les ouvrages de MM. Royer-Collard, Maine de Biran, Cousin, Damiron, Garnier, etc., il ne se fût jamais flatté de trouver en eux des auxiliaires. Il aurait dû savoir du moins qu'ils ont arboré hautement le drapeau du spiritualisme. Et je ne comprends pas comment on peut voir dans nos paroles une attaque dirigée contre l'Université, lorsque nous n'avons parlé des membres de ce corps, dans un de nos premiers articles, qu'en invoquant leur autorité en faveur de la spiritualité de l'âme.

Enfin, pour nous *écraser* d'un dernier coup, notre adversaire ramasse dans le *Journal des Débats* une odieuse et dégoûtante calomnie qu'il nous jette à la face. Il nous reproche la *turpitude* de notre langage, et *la révoltante impunité que nous accordons au parjure, au vol, au libertinage, à l'adultère* Mais si M. Labbey ne se fût contenté de lire l'acte d'accusation dirigé contre nous par des hommes intéressés à nous dénigrer; s'il eût daigné parcourir les journaux religieux ou seulement le *Globe*, nous aimons à croire qu'il eût rougi de nous adresser des reproches aussi absurdes. Non certes nous n'accordons pas l'impunité au parjure, au vol, au libertinage, à l'adultère. Nous ne cherchons pas à pallier ces crimes. Nous ne ressemblons d'aucune manière aux matérialistes et aux fatalistes qui les excusent comme des résultats nécessaires de l'organisation. J'ose dire même que si nos ennemis voulaient comprendre notre enseignement, ils trouveraient trop dures et trop austères les décisions de nos casuistes les plus mitigés, et qu'ils les accuseraient bien plutôt de sévérité que de mollesse. J'ose croire surtout que si M. Labbey comparait sérieusement le langage de nos moralistes avec celui des auteurs qu'il étudie chaque jour, il nous trouverait fort réservés et fort pudiques, loin de nous reprocher la turpitude de notre langage. Le médecin du corps est-il impur parce qu'il étudie les infirmités qu'engendre la débauche, et qu'il cherche le traitement le plus propre à les guérir? Non, sans doute. Comment donc le médecin de l'âme serait-il coupable, quand il se résigne à des travaux semblables, dans un but plus noble et plus élevé encore, bien convaincu d'ailleurs qu'il perdrait son âme et mériterait l'enfer, s'il se complaisait honteusement dans ces études.

Voici du reste les réflexions qu'inspirait au **Globe** la pruderie de nos accusateurs, de ces journalistes qui ont étalé avec tant de complaisance sous les yeux du public ce qu'il y a de plus immonde dans les **Mystères de Paris**. — « A-t-on vu quelque chose de plus triste et de
» plus inqualifiable! Le **Journal des Débats** découvre un
» traité de théologie, écrit en latin, et destiné aux jeunes
» théologiens arrivés au moment de leur ordination : il
» découvre encore un livre violent et passionné, qu'on
» attribue, dit-il, à un chanoine de Lyon, et c'est
» avec des extraits de ces deux livres, présentés sans
» vérité, sans intelligence, sans bonne foi, qu'il accu-
» mule contre le clergé catholique en général des injures
» à révolter les halles. .....

» Quand au traité de théologie, écrit en latin et à
» l'usage du séminaire de Strasbourg, continue le **Globe,**
» vous en avez fait sans bonne foi un texte d'accusations
» affreuses.

» D'abord, vous l'avez présenté comme contenant
» des choses si horribles, si infâmes, si immondes, que
» votre pudeur n'osait pas même en lire le latin, quoi-
» qu'il brave l'honnêteté, selon le poète. En disant cela

» vous trompiez le public, et voici comment : Qui a
» jamais prétendu qu'un ouvrage de chirurgie et de
» pathologie, destiné aux élèves des écoles de médecine,
» fût une source de dépravation ? Assurément personne
» n'a eu cette folie. On comprend toute la distance qui
» sépare la science du vice, Hippocrate de l'Arétin. Eh
» bien ! le traité latin du Père Moullet est de ce genre :
» il est destiné *exclusivement* aux théologiens qui vont
» être ordonnés ; il révèle à ces jeunes lévites toutes les
» choses dont leur vœu de chasteté leur déroberait la
» connaissance personnelle : et dans quel but ? Mon
» Dieu c'est fort simple, dans le but de leur apprendre
» à apprécier les aveux que le secret de la confession
» leur apporte : dans le but de leur enseigner l'art de
» guérir les plaies de l'âme, de même que les livres de
» médecine enseignent à guérir les plaies du corps. Il
» faut donc pour trouver de l'immoralité dans un pareil
» ouvrage, ou manquer d'intelligence, ou manquer de
» bonne foi, ne pas entendre ce qu'on lit, ou dissimu-
» ler ce qu'on pense.
» Ensuite vous avez présenté le traité du Père Moullet
» comme une école de vice et de crime, enseignant à
» excuser le mensonge, le vol, l'adultère, l'impudicité,
» enfin tout ce qu'il y a au monde de plus odieux et de
» plus abominable. Vous avez cité à l'appui de vos ac-
» cusations des textes dont vous n'avez pas compris un
» mot ; et prenant votre cervelle pour mesure de l'in-
» telligence humaine, vous avez montré à ceux qui
» n'en savent pas plus que vous, l'impudicité, l'adul-
» tère, le vol et le mensonge, dans des maximes vraies
» comme les mathématiques, et simples comme un et
» un font deux. Il est vrai que vous avez trouvé pour
» condamner ces maximes, un mot à effet, pareil à
» celui dont vous vous êtes servi pour injurier les
» évêques ; vous avez crié au *probabilisme !* et c'est si
» beau pour accuser, un mot que le public n'entend
» pas, et qu'on fait semblant d'entendre soi-même !....
» C'est en trompant le public sur des doctrines, qu'il

» n'expliquait pas, qu'il ne comprenait pas, peut-être,
» que le *Journal des Débats* a élevé un monstrueux
» échafaudage d'injures et de diffamations dirigées
» contre le clergé catholique et contre les évêques de
» France....... Vit-on jamais rien d'aussi étrange, d'aussi
» indécent, d'aussi odieux, et ne faudrait-il pas un
» énorme malentendu, pour expliquer cet énorme
» scandale ? »

Nous n'ajouterons plus qu'un mot. Le traité où le
Journal des Débats a prétendu voir des choses si révol-
tantes, a été lu par des médecins, des avocats, des magistrats, et aucun d'eux n'est resté sous l'impression du
scandale. M. A. du Boys dont la réputation littéraire
est faite, ayant été chargé de faire à la Société des sciences
et des arts de Grenoble, un rapport sur la théologie de
Sœttler, où se trouve ce traité, déclara hautement que
l'auteur et l'annotateur lui paraissaient tracer d'une
main ferme les devoirs que la chasteté impose à l'homme
marié ou célibataire.

Voilà, Messieurs, ce que j'ai cru devoir vous exposer,
pour détruire les nombreuses et graves accusations dont
nous sommes devenu l'objet. Jugez maintenant si
M. Labbey a eu raison de faire appel aux passions anti-
religieuses, dans une querelle toute scientifique. Nous
le répétons, oui M. Labbey pouvait sortir avec plus
d'honneur de la lutte engagée entre lui et moi Il avait
assez de talent pour soutenir le débat sur le terrain seul
de la science, et il eût beaucoup mieux fait d'y demeurer
toujours. Nous étions nous-même à son égard prévenu
de trop d'estime, pour ne pas nous contenter d'un seul
mot d'explication nette et précise, et pour ne pas nous
arrêter aussitôt après l'avoir obtenu. Nous regrettons
sincèrement qu'il n'ait pas mieux apprécié sa position
et nos dispositions toutes pacifiques. Mais si M. Labbey
a failli dans la forme, si son langage a exprimé l'erreur,
est-ce donc à dire qu'il doive perdre l'estime et la confiance dont ses concitoyens l'honoraient ? A Dieu ne
plaise ! Dans la chaleur du combat, il peut échapper un

langage que soi-même on condamnera après le retour
du calme. S'il m'était arrivé, à moi qui fais ces réflexions,
d'employer quelque terme qui eût paru offensant à M.
Labbey, bien que j'aie pris soin de les écarter, et que
ma conscience ne m'en reproche aucun, je rétracte
volontiers les expressions, et je ne maintiens que les
arguments.

A. NOGET-LA-COUDRE,

Chan. honor., **Professeur de philosophie au
Grand-Séminaire de Bayeux.**

DERNIÈRE RÉPLIQUE A M. NOGET.

Bayeux, le 15 juin 1843.

TRÈS-CHERS LECTEURS,

Les allégations fautives de M. Noget nous forcent à
rompre encore une fois le silence.

S'il suffisait, pour gagner une mauvaise cause, de
se placer en dehors du procès, et de remplacer les arguments par des dénégations et des subterfuges, nous
serions forcé de rendre hommage au succès de notre
adversaire. Quand le terrain de la discussion l'embarrasse, il l'abandonne ; quand le langage de son antagoniste le gêne et le tourmente, il le dénature, et puis
il se pavane sous le trophée factice de ses victoires de
contrebande. *Il est tout prêt à porter la responsabilité de
ses actes et de ses paroles,* mais s'il ne sait comment
justifier ses bravades, il fait la sourde oreille et garde
le silence. Telle est la tactique suivie depuis trois mois
par M. Noget, et sa dernière réponse est une preuve
nouvelle de cette vérité. Il a, dit-il, suffisamment
combattu nos opinions Phrénologiques, mais où donc
a-t-il détruit les fondements de la doctrine de la plura-

lité des organes de la pensée ? où nous a-t-il fait voir que *la diversité de nos penchants, de nos sentiments, de nos passions, ne suppose pas des organes différents, comme tous les phénomènes de la vie supposent la mise en jeu de nouveaux appareils ?* Où nous a-t-il expliqué comment dans l'hypothèse d'un cerveau unique, il se rend compte du *développement ou de l'extinction partiels de nos facultés ; de la prédominance d'un talent, d'un instinct et de l'infériorité des autres ; du pouvoir de suspendre la fatigue de certains organes de la pensée par le travail d'autres organes, et de reposer l'intelligence par l'exercice d'une autre aptitude ou d'une autre pensée ?* Où nous a-t-il fait comprendre, sans recourir à nos théories, *les folies partielles qui ne portent que sur un seul genre d'idées ; la perte ou l'exagération de quelques facultés par une lésion physique de l'encéphale ; l'oblitération des sentiments et des affections dans la vieillesse, le somnambulisme, les rêves et l'élévation ou l'abaissement de l'intelligence, à mesure que le cerveau se développe ou s'atrophie, et que certaines parties de cet organe se prononcent ou s'effacent ?* Où nous a-t-il montré pourquoi le crâne du nègre ou du sauvage diffère de celui des hommes qui ont reçu les bienfaits des sciences et de la civilisation, et pourquoi les circonvolutions de la partie antérieure de l'encéphale, qui sont destinées à la perception des merveilles de la nature et à l'accomplissement des rapports sociaux, ne se développent que dans une période avancée de la civilisation des peuples, tandis que les faisceaux nerveux qui siégent à la base de cet organe, et qui sont destinés aux fonctions de la vie animale, prédominent au contraire chez les sauvages et chez les races abjectes de l'Éthiopie ?

C'est sur ces considérations physiologiques que les partisans de la Phrénologie ont posé les fondements de leur doctrine, et c'était là ce que M. Noget devait commencer par détruire en se déclarant l'antagoniste de cette science. Cela était d'autant plus utile que nous n'avions pas prétendu défendre la localisation de toutes les facultés reconnues par Gall ou ses successeurs, et que nous avions dit, au contraire, *que nous n'avions pas besoin, pour admettre la pluralité des organes de la pensée, de déterminer par l'examen du crâne le siége de nos penchants, et qu'il suffisait, pour légitimer leur existence, de l'impossibilité où l'on se trouverait, sans leur appui, d'expliquer le mécanisme de la vie, et les phénomènes physiologiques et pathologiques de l'intelligence.* Mais M. Noget s'est bien gardé, malgré la prière que nous lui en avons plus d'une fois adressée, d'accepter le débat sur ce terrain. Il a mieux aimé nous écraser de ses anathêmes, et nous livrer aux haines théologiques ; cela était plus prompt et plus facile, et depuis le commencement de la discussion jusqu'à la fin, il n'a vécu que d'incidences et d'échappatoires. C'est, nous dit-il encore aujourd'hui, la Phrénologie matérialiste qu'il repousse, et que venait-il faire alors sur le domaine de la physiologie et de la médecine ? Si c'est comme prêtre et comme chrétien qu'il voulait engager la bataille, pourquoi nous avoir dit dans le principe qu'il ne combattait la Phrénologie que parce qu'elle était en opposition avec la science de l'organisme ? Est-ce aussi pour hâter le progrès de la physiologie qu'il faisait excursion dans notre domaine, où bien plutôt n'obéissait-il pas à la triste tendance de quelques membres du clergé, qui veulent sortir sans cesse des limites de leurs attributions, et qui ne s'occupent de la science que pour l'étouffer ou la flétrir de leurs épigrammes ?

Comment ! à propos de rêves, vous venez, M. Noget, nous parler morale et métaphysique, et vous ne craignez pas de nous dire que votre thèse du spiritualisme était le véritable objet de la dispute ; non, Monsieur, c'était celui que vous aviez choisi pour nous adresser vos accusations, mais la théorie des rêves était le point de départ de la discussion, et vous feignez aujourd'hui d'en avoir perdu le souvenir pour dissimuler vos coupables digressions et l'étrangeté de vos anathêmes. Non, vos trois premiers chapitres n'étaient pas d'aussi fraîche date que vous vous efforcez de nous le faire croire ; vous les avez fabriqués avant l'exposition de la théorie des rêves , et vous n'attendiez qu'une occasion pour nous jeter vos récriminations et vos rodomontades théologiques. Et , voyez si la preuve n'en est pas évidente pour tout le monde ; vous vous dites philosophe , vous enseignez à vos adeptes les règles de la logique , et vous voudriez que nous vous fissions l'injure de croire que votre énorme thèse du spiritualisme était une réponse à notre explication des rêves ; vous voudriez que l'on vous reconnût assez peu de jugement pour avoir parlé pendant trois semaines sur une question qui nous était étrangère , et avoir abandonné l'objet de la dispute , quand vos loisirs vous permettaient de disserter sur les nerfs , sur l'encéphale et sur la médecine ? Oh ! non , nous ne vous accuserons pas de cette inconséquence ; vous avez manqué de franchise et de charité , mais il a fallu d'impérieuses exigences pour légitimer le hors-d'œuvre de vos déclamations ; il a fallu que la coterie qui vous pousse fût bien impatiente et bien désireuse de vous voir faire la guerre , pour vous imposer le sacrifice de votre logique , et vous faire l'écho de ses iniques récriminations.

Nous ne dirons rien , très-chers lecteurs , des embarras qui ont dernièrement enrayé notre réponse. Nous vous laissons le soin de qualifier les protestations , et si nous avons déploré les entraves de notre défense , c'est bien moins par le souci de notre impuissance , qu'en dépit d'une liberté garottée , et livrée aux séïdes du jésuitisme.

Nous ne reviendrons pas non plus sur les qualifications qui ont si fort ému la susceptibilité de M. Noget, et vous avez pu vous convaincre que s'il y a plus de rudesse dans notre langage , il y a dans le sien de l'astuce et de la perfidie. Nous l'avons , il est vrai , taxé de mauvaise foi littéraire et de calomnie , mais nous ne l'avons jamais appelé faussaire et hypocrite. Il prétend qu'il n'a pas dirigé contre nous une seule in-

jure, mais quelle épithète dans la bouche d'un prêtre,
si renier son Dieu est pour lui le plus grand des crimes,
doit paraître plus outrageante que celle d'athée et de
matérialiste? Et nous aurions dû rester impassible
devant ces imputations déloyales, et quand on est venu
nous demander une confession publique et solennelle ;
quand on a osé nous dire de *lever le masque et de déclarer si nous étions le champion du matérialisme* ; quand on
a accusé nos théories *de répandre le venin de l'immoralité
dans les âmes, et de contredire tout à la fois le christianisme et la philosophie* ; quand on nous a reproché
*d'adopter un système qui a pour conséquence l'athéisme,
la justification des forfaits et le bouleversement des lois
de la société* ; quand on a dénaturé les idées de Gall et de
Broussais pour jeter sur leurs adeptes le persiflage et le
ridicule, il nous aurait fallu retenir les expressions que
nous arrachaient ces trompeuses diffamations; il nous
aurait fallu abaisser la dignité de notre caractère à satisfaire ces audacieuses exigences! Oh! notre âme n'est
pas ainsi glacée sous le souffle de la servilité et de la
dépendance ; notre langage peut être acerbe et sévère,
mais il est toujours l'expression de la franchise et de la
vérité. Laissons donc M. Noget rappeler avec complaisance ses lamentations et ses perfides éloges ; nous n'en
n'avons point été dupe, et nous savons ce que valent ses
jésuitiques doléances. Il se récrie contre notre colère,
et demande, s'il n'était pas permis de se défendre, où
serait la liberté de la discussion ; mais n'est-il pas
étrange qu'il faille aussi nous justifier d'intolérance,
quand elle pèse sur nous pour nous bâillonner et nous
réduire au silence ? La tolérance que l'on nous demande est-ce donc celle de nous condamner sans que
nous ayons rien à répondre ? Le droit que l'on réclame,
est-ce celui du sauvage despotisme d'Eymeric ou de
Paramo? (1)

(1) Fameux inquisiteurs qui assujétissent tous les hommes et même les
rois à une servile obéissance.

M. Noget se refuse *de rentrer dans le fond de la discussion Phrénologique, parce que cette lutte serait énigmatique pour ceux qui en ignorent les antécédents* ; ailleurs, il nous disait, quand nous le pressions de répondre à nos questions, *qu'il n'était pas de ces écrivains féconds qui prennent la plume à tout propos, de ces hommes qui semblent nés pour faire la leçon à tout le monde* ; dernièrement encore, dans son chapître du 24 mai, il se renfermait dans un dédaigneux silence, *parce que ses syllogismes se pressaient en foule sous sa plume*. Ainsi, partout les subterfuges pour se soustraire aux arguments qui le harcèlent et le torturent ; partout les faux-fuyants et les échappatoires ; partout l'esprit jésuitique qui sait mieux feindre que résoudre, mais partout aussi l'abandon de la victoire, et la défaite la moins équivoque de l'obscurantisme.

Fidèle à ces allures fallacieuses, M. Noget nous accuse maintenant *d'attaquer le clergé tout entier, et de nous déchaîner contre l'église*, parce que nous avons dû rechercher avec lui à qui devait appartenir le monopole de la science, et que nous lui avons clairement prouvé que les disciples de Loyola n'avaient pas le droit d'y prétendre : il s'inquiète peu que nous ayons dit *que le clergé français n'approuvait pas la manie guerroyante du Jésuitisme, et que beaucoup de Prêtres, amis de leur pays, honoraient le christianisme par leurs sentiments de piété sincère et de charité intelligente.* Il veut poursuivre son œuvre de diffamation et d'injustice, et pour intéresser le clergé à sa querelle, il oublie que nous n'avons parlé que de la corporation funeste qui bouleverse les consciences et les empires, et qui régnerait encore sur des ruines, si le bon sens du siècle n'eût pas flétri ses extravagances.

Nous pourrions lui répéter avec Pascal : « Quoi, mon père, on ne pourra se moquer des passages d'Escobar et de vos décisions si fantasques et si peu chrétiennes, sans qu'on soit accusé de rire de la religion ? est-il possible que vous ayez osé redire une chose si peu raisonnable? et ne craignez-vous point, en me blâmant de m'être moqué de vos égaremens, de me donner un nouveau sujet de me moquer de ce reproche, et de le faire retomber sur vous-même, en montrant que je n'ai pris sujet de rire que de ce qu'il y a de ridicule; et qu'ainsi en me moquant de votre morale, j'ai été aussi éloigné de me moquer des choses saintes, que la doctrine de vos Casuistes est éloignée de la doctrine sainte de l'évangile? En vérité, mon père, il y a bien de la différence entre rire de la religion et rire de ceux qui la profanent par leurs opinions extravagantes. »

Nous avons mis sous les yeux de M. Noget tous les maux amoncelés sur la terre par l'esprit de ténèbres qui a trop long-temps gouverné le monde ; nous avons retracé toutes les turpitudes du fanatisme et de l'ignorance ; nous lui avons rappelé que toujours l'hypocrisie a emprunté le masque de la religion pour ensanglanter les empires et arrêter le progrès des intelligences, et pour détruire toutes ces vérités de l'histoire des peuples, il vient nous dire *que la foi et la science ne sont pas inconciliables*, et qu'il en appelle au souvenir des grands noms de Copernic, de Descartes, de Pascal, de Newton, de Leibnitz, de Bonnet, de Linnée, de Blainville. Mais quel accueil reçut donc des amis de l'ignorance la découverte de Copernic, et son premier défenseur ne fut-il pas contraint, dans les cachots du Saint-Office, d'abjurer sa doctrine ? Descartes qui, dans ses *méditations*, avait donné de nouvelles preuves de l'existence de l'Être suprême, ne fut-il pas accusé d'athéisme par la théologie, et ne fut-il pas obligé d'aller chercher dans le palais de Christine, l'appui que cette reine illustre accordait aux sciences et aux lettres ? Blaise Pascal ne fut-il pas en butte aux colères ecclésiastiques, et les Jésuites ne l'accablèrent-ils pas de leurs anathêmes ? ne firent-ils pas aussi le procès de Leibnitz pour sa théorie de la terre ? Newton ne fut-il pas accusé d'outrage à la divinité ? Les vérités physiques professées par Linnée et Bonnet, ces philosophes si pieux, ne furent-elles pas présentées comme des impiétés qui devaient bouleverser la religion ? Oh ! sans doute la foi et la science ne sont pas toujours inconciliables, mais ce que la science ne se conciliera jamais, c'est le pardon des hommes que la lumière offusque, et qui ne sourient qu'aux ténèbres. Nous en appelons aussi nous-même à l'autorité de M. de Blainville, et nous acceptons toutes ses croyances, car ce n'est pas ce qu'il y a de moins curieux dans la dissertation de M. Noget, que de nous citer pour modèles des hommes dont il n'a sans doute jamais lu les ouvrages, et qui sont tout-à-fait antipathiques à ses convictions. Nous lui dirons donc avec M. de Blainville que *sans l'étude de la nature et de l'organisme, le philosophe erre nécessairement dans ce qu'on a nommé la métaphysique ; c'est-à-dire que, sans point d'appui solide, son imagination crée les prémisses aussi bien que les corollaires.*

Notre adversaire nous assure qu'il a consacré sa vie à démontrer l'accord de la science et du christianisme ; nous lui en faisons notre compliment bien sincère, mais alors pourquoi nous dire que la Phrénologie prêche l'impiété, l'immoralité, et le fatalisme ? Il nous demande si c'est lui qui a persécuté Roger Bacon, Christophe Colomb, Galilée, André Vesale et la baronne de Beausoleil. Eh ! mon Dieu non, ce n'est pas lui, mais ce sont des moines et des jésuites qui anathématisaient comme lui les progrès de la science ; c'étaient de dangereux apôtres d'une religion de paix et de charité qui oubliaient la noblesse de leur mission sur la terre ; c'étaient d'ignorants fanatiques qui auraient décimé le monde plutôt que de laisser tomber sur lui un rayon de lumière et de vérité. M. Noget a beau nous rappeler les services que dans un autre âge les Jésuites ont rendus aux arts et aux lettres, il est certain qu'ils ont toujours resserré l'instruction dans une sphère étroite, et qu'ils tendent à rétrécir les idées de leurs élèves : ils peuvent faire des théologiens, des ultramontains et des casuistes ergoteurs, mais ils ne feront jamais des savants et des philosophes. Et que notre adversaire ne vienne pas nous dire que les disciples d'Ignace ont prôné les doctrines de Galilée : c'est quand l'évidence a sauté aux yeux de tout le monde qu'ils ont obéi au mouvement des intelligences, et si des missionnaires portent aujourd'hui chez les sauvages le flambeau de la foi et de la civilisation, il n'en est pas moins vrai qu'ils y ont aussi porté la fraude et l'ignorance ; il n'en est pas moins vrai que les Jésuites, pour emprunter le langage du célèbre professeur Edgard Quinet, ne s'emparent de l'esprit que pour le matérialiser, de la morale pour la démoraliser, et de la science pour l'anéantir, et que s'ils se font parfois les représentants des droits innés et métaphysiques de l'esprit humain, c'est pour les ensevelir ; comme Auguste et Tibère se sont fait les représentants de tous les anciens droits de la république pour les étouffer tous ensemble.

Parcourez l'histoire des peuples, étudiez le caractère des enfants de Loyola chez les différentes nations qu'ils ont exploitées, et vous verrez que leur vie religieuse et politique n'est qu'un effroyable tissu de déceptions et d'impostures Au Japon, à la Chine, ils ourdissent le mensonge et les assassinats ; au Tonquin, à la Cochinchine, au Paraguay, ils conspirent contre les rois et prêchent la révolte et le fanatisme. En Russie, en Espagne, ils sont ignominieusement chassés d'empires qu'ils bouleversent : en Portugal, ils profitent d'une épidémie pour alarmer le peuple et accréditer leur puissance ; ils exilent plusieurs grands du royaume, dont ils redoutent l'instruction et la franchise : ils suppriment les hautes études dans l'université de Coïmbre : ils bâillonnent et massacrent tous ceux qui restent fidèles à la légitimité et à la constitution de leur patrie, et terminent cette œuvre d'iniquités par un complot de régicide. En Angleterre, pendant plus d'un siècle, on les retrouve dans toutes les cabales qui menacent la liberté et l'indépendance ; ils paient un anglais pour massacrer sa souveraine ; ils préparent la fameuse conspiration des poudres qui devait faire périr d'un seul coup la famille royale et les grands du royaume, et ce n'est qu'après tous ces forfaits qu'ils sont bannis de la terre des Stuarts. Dans les Pays-Bas, à Vénise, en Bohême et en Moravie, même démoralisation, mêmes complots, même antipathie de la science, même dénoûment de leurs attentats et de leurs intrigues. En France, leur présence se révèle par le meurtre d'Henry III, et la dégoûtante canonisation du lâche Jacques Clément dans l'église de Saint-Barthélemy. Barrière, Varade et Jean Châtel mettent en pratique la doctrine du régicide, que devait cimenter encore le bras sanguinaire de Ravaillac. Les Jésuites insinuent partout le poison de leurs infâmes diatribes ; ils poursuivent de leurs persécutions tous ceux qui veulent étendre le domaine des sciences et secouer le joug de la superstition et de l'ignorance, jusqu'au moment où le crime de Damiens vient combler la mesure de leurs forfaits et décider leur expulsion de notre patrie. Tant d'iniquités montrent bientôt au chef de l'église lui-même que les doctrines de Loyola ne sont pas compatibles avec le repos des empires, et la société de Jésus est écrasée de ses anathêmes, et les suppôts de la ruse et du régicide cachent leurs mauvaises pensées dans les ténèbres, jusqu'à la fatale époque de la croisade des rois contre les libertés françaises ; jusqu'au moment où la papauté, pour étouffer le souvenir de nos gloires, déchaîne sur nous les ennemis les plus acharnés de nos droits et de notre indépendance. Et ne croyez pas que l'influence délétère du jésuitisme ait passé avec le souffle empoisonné du fanatisme qui naguère a desséché le monde ; recherchez quels sont les peuples de l'Europe les plus oubliés de Dieu, et les plus enfoncés dans la fange de l'abrutissement et de la misère, et vous verrez si ce ne sont pas ceux que salit encore, à la honte du genre humain, cette écume du bigotisme. Voilà pourtant les hommes dont M. Noget se fait l'apologiste ; voilà les apôtres de science et de civilisation qu'il a le triste cou-

rage de nous proposer pour modèles ; voilà les bienfai-
teurs de l'humanité, *qui ont abdiqué les passions du monde,*
qui renferment avec candeur leur vie dans leurs études,
et qui envoient à la terre des richesses dont ils ne jouiront
pas !!

Pour échapper aux stigmates indestructibles de l'histoire, M. Noget nie ou se récuse. Mais nous n'avons
emprunté que des faits bien constatés, et que les dénégations ne peuvent détruire. Les foudres de la Sorbonne
n'ont épargné aucune découverte utile dans les sciences
physiques et physiologiques, et c'est quand ces découvertes sont devenues populaires que le jésuitisme a cessé
ses accusations et ses doléances. C'est alors qu'il a
voulu réparer des sottises qui discréditaient des patrons
malhabiles, et qu'il s'est fait prôneur de la science pour
dissimuler sa honte et sa défaite. Telle a été la tactique
suivie dans le traitement de la folie et de la petite vé-
role, et les citations faites par M. Noget n'anéantissent
pas nos assertions.

Il nous défie de citer un seul ouvrage, accrédité parmi
ses amis, qui combatte la géologie moderne et qui taxe
Cuvier d'impiété pour avoir écrit son discours des révolutions du globe. Nous acceptons bien volontiers ce
défi, et nous lui citerons l'ouvrage de M. de Bonald,
intitulé : *Moïse et les Géologues modernes*, et publié
en 1835. M. de Bonald combat dans ce livre non-seulement la géologie et le système de Cuvier, mais les opinions émises sur la physique du globe dans l'annuaire
du bureau des longitudes et jusqu'au mouvement de
la terre que découvrit le génie de Copernic et de Galilée.
Il ne peut croire qu'il y ait eu des créations successives
d'animaux terrestres ; il soutient que la distinction de
ces âges divers de reptiles et d'autres animaux ne peut
nullement s'accorder avec le récit de la Génèse ; il prétend
que le Tout-Puissant n'a pu sortir de son éternel repos
pour créer, pendant plusieurs siècles, des reptiles et des
mammouths, et que ce serait le plan d'un monde livré
aux bêtes qu'il aurait conçu dans le sein de sa sagesse.

Il ne peut se figurer que l'homme, ce roi de l'univers, tourbillonne perpétuellement dans les airs, et dans la sainte indignation que fait naître chez lui cette pensée, il s'écrie: « Ainsi du haut des cieux les anges contempleraient au milieu des ouvrages de la création celui qui en est le chef-d'œuvre, non dans l'attitude majestueuse et grave d'un prince au milieu de ses sujets, mais tournoyant, culbutant et pirouettant à l'infini en présence du soleil et des étoiles immobiles! Je ne sais, mais cette image singulière a quelque chose qui refroidit involontairement pour le système de Copernic. » Ne voilà-t-il pas un orgueil bien sublime d'avoir honte de pirouetter avec la terre au milieu des anges, et que voulez-vous que les astronomes répondent aux scrupules de M. de Bonald, qui ne conçoit la béatitude et la noblesse de l'homme que dans l'immobilité du néant, ou la pose mystique et recueillie des magots de la Cochinchine?

Vous voyez, chers lecteurs, que l'astronomie ne doit pas en effet se plaindre du Jésuitisme, et que la médecine n'est pas moins bien traitée que la géologie ancienne et moderne. Vésale, Jean Huarte, et bien d'autres ont été, il est vrai, tourmentés par des moines ignorants, mais nous avons en revanche des théologiens physiologistes, des lettres édifiantes et les annales de la propagation de la foi. Que voulez-vous de plus, si vous êtes sages?

Notre adversaire prétend que nous avons ramassé dans le *Journal des Débats,* une odieuse et dégoûtante diatribe, pour dénigrer ses amis et écraser le Jésuitisme. Il nous assure que le langage des chastes enfants de Loyola est d'une austérité et d'une pudicité merveilleuses, et que ces pieux lévites ne s'occupent des vices de l'âme que pour mieux guérir les plaies qui la dévorent. Il prétend avec le *Globe*, qui prend aussi la défense de ces jongleries, que nous ne comprenons pas le texte du père Moullet, que nous avons accusé d'autoriser le vol, le mensonge et l'adultère, et que nous avons diffamé ses vertueuses maximes. Voyons donc si vraiment nous avons mal interprété ses paroles, et si nous sommes coupable de mauvaise foi et de calomnie. « On demande, dit le révérend père Moullet, à quoi est tenu un homme qui a prêté serment d'une manière fictive et pour tromper ? réponse : *il n'est tenu à rien en vertu de la religion, puisqu'il n'a pas prêté un serment véritable*, mais il est tenu par justice à faire ce qu'il a juré d'une manière fictive et pour tromper. » C'est fort édifiant en vérité, et la religion joue là un singulier rôle, bien digne du reste de la doctrine de Garasse ou d'Escobar. Si ce sont là les enseignements des écoles du Jésuitisme, si ce sont là *ses maximes vraies comme les mathématiques, et les décisions austères de ses casuistes*, nous les soutenons impies et sacrilèges et nous déplorons les fruits qu'ils doivent produire. Mais poursuivons l'examen de la théologie morale du père Moullet, qu'ont adoptée nos seminaires. « *Le vol est excusé*, dit-il, quand il constitue une compensation occulte par laquelle le créancier enlève *en secret* aux biens de son débiteur une valeur égale à celle qui lui est due. Un exemple : un tailleur retient souvent divers morceaux de drap, de franges ou de rubans qui restent après que les pièces de vêtement qu'il a été chargé de faire sont terminées, afin de parfaire ainsi le salaire qui d'ailleurs lui serait dû. Est-il coupable de vol ? réponse : il faudra demander à ce tailleur s'il a retenu pour se les approprier des restes d'un prix notable, auquel cas il est coupable d'un vol grave *en soi*. Nous disons : *en soi*; car si le tailleur répondait : je ne reçois pas un salaire convenable, et cependant je ne puis, sans grave inconvénient, refuser le travail ; car si j'exigeais un salaire convenable, tandis que les autres tailleurs, contents en apparence d'un prix modique, s'adjugent également une compensation occulte, tout le monde me laisserait là pour aller à eux, et ainsi je n'aurais pas de quoi me nourrir moi et les miens. Si les choses sont réellement ainsi, le tailleur, *selon de graves théologiens, est excusé du péché et de la restitution.* »

Ainsi , parce qu'il y a beaucoup de fripons , le Jésuitisme approuve le vol ; il lui suffit d'une restriction mentale et de la crainte d'écarter un honteux salaire, pour légitimer la fraude et le mensonge , et quand nous dénonçons ces infamies, on nous accuse de répéter une dégoûtante calomnie! Mais si quelque chose est dégoûtant au monde , n'est-ce pas ce langage d'immoralité dans la bouche des hommes qui se disent les initiés de la Providence, et qui enseignent pourtant, au nom de la religion , le vol et le parjure ?

Mais, ce n'est pas assez de ces turpitudes, passons maintenant à la séduction et à l'adultère. « Celui, dit notre casuiste, qui par la force, la menace ou l'importunité de ses prières, a séduit une vierge sans lui promettre le mariage , est tenu d'indemniser la jeune fille et ses parents de tout le tort qui en résulte pour eux, en la dotant *pour qu'elle trouve à se marier* , et en l'épousant lui-même , s'il ne peut l'indemniser autrement. *Si toutefois son crime est resté absolument secret,* il est plus probable que dans le for intérieur, le séducteur ne devra être tenu à aucune restitution. — Si quelqu'un entretient des relations coupables avec une femme mariée, *non parce qu'elle est mariée,* mais *parce qu'elle est belle,* faisant ainsi abstraction en quelque sorte de la circonstance du mariage, ces relations, selon plusieurs auteurs, ne constituent pas le péché d'adultère. » Voilà , très-chers lecteurs, les dévots enseignements *qui tracent d'une main ferme les devoirs que la chasteté impose à l'homme marié ou célibataire ;* voilà les pudiques leçons que reçoivent *les jeunes lévites , qu'un vœu de continence dérobe aux pensées de luxure et de libertinage ;* voilà la morale austère que l'on nous vante, et que l'on ose inscrire sur l'ignoble drapeau du jésuitisme. C'est cette morale qui déverse l'outrage et la calomnie sur ceux qui dévoilent les méfaits de l'imposture ; c'est celle qui flétrit nos gloires, et qui par l'organe d'un Loriquet, d'un Desgarets ou d'un Védrine, dénigre la patrie qu'ils avilissent ; c'est celle du curé

Maingrat, de Contrafatto, et de tous ces misérables qui expient dans les bagnes le châtiment des mauvaises pensées qu'ils ont puisées à l'école du vice et de la débauche. Voyez maintenant si nous avons calomnié les disciples de Loyola.

M. Noget termine ses accusations et ses critiques, en nous blâmant d'avoir fait appel aux passions anti-religieuses dans une querelle toute scientifique. Nous savons très-bien que nous avons un peu dépassé le domaine de la Phrénologie, mais à qui la faute? Qui le premier est sorti des limites de la science, en nous poussant sur un terrain de confessionnal ou de sacristie? Et ces citations impures qui font frémir la morale publique, qui les a provoquées? Qni a fait et voulu la guerre? Qui a mutilé, falsifié et travesti les doctrines que l'on entachait de ridicule? Qui s'est permis de rire de la formule qui sanctionne l'infaillibilité doctorale, et a voulu confisquer le monopole de la science au profit d'une coterie qui la méprise et la déchire? Qui a remué les passions théologiques, qui a abandonné le champ de bataille, et n'a pas même su se laver du soupçon d'accorder à l'organisme un principe de réaction et de sentiment, qui réduit l'empire de l'âme sur le corps à de bien mesquines proportions et égalise au moins leur puissance? Mais pourquoi faire de la science, quand on voudrait la voir disparaître; pourquoi se donner la peine de s'instruire, quand on fait la guerre à tout ce qui agrandit la pensée, à tous les amis des sciences et des lettres? Pourquoi des raisons, quand on a derrière soi toute la congrégation qui vous soutient, et vous encourage dans la route tortueuse de la jonglerie et du terrorisme?

De quelque voile religieux que l'on s'enveloppe, il est certain qu'il se trâme partout aujourd'hui une conspiration contre la liberté et le progrès de l'intelligence. Le mot d'ordre est donné, et le signe de ralliement est un éteignoir et le bâillon de l'esclavage. On veut jeter des semences de servilité dans le sein de la génération qui doit nous survivre, et pour étouffer toute idée de noblesse et d'indépendance , on proclame partout que ceux qui plaident la cause de la science et de la civili- sation sont des gens immoraux , abandonnés de Dieu et des hommes. On spécule sur l'insouciance publique pour propager les doctrines ténébreuses des siècles d'ignorance et de barbarie ; on ressuscite les diables et les exorcismes, les sorciers , et les miracles au profit d'une coterie avide et insatiable. Et si notre patience résiste à toutes ces épreuves des ennemis de l'humanité, on nous fera voir jusqu'où s'étend la puissance des successeurs d'Ignace et de Torquemada.

Les Jésuites veulent exercer partout leur influence, dans l'instruction du peuple, dans les sciences, dans la médecine ; mais qu'ils sachent bien qu'ils font à leur profit le sacrifice de l'influence religieuse du clergé français. Qu'ils apprennent que leurs obscures tendan- ces s'évanouiront comme un cauchemar qui n'oppresse que ceux qui sommeillent ; qu'ils sachent bien encore que la science ne s'endormira pas sur les bords de l'a- bîme qui la menace, et que la liberté régénérée écrasera bientôt de son égide les pygmées de l'ignorantisme.

TABLE DES MATIÈRES.

FIN DE LA TABLE.

www.ingramcontent.com/pod-product-compliance
Lightning Source LLC
Chambersburg PA
CBHW070547200326
41519CB00012B/2146